大学生
心理健康教程

主　编◎马中宝　李春青
副主编◎李　薇　万春秀　刘　丹

清華大學出版社
北　京

内容简介

本书以心理学基本理论为支撑，以塑造健全人格、促进和谐发展为主线，紧紧围绕影响大学生人格发展和自我完善的主要困惑与难题而展开。内容涵盖大学生的心理适应、自我意识、人格完善、人际交往、学习方法、网络使用、情绪调控、意志磨炼、恋爱问题等方面。每章都以一个典型案例为引子展开，文中穿插一些小贴士和资料窗来辅助解释理论，课后附拓展训练、心理测试、哲理小故事以帮助大学生更好地认识自我，增强心理健康教育的自觉性、主动性和积极性。本书力求深入浅出、语言生动、结构新颖，尽可能避免说教，减少艰涩难懂的学术理论，注重体现可读性、生动性和参与性。

本书内容贴近大学生活，适合大学生阅读和学习，可以作为大学生心理健康教育的教材，也可以作为大学生自我修养、心理保健的读本。对于广大教育工作者及学生家长，本书也不失为一本有价值的参考资料。

图书在版编目（CIP）数据

大学生心理健康教程 / 马中宝，李春青主编. —北京：清华大学出版社，2018（2020.2 重印）
ISBN 978-7-302-49680-9

Ⅰ. ①大…　Ⅱ. ①马…　②李…　Ⅲ. ①大学生-心理健康-健康教育-教材　Ⅳ. ①G444

中国版本图书馆 CIP 数据核字（2018）第 035183 号

责任编辑：杜春杰
封面设计：刘　超
版式设计：楠竹文化
责任校对：赵丽杰
责任印制：丛怀宇

出版发行：清华大学出版社
网　　址：http://www.tup.com.cn，http://www.wqbook.com
地　　址：北京清华大学学研大厦 A 座　　邮　　编：100084
社 总 机：010-62770175　　邮　　购：010-62786544
投稿与读者服务：010-62776969，c-service@tup.tsinghua.edu.cn
质量反馈：010-62772015，zhiliang@tup.tsinghua.edu.cn
印 装 者：三河市龙大印装有限公司
经　　销：全国新华书店
开　　本：185mm×260mm　　印　　张：15.75　　字　　数：369 千字
版　　次：2018 年 3 月第 1 版　　印　　次：2020 年 2 月第 3 次印刷
定　　价：39.80 元

产品编号：079268-01

前　言

我们正生活在一个社会急剧变化、经济迅速发展、生活节奏快速、矛盾复杂多元的时代。大学校园再也不是“象牙塔”，大学生们正逐渐面临着环境适应、学习适应、人际交往、性与爱、理想与现实、升学、就业等心理方面的压力与冲突。近年来，大学校园里发生的许多不尽如人意甚至令人震惊的问题已渐渐成为社会关注的焦点，人们不禁要问——现在的大学生到底怎么了？这些心理问题不仅阻碍了大学生的成才与发展，对社会也造成了很大的负面影响，因此，加强大学生的心理健康教育已经刻不容缓。

本书以典型案例为切入点，从大学生日常生活入手，内容涵盖了贯穿大学生活全程的心理适应、自我意识、人格完善、调控情绪、挫折心理、人际交往、恋爱问题、用好网络、学会学习、职业生涯规划等方面，试图让学生通过知识学习、案例分析，掌握自我心理调整的方法，学会处理不同问题的技巧，从而促进大学生的健康成长。

全书在编排上打破以往的传统格式，注重内容充实、体例新颖，意在提高学生的学习兴趣，进而更好地掌握理论知识。此外，全书在相关知识的阐述中配以小贴士和资料窗来辅助理论解释，然后附以拓展训练、心理测试等实践环节引起学生的共鸣，从而达到普及大学生心理健康基本知识、实现健全学生个性、增强学生适应能力和促进发展的目的。每章最后都有一个精心搜集的小故事，以生活哲理点亮心灵。

本书既从理论上分析了大学生的心理机制和各种心理问题产生的原因，也提出了针对不同心理问题的解决方法。希望它能够成为大学生提高自身心理健康的良师益友，帮助大家解除心理困惑、扫清心理历程中遇到的障碍，成为一个真正意义上健康的人。

本书由黑龙江农业经济职业学院马中宝、李春青担任主编，并负责拟定编写提纲、统稿和定稿。黑龙江农业经济职业学院李薇、万春秀、刘丹担任副主编，参与完成稿件编写。具体分工如下：第一章、第三章由马中宝编写；第二章、第四章由李春青编写；第五章、第六章由李薇编写；第七章、第八章由万春秀编写；第九章、第十章由刘丹编写。

本书在编写过程中参考并引用了大量专家学者的研究成果，多数已经在书后的参考文献中有所标注。在此，对所有文献的作者表示衷心的感谢!

由于编者水平有限，书中难免出现疏漏或错误之处，恳请专家、学者和广大读者批评指正!

编　者

2017 年 10 月

目　录

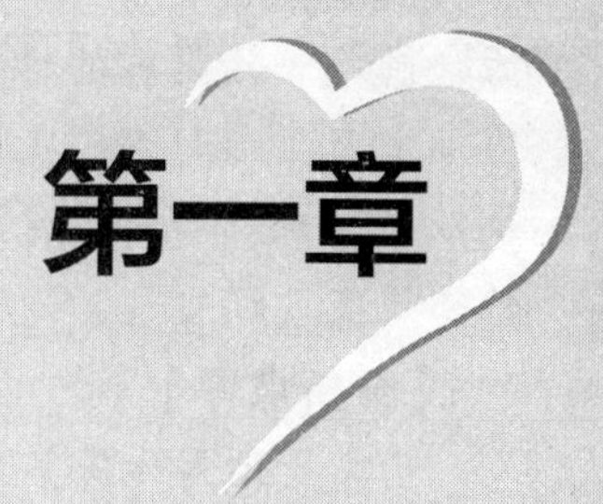

走进浩瀚的心灵——大学生心理健康导论

导入案例

【他的问题】

“以前老师总是告诉我，大学是一个充满自由和梦想的天堂。可是现在这个所谓天堂里的一切都让我厌恶。同学们谈论的东西我都不知道，感觉自己和他们的差距太大了。学习上我很努力，却总觉得自己学得很吃力。我很迷惘，真的，我该怎么办？”

【情景回放】

张某出生在家贫如洗的山沟里，一家人主要靠家里的几亩田地生活，家里的兄弟姐妹多，生活极其拮据。为了支持他上大学，父母把家中值钱的东西都卖了，东借西凑总算解决了上学的基本费用问题。

大城市的一切都是那么新鲜，那么美好，张某一下子感受到从来没有过的舒畅。本来以为大学是他愉快生活的开始，可是看到大批从各地赶来报到的新同学后，他的心像被撕开了一个口子。大家都是提着各式各样的旅行包、行李袋，着装十分光鲜，许多同学还有父母陪同着，开心地谈笑着。而他，为了节省车费，只身一人来报到，穿着一双自制的布鞋，用竹棍挑着两个尼龙袋。他一下子觉得自己好像是从垃圾堆里爬出来的苍蝇，感觉大家都在盯着他，嘲笑他……

张某渐渐适应了新环境，熟悉了新同学。大学的校园生活是丰富多彩的，身边的同学常常相互请客，吃饭、跳舞、唱卡拉OK等，因为没钱，他都是很知趣地婉拒了同学们的热情邀请，几次之后，大家也就不再邀请他了。张某学习很用功，目的很明显，就是要争取学校的奖学金，以缓解生活支出的压力。

果然，张某在第一学年就获得了学校二等奖学金，奖金为 1 500 元，这着实让他高兴了好几天。可是，有一天，他从食堂回到宿舍时，无意中听到一位同学讲：“才 1 500 元，瞧他小人得志的样子！”他听了这位同学的话后，一下子就像掉进了冰窖，脑海里不停地涌现一个问题：我真的是小人得志吗？他从来不计较自己的家庭出身，而现在，却让这从来没想过的问题缠绕住了。张某的心乱了，从此一发不可收拾，本来还很健谈的他突然变得沉默寡言了，也不再参加集体活动，学习更是一落千丈。

【分析点评】

大学生活对于张某来说是一个崭新的开始，他应该适应的内容包含了很多方面。

首先是自然环境发生改变，张某从山区到了城市，地理、气候等各方面都会产生一定的不适应；其次是所处的社会环境发生了变化，大城市的一些娱乐活动和同学的生活习惯对他产生了冲击；最后是生存技能面临挑战，大城市的消费水平和他之前的消费水平产生了强烈对比。

从更高层次的适应看，张某的生活目标、生活方式和学习方式都面临着改变。张某生长的地方社会化水平明显不高，这对他的成长有很大影响。经济拮据其实可以通过在社会打工、在学校勤工俭学、申请助学贷款、申请学费减免等多种途径来缓解，而他只选择用功学习，争取奖学金，极少与外界接触、沟通，使得许多在大学里应该学习的其他方面技能被忽略。另外，他感到自己的家庭出身和生活环境不如别人，从而否定自己，错误地认为别人生活条件好，就等于自己在这方面不足，给自己正常的学习和生活带来不必要的阴影，这就是一种自卑的体现。综上所述，张某应该放开胸怀，及时调整心态，正确认识到世界上有富人就有穷人，应做到人穷志不穷。同时，张某应多方面看问题，不要只看到自己的不足，其实他的优点有很多，例如，学习成绩好，为人老实等，这些足以令别人羡慕不已。他应知道，生活是可能改变的，现在穷不代表永远的穷。不过分敏感，就会避免很多不必要的烦恼。只要执着地追求，生活总是美好的。

大学生是国家的希望、祖国的未来，他们能否健康成长在很大程度上决定着社会未来的发展。近年来在大学校园里时而发生不良事件，分析这些不良事件发生的原因，大都与大学生的心理健康问题密切相关。从一定程度上可以说，心理健康问题已是大学校园里引发不良事件的主要因素之一。因此，如何解决好大学生心理健康问题已是高校教育中的重要内容。

第一节　揭开心理健康的神秘面纱

一、健康与心理健康

（一）健康的含义

自古以来，人类对于自身的健康都是十分重视的，古希腊哲学家赫拉克利特曾经说过："如果没有健康，智慧就难以表现，文化就无从施展，力量就不能战斗，财富变成废物，知识也无法利用。"随着社会文明的进步，拥有健康是每个人的期盼。与此同时，人们对"健康"这一概念也有了更加深入的认识。人是一个整体，整体的各个部分为了生活而有形态与功能的分化，并不表示各自是完全独立的。身体和心理实际上也应该是一个整体的两个方面，不能分开，所以健康也是一个整体。没有一种疾病是纯粹身体方面的，也没有一种疾病是纯粹心理方面的。许多身体疾病会引起行为和心理症状，而心理症状也会影响身体状况。因此，"健康"不仅指生理上的健康，更需要关注心理健康。早在 1948 年，世界卫生组织就给"健康"下了定义：健康是一种生理、心理与社会适应都趋于完满的状态，而不仅是没有疾病或虚弱的状态。为了加深人们对健康的认识，世界卫生组织还规定了健康的如下 10 条标准。

（1）精力充沛，能从容不迫地担负日常生活和工作压力，而不感到过分疲劳和紧张。

（2）积极乐观，勇于承担责任，心胸开阔。

（3）精神饱满，情绪稳定，善于休息，睡眠良好。

（4）自控和应变能力强，善于排除外界干扰，适应环境变化。

（5）体质好，抵抗能力强，能抵御一般性的感冒和传染病。

（6）体重得当，身体匀称。

（7）反应敏锐，眼睛明亮，眼睑不发炎。

（8）牙齿清洁，无空洞、无痛感、无出血现象。

（9）头发有光泽、无头屑。

（10）肌肉和皮肤富有弹性，走路轻松自如。

1989 年，世界卫生组织又对"健康"做出了进一步解释：健康应包括身体健康、心理健康、道德健康和良好的适应能力。由此可见，一个人健康与否应当从身体、心理、道德品质和社会适应四个方面来评价。

（二）心理健康的含义

心理健康是相对于生理健康而言的，包括两个方面的含义：一是指心理健康状态，个体处于这种状态时，不仅自我情况良好，而且与社会契合和谐；二是指维持心理健康，减少行为问题和精神疾病的原则和措施。

心理健康还有狭义和广义之分。狭义的心理健康，主要目的在于预防心理障碍或行为问题；广义的心理健康，则是以促进人们心理调节能力、发展更大的心理效能为目标，即使人们在现有环境中健康地生活，不断地提高心理健康水平，从而更好地适应社会生活，更有效地为社会和人类做出贡献。

二、心理健康与大学生心理健康的标准

（一）心理健康的标准

心理健康包括哪些维度？是否有心理健康标准？对此，学者们有过各种不同的阐述。

世界心理卫生联合会（World Federation for Mental Health，WFMH）曾具体明确地指出心理健康的标志：身体、智力、情绪十分调和；适应环境，人际关系中彼此能谦让；有幸福感；在学习和工作中，能充分发挥自己的能力，过着有效率的生活。

美国学者坎布斯（A. W. Combs）认为心理健康者具有 4 种特质：积极的自我观念；恰当地认同他人；面对和接受现实；主观经验丰富，可供人们使用。

美国心理学家罗杰斯（C. R. Rogers）认为心理健康者的特征是：对任何经验都是开放的，不对某种经验拒绝和歪曲；自我结构与其经验相协调，并能同化新经验；体验到自我价值感；与周围人高度协调，乐于给他人以关怀；自我实现的潜能得到发挥。

美国心理学家马斯洛（Maslow）和密特尔曼（Mittelman）提出了 10 条被认为是心理健康的经典标准：有充分的自我安全感；能充分了解自己，并能恰当地评估自己的能力；生活理想切合实际；不脱离周围现实环境；能保持人格的完整与和谐；善于从经验中学习；能保持良好的人际关系；能适度地宣泄情绪和控制情绪；在符合团体要求的前提下，能有限度地发挥个性；在不违背社会规范的前提下，能适当地满足个人的基本需要。

资料窗

心理卫生公式

台湾大学的柯永河教授曾提出一个心理卫生公式，试图以此综合心理健康的各种制约因素：

$$B=\frac{P+(KP)}{E+S.S.-(S.S./C)^2}$$

公式中：B 代表心理不健康程度，B 值越大，心理越不健康；P 代表个人所承受的生活压力；K 代表个人所需要的最小刺激量；E 代表个人适应能力或称自我强度，包括个人的自我概念、生活态度、应对技能等，它通过改变认知评估的性质或解决问题的有效性来调节压力情境对心理健康的影响；S.S.代表可获得的社会支援；C 代表个人所需的社会支援的最低量。对于特定时期的个人来说，K 与 P 都是常数。

此公式表明：（1）影响心理健康的三大要因是生活压力、社会支援与自我强度。（2）从维护个人心理健康角度考虑，生活压力不宜太大或太小，应维持在一个适当的范围之内。具体多少适合，要依个人所需最低刺激量而定。（3）从维护个人心理健康角度考虑，社会支援量过多或过少都不利。过多的社会支援只会造成当事人的依赖性、无能感，而过少的社会支援则使人感到孤独、无助。（4）自我强度越高的人，心理健康状况越佳。

依此观念，心理健康的自我维护应从以下三方面着手：（1）建立积极的自我观念，增加自我强度；（2）改善人际关系，增加社会支持；（3）改变对生活压力的看法，掌握压力应对技能。

（二）大学生心理健康的标准

根据大学生所具备的年龄特征、心理特征和社会特征，大学生心理健康的基本标准可概括为以下几个方面。

1. 正常的智力

智力是指人们认识、理解客观事物并运用知识、经验等解决问题的能力，包括观察力、注意力、记忆力、思维能力和想象力。智力正常是人们从事一切活动最基本的心理条件，它是大学生胜任学习任务、适应周围环境变化的心理保证，是大学生心理健康的首要标准。大学生智力正常主要表现在：能保持浓厚的学习兴趣和强烈的求知欲；智力因素在学习中能发挥积极协调的作用；能保持较高的学习效率，掌握有效的学习方法；能从学习中获得满足感和快乐感。

2. 稳定的情绪

情绪稳定是指有机体对外界刺激引起生理和心理变化的一种态度体验，也是影响心理健康的一个重要因素，对人们的工作、学习和人际关系有着重要的影响。情绪异常往往是心理疾病的先兆。情绪稳定的大学生能经常保持积极愉快的心情，热爱生活，对未来充满希望；善于控制和调节自己的情绪，遇到挫折时，情绪反应适度并能泰然处之。

3. 健全的意志

意志是人自觉地确定目标并支配与调节其行动，克服困难达到预定目标的心理过程。意志健全主要体现在行动上的自觉性、果断性、顽强性和自制力等方面。对于大学生来讲，应该有明确的学习和生活目的，并有坚定的信念和自觉的行动；在各项活动中具有坚韧性、果断性、独立性和较高的自制能力；具有充分的自信心、高度的责任感和使命感，能克服不良习惯与不良欲望，抵御不正当诱惑。

4. 良好的自我意识

自我意识是指人们对自己以及自己与周围关系的认识和体验，也是人们认识自己和对待自己的统一。大学生是在现实环境中及与他人的相互关系中认识自己的。心理健康的大学生在自我认知方面有“自知之明”，能客观正确地评价自己，自信、乐观，既不妄自尊大，也不妄自菲薄、自暴自弃；在自我体验方面，自尊自爱，自我肯定而不是自轻自贱；在自我控制方面，自主、自强、自律，能促进自我全面发展与完善。

5. 完整统一的人格

人格通常也指个性，人格统一是指人格作为人的整体精神面貌能够完整和谐地表现出来。这是大学生心理健康的核心因素。大学生人格统一的标志：有正确的信念体系和世界观、人生观，并以此为核心把需要、动机、兴趣、理想、气质、性格及能力统一起来，和谐发展；具有正确的自我意识，不产生自我同一的混乱，表里如一；能够抵制口是心非、阳奉阴违等人格分裂的不良倾向；不能出现双重人格与多重人格。

6. 和谐的人际关系

人际关系和谐是大学生心理健康的重要保证。心理健康的大学生敢于交往、乐于交往、善于交往，有着广泛而稳定的人际关系，在交往中能用真诚、宽容、理解和信任的态度与人相处，能理智地接受和给予爱，与集体保持协调的关系，在人际交往中能正确处理人际冲突，化解矛盾，处理好竞争与互助的关系。

7. 心理行为符合年龄特征

人的心理特征是随着年龄的增长而不断地发展变化的。在人生的不同年龄阶段，都应有相应的心理行为表现。心理健康的人，认知、情感、意志和行为都是符合其所处年龄阶段的基本特征的。大学生正处于朝气蓬勃的青年阶段，因此，心理健康的大学生应精力充沛、勤学多问、反应敏锐、积极探索、勇于创新、不断进取，而不应老成迂腐、保守落后、天真幼稚或过于依赖别人。

8. 社会适应能力良好

社会适应能力包括正确认识社会环境及处理个人和环境的关系。心理健康的大学生，在社会环境改变时面对现实，能对环境做出客观的认识和评价，主动调整自我以积极地适应环境；和社会保持良好的接触，能不断调整自己对现实的期待及态度，使自己的思想、目标、行为和社会协调一致；当社会环境出现负面变化时，不是被动消极地去适应，而是积极主动地去影响周围的环境，保持头脑清醒，不随波逐流、人云亦云，等等。

同时，在判断大学生是否符合心理健康标准时，还应注意以下几点。

（1）心理不健康与有一些不健康的心理不能等同。心理不健康是指一种持续的不良心理状态，而偶然出现的一些不健康的心理和行为，不能等同为心理不健康或心理疾病。

（2）心理健康与心理不健康或心理正常与心理异常之间没有绝对界限，在心理正常和心理异常之间有一个广阔的过渡带（包括心理健康状态）。

（3）心理健康状态是一个动态的变化过程，不是固定不变的，随着时间的推移、环境的变化以及人们自身的成长，每个人的心理健康状态都会不断地发生变化。

上述大学生心理健康的标准只是一种相对衡量尺度，它只反映了大学生在适应社会生活方面应具有的最基本的心理条件，而不是心理健康的最高境界。心理健康有三个层次：预防心理障碍的出现，即不患心理疾病是心理健康的最低要求；能够有效地学习、生活和交往是心理健康的第二境界；发挥自身潜能，促进自我价值实现，追求自身全面发展是心理健康的最高境界。

三、心理健康的测定

人的心理是人脑的内部活动，科学无法直接测量人的心理，只能根据人的具体活动加以推测，通过测定作为心理外部表现特征的行为（如人的言行），间接知道人的心理特征和心理健康水平。通常情况下，衡量心理健康状况有两种方法，即心理测验法和精神检查法。

（一）心理测验法

心理测验法是运用各种标准化的心理健康量表对个体进行测试，把测试结果与常规模式进行比较，若某项测试结果超出该项常规模式过多，一般认为是异常的。此方法除个别使用外，还大量地用于团体测验和心理健康流行病的调查，用以把握某一人群的心理健康分布状况。这是目前心理健康测定中使用最广泛的一种方法。心理测验的用途很广：在教育工作上，它可以测量学生的智能、品德、个性发展，学习动机及兴趣爱好，便于因材施教；在人才选拔和职业指导上，有利于实现人职匹配。每一种职业往往对就业人员的心理结构都有一定的要求，心理测验便是了解一个人心理结构的一种简洁、可靠的方法。常用的心理测验有智力测验、能力倾向测验、人格测验、成就测验及各类职业测验等。心理测试有常用的症状自评量表（SCL-90）、抑郁自评量表（Self-rating Depression Scale，SDS）、焦虑自评量表（Self-rating Anxiety Scale，SAS）等问卷材料及评分标准供大家参考使用。

心理测验法虽然比较科学、可靠，但必须有相应的量表，而且使用者要经过专业培训。目前有关心理健康方面量表使用的范围、测定的内容有限，还不能满足需要，因此，人们也常用精神检查法。

（二）精神检查法

精神检查法原指精神科医生收集精神科病史时，通过交谈与观察检查患者精神活动的一种常用方法。这里引申其为对心理健康状况进行评判的一种方法。一般多由具有心理健康知识的专业人员，在心理咨询或治疗中，对当事人做出心理健康问题的性质、类型、程度的评判。此方法多用于个别检查，要求评定人员具有较丰富的专业知识和经验，否则容易误判，尤其当症状不典型、不明显或时好时坏时，更需谨慎。

在实际操作中，尤其在面临难以判断的情形时，为了增加结论的可靠性，常将心理测验与精神检查两种方法结合使用，或先做心理测验，对提示可能有异常者再进行面谈和深入了解，或先做一般性精神检查，再用适宜的量表做专门评定。

资料窗

区分心理正常和心理异常的原则

心理问题的划分及鉴别标准：根据郭念锋教授提出的区分心理正常与异常三原则的依据，笔者的学习体会如下，以供讨论学习。

“心理是客观现实的反应，是脑的机能”，正常的心理即是人的大脑对客观现实的正确反应。

区分的三原则如下。

1. 主观世界与客观世界的统一性原则

精神病性的幻觉是无对象的知觉，妄想是一种脱离现实的病理性思维。若一个人听到了别人在议论他，说他的坏话，并坚信有人在害他、攻击他、诽谤他，所以这个人感到非常愤怒，痛不欲生。在我们看来根本没有事实根据，这种人所想、所反映的情感不被人理解，故评价这个人心理不正常，他的主观世界与客观世界是不统一的，多见于精神分裂症。

2. 心理活动的内在协调性原则

知、情、意、行协调一致是人类精神活动的整体性表现，一个人的心理过程一致表现在内心体验与环境的一致，如该笑的场合就笑，该哭的场合就哭，儿子结婚办喜事喜气洋洋，已故亲人办丧事痛哭流涕，这就是情感与所处的环境协调一致。病态则相反，该哭时不哭，该笑时不笑，这就是反常、病态，常见的有精神分裂症。

3. 人格的相对稳定性原则

江山易改，本性难移，说明了人格的相对稳定性。若一个人没有明显的因外界因素而出现性格的反常，如平素开朗外向，突然沉默寡言，孤僻，不接触人，我们认为是破坏了他性格的稳定性，是反常，如抑郁症。

第二节 大学生与心理健康

一、大学生的身心特点

在校的大学生是最富有理想、朝气，文化层次较高的青年群体。与西方国家的大学生不同，中国大学生的群体特征相对突出，表现在年龄段的相对集中（一般在18～23岁）、学习和生活环境相对封闭、学习条件相似等方面。大学生的心理活动特征以其生理特征为基础，同时又受社会环境和教养方式的影响。因此，要了解大学生的心理健康问题，必须熟悉大学生的生理特征、心理特征以及社会适应性特征。

（一）大学生的生理特征

18～23岁的大学生，其生理特征主要表现在体、力、脑、性四个方面的巨大变化。

（1）体，突出地体现在身高和体重的急剧变化。人一生有两次生长高峰：一是出生到周岁，这一时期身高可增加50%，体重可增加一倍；二是青年期，男女青年平均每年的身高和体重都增长较快。迅速的成长使青年人骨骼粗壮，肌肉发达，在体形上进入了成人的行列。

（2）力，青春期生命力处于最旺盛时期。身体的各个系统、器官全面发展：心脏的重量猛增至出生时的10倍，肺活量达4800毫升，食欲极佳，胃肠容量达到最大，体温、脉搏、呼吸、血压发生明显变化，脑垂体加快各种激素的分泌，新陈代谢处于最佳状态。青年人充满了生机和活力。

（3）脑，大脑和神经系统处于最发达状态。脑重量达到极值，脑神经细胞的分化机能达到成人水平，大脑的第一和第二信号系统的功能已经完善。由于大脑的发达和完善，使得青年人能够理智地走向社会。

（4）性，青春期是性萌发和性成熟最神秘、最敏感的时期。第一、第二性征突出变化，男女性别差异明显。在青年中期，个体的生理发育已接近完成，已具备了成年人的体格以及各种生理功能，故又称此阶段为性成熟期。

青年时期的体、力、脑、性四个方面的巨变，为青年的心理变化提供了良好的物质基础。

（二）大学生的心理特征

1. 心理发展的过渡性

青春期是少年向成年人转变的过渡期，也是少年心理向成人心理过渡的关键期。从心理发展水平看，多数大学生的心理正处于迅速走向成熟但又没有达到完全成熟的时期。从心理发展过程看，认知迅速发展，达到了相对成熟；认知的核心要素思维已由经验型向理论型转化；情感也从激情体验，易感状态逐步升华过渡到富有热情，充满青春活力；社会道德感和社会责任感增强。在意志行动上，则从容易冲动发展到具有一定的自控力，形成相对稳定的行为习惯。从个性发展看，性格、能力等个性心理特征都达到相对稳定和渐至成熟的水平；理想、信念、自我意识等个性意识经过大学阶段逐渐接近成人的发展水平。

2. 心理发展的可塑性

大学时代是人生各种心理品质全面发展、急剧变化的时期。大学生在这一时期的心理发展存在不稳定、可塑性大的特点。例如：在认知方面容易偏执；在情绪方面容易走极端；在意志方面有时执拗；在个性方面，虽然许多个性品质已基本形成，但却容易受外界或生活情境的影响。

3. 心理发展的矛盾性

当代大学生由于在学校受教育时间长，从家门到校门，没有社会生活经验，从而心理成熟滞后于生理成熟。经济上不独立、传统价值权威的衰落以及现代价值多元化的影响等，使得大学生的心理既存在积极面，又存在消极面，这必然导致各种矛盾和冲突。大学生常见的心理矛盾有以下几种。

（1）理想与现实的矛盾。大学生对未来有自己的设想，一般理想比较高，希望将来能发挥自己的才能，成为对社会有用之人。然而，在现实生活中往往难以找到实现理想的途径，有的学生面对前进道路上的障碍没了信心和方法；有的学生只有美好的向往而没有切实的行动；有的学生眼高手低，不喜欢“从我做起，从小事做起”，只想做大事而一鸣惊人，这就必然产生理想与现实的冲突。

（2）情绪与理智的矛盾。大学生的情绪是丰富而动荡的，往往容易激动、兴奋，也容易转向消沉、失望，特别在挫折面前，情绪容易走向极端。其原因是心理发育相对滞后，往往从某种感性认识或经验直觉出发评价自己以及周围的人和事情，以个人的情趣、好恶为标准处理问题。

（3）独立与依赖的矛盾。从中学进入大学，大学生生理逐渐成熟，反映在心理上，增强了独立的倾向。独立意识、自我意识大大加强，大学生渴望摆脱家庭和老师的束缚。但是，大学生还处于学习阶段，经济上必须依赖父母的供给，而且缺乏独立生活的经验，还不能真正依靠自己的力量来独立解决生活中遇到的一些问题，不能恰当地处理社会交往中的各种关系，一时难以摆脱对家庭、老师的依赖，也就不可避免地造成独立与依赖的矛盾。

（4）乐群与防范的矛盾。大学生一般远离亲人，渴望交友，乐于群体活动。但大学生彼此之间相处的时间较短，一时难以建立心贴心的真情与友谊，在与他人的交往中，总是带有试探和防范的心理，这就产生了乐群与防范的矛盾。因此，大学生经常感叹接触的人很多，信得过的人却很少，同学很多，知心朋友却很少。

（5）自尊与自卑的矛盾。经过激烈的竞争进入大学校园的大学生成为青年中的佼佼者，受到社会的称赞、父母的宠爱、同龄人的羡慕，容易产生一种优越感和自豪感，表现出强烈的自尊心。然而，大学里人才济济，高手如林。许多高中时期的尖子生，其优势不再明显，失去了往日的荣耀，易产生心理失衡。有的同学因此就怀疑自己，否定自己，产生自卑感、挫折感和焦虑感，表现为自我评价过低、丧失信心、悲观失望、不求进取，走向退学和轻生等极端。

（6）竞争与求稳的矛盾。当代大学生平等竞争意识较强，渴望在平等的条件下参与竞争以便充分地发挥自己的能力，实现自己的奋斗目标。他们对那些投机取巧，靠侵害别人利益获取好处的行为深恶痛绝。但在实际竞争中他们又怕风险，抱怨竞争的残酷性，有求稳心态。竞争与求稳的冲突在择业时表现得尤为突出。

（7）性生物性和性社会性的矛盾。青春期的大学生性生理已成熟，有了性的欲望和冲动。然而，由于受社会道德、法律、校纪等方面的制约，性冲动受到压抑。一般大学生通过学习、工作、文体活动和社交活动等途径，可以使之得到某种程度的转移和升华。但也有一部分大学生由于缺乏性知识，对性问题有偏见，性冲动得不到正常的转移，久而久之造成性冲动与性压抑的尖锐冲突。

以上这些心理矛盾如果得不到合理解决和正确的引导，就容易导致心理问题。

4. 大学生心理发展的差异性

不同年级的大学生心理发展的特点不同，具体表现在以下几个方面。

（1）适应期。大学新生以“胜利者”的喜悦进入大学后，突出的问题主要是如何适应大学生活，如何建立起新的人际关系。有调查显示，在大学新生中，有适应不良和人际交往问题的占 68.7%，他们的心理矛盾主要是：自豪感和自卑感交织；新鲜感和恋旧感交织；轻松感和紧张感交织；奋发感和被动感交织。这个时期一般是在大学一年级。

（2）发展期。当新生适应了大学生活，建立起了新的心理平衡后，大学生活进入了相对稳定的时期，这是大学生成才定型的关键时期。大学生大多产生了自信心，竞争意识增强，此时突出的心理问题是：成才道路的选择与理想的树立，学习目标的实现，学习态度的确立，学习方法的掌握，以及学习心理结构的形成。这个时期是大学生人生观的形成时期，也是实现大学教育目标的关键时期。这个时期一般是在大学二年级。

（3）成熟期。大学生经过三年的大学生活和学习，世界观、人生观逐步形成，心理逐渐成熟，他们的心理特点与成人的心理特点有许多相近之处。但是，这个时期又是大学生从学生生活向职业生活过渡的阶段，他们又要面临新的心理适应，例如，是继续升学，还是就业？求职择业中双向选择的压力，使大学生们的心理又掀起波澜。这时他们的心理特点主要有紧迫感、责任感和忧虑感。

（三）大学生的社会适应性特征

社会适应性是指人与社会相互作用时的心理承受水平以及自我调节能力。它包括人的气质、性格、应激能力等心理指标。社会适应性能影响和制约一个人对知识的运用、经验的积累和才能的发挥。例如在应激状态下，一个人的情绪稳定性和应变能力往往比智慧显得重要。在校大学生总体上是从学校到学校的生活道路，主要的生活环境是学校这个相对独立、相对封闭、相对单纯的环境，而且备受呵护，因此在社会适应方面还存在局限。目前，我国大学生在社会适应方面出现了较为明显的特征，主要体现在社会认知片面、自我定位偏差、就业与职业胜任问题、心理调适能力和人际调适能力低下等几个方面。

二、大学生常见的心理健康问题

调查结果表明：学业问题、情绪问题、人际关系问题、情感问题、性心理问题、特殊群体学生的心理健康问题和大学生生活适应问题是目前大学生中普遍存在的心理健康问题。

（一）学业问题

学习压力大、学习动力不足、学习目的不明确、学习动机功利化、学习成绩不理想、学习不勤奋、考试焦虑等学业问题始终困扰着大学生。另外，有的学生专业选择不当，也会影响其学习兴趣和学习成绩。

（二）情绪问题

情绪问题主要表现在以下两个方面。（1）抑郁。抑郁以个体心中持久的情绪低落为主，常伴有身体不适、睡眠不足等症状，表现为心情压抑、沮丧、无精打采、什么活动都懒得参加。（2）情绪失衡。大学生的社会情感丰富而强烈，具有一定的不稳定性与内敛性，表现为情绪波动大。

（三）人际关系问题

人际关系问题主要表现在以下三个方面。（1）人际关系不适。进入大学，远离原来熟悉的生活与学习环境，面对新的人际群体，部分学生显得很不适应。（2）社交不良。部分大学生缺乏在公众场合表达自己思想的能力与勇气，面对各种各样的活动，充满了兴趣，却又担心失败，只是羡慕而不积极参与。久而久之，开始回避参与活动，并感叹“外面的世界很精彩，外面的世界很无奈”。（3）个体心灵闭锁。大学生从家门到校门，缺乏社会阅历和人际交往经验，而且自身在人际交往中的不自信也不利于增加自身的人际魅力，妨碍了良好的人际交往圈的形成。与此同时，由于个体间的正常交往不够，又易引发猜疑、妒忌等不良心理，不利于学生的健康成长。

（四）情感问题

爱情、友情、亲情是学生情感方面的三个重要问题。

1. 爱情困扰

虽然爱情在大学并非是一门必修课，但大学生仍然从各个方面开始了自己的情感之旅。大学生中流传着“普遍撒网、重点培养、择优而谈”“不在乎天长地久，只在乎曾经拥有”“预约失恋”……爱情与婚姻分离成为一种较为普遍的现象。单相思、失恋、网恋的现象时常发生，引发的问题很多。因此，正确处理爱情与学业的关系是大学生的一门必修课。

2. 友情困扰

在处理个人情感问题上，许多大学生分不清友情与爱情，不能很好地把握男女同学交往的尺度。有的同学希望珍惜友谊，又不经意间与友谊失之交臂。

3. 亲情问题

近年来，反映大学生与家长沟通越来越少的文章不再鲜见。很多大学生反映与家长没有太多的话讲，沟通基本是缘于实质性问题，如经济供给、物质补充而非情感沟通。尽管自己也意识到不应该这样，但懒得沟通却是一种普遍的心态，而且从心理上也并不感到有些歉疚，即使通电话，也仅仅是“我一切都好”“不用牵挂”之类的客套话；与此相反，恋人之间的沟通越来越多，电话越来越频繁，形成鲜明的对比。

（五）性心理问题

性教育是道德教育、文明教育、健康教育，也是人格教育，基本得到了教育工作者的认同，但性生理与性心理方面的问题并未得到很好的解决，主要表现在以下两个方面。

1. 性生理适应不良

青春期性生理的成熟，必然带来相应的心理变化，如渴望获得异性的好感与认可，产生性幻想、性压抑、性冲动、性梦等。由于性教育的严重缺失，很多大学生不能正确认识自我的性反应，于是产生了堕落感、耻辱感与罪恶感。有的大学生因做性梦产生性幻想不能自拔以至于萌发轻生的念头，还有的大学生由于对自身性生理欲望的放纵，而与恋爱对象发生两性行为。

2. 性心理问题

性好奇、性无知、性贞洁感淡化，性与爱的困惑，性与爱的分离，由于性行为引起的后果及其产生的心理压力等，都是值得引起重视的问题。

（六）特殊群体学生的心理健康问题

比如特困生心理健康问题。近年来，特困生的思想、学习、生活已受到社会各界的广泛关注。与此同时，高校采取了“奖、贷、勤、免、补”等办法，广开渠道，解决困难学生的生活问题。不容忽视的是，困难学生不仅仅是经济困难，他们的心理问题也应引起高度重视。特困生与普通生相比，更多地表现出自卑而敏感、人际交往困难、身心疾病突出和问题行为较多的状况。尤其是“双困生”，学业成绩不理想，家庭经济又很困难，从而心理负担很重。再如“网瘾生”心理健康问题：“网瘾生”上网成瘾，甚至形成依赖，或陷入网络不能自拔，从而引发了种种问题行为。

（七）大学生生活适应问题

大学生生活适应问题主要表现在以下两个方面。

（1）生活能力弱、自立能力弱的情况普遍存在。尽管高校都在倡导大学生“自我教育、自我管理、自我服务”，但作为社会一员，大学生普遍不能很好地处理自己的事务。

（2）大学生对挫折的心理承受力弱。目前在校的大学生，基本出生于国家改革开放之后，成长于国家经济发展之时，物质条件在逐步好转，兄弟姐妹减少，可以说“一路高歌到大学”，在学校“老师宠着”，在家里“父母捧着”。面临学业、生活、感情方面的挫折，他们显得无所适从，感觉失去了生活的意义，甚至怀疑人生。这些大学生在独立性、未来感、自由感、自信心等方面更容易受挫折。面对就业制度改革带来的机遇与挑战，大学生没有足够的心理准备，从而担心受挫。特别是毕业生，往往情绪不安，思想不稳定。

身心健康的“十个一”

（1）一个宽阔的胸怀。豁达、宽容、大度的生活态度会使你更容易满足和懂得享受生活的美好。对于一言一行和一时一事的得失，不斤斤计较，能坦然自若。

（2）一种规律的生活。这将有助于形成良好的条件反射，以保证各种生理技能发挥最好的效应。

（3）一种合理的饮食习惯。合理饮食是长寿之本，每餐吃八成饱最好。注意营养均衡，不能偏食，主副食适当搭配，不吸烟，不饮酒。

（4）一种最适合自己的锻炼方法。选择原则有两条：一是个人的兴趣和爱好；二是根据自己的身体状况，特别是心血管和呼吸系统的状况。

（5）一种活泼、热情、开朗的性格。这种性格将使你天真、善良、愿意帮助别人，拥有和谐的人际关系。

（6）一种能调节身心的业余爱好，一个人起码要有一种以上的业余爱好，它能增添你的生活情趣，同时也是清除工作疲劳的良方。

（7）一种不向任何压力低头的意志。能接受挑战的人，说明他的精力充沛。

（8）一种正确对待疾病的态度。生病时，要沉着，不要恐慌，要积极找医生治疗，且乐观自信，相信自己一定能战胜它。

（9）一种对年龄的忘却，不要老是想着我又长一岁，更老了。每天都要抱着乐观的态度去生活，你就会觉得永远年轻、有活力。

（10）一张永远微笑的面孔。微笑会使你成为受欢迎的人，微笑会令你全身肌肉牵动，促进血液循环，并能呼出二氧化碳，吸入更多的新鲜空气。

三、大学生心理健康问题的原因与对策

（一）大学生心理健康问题的原因分析

社会环境、高等教育、家庭教育和自我因素都直接影响着大学生的心理健康。

1. 社会环境的影响

许多心理问题是由于环境适应不良而引起的。自从进入新时期以来，中国社会发生了巨大改变。在社会物质方面，物质利益格局的重新调整，贫富差距的加大，对人们的心理产生了很大的影响；在社会文化方面，当代大学生处在东西方文化交叉、多种价值观冲突的时代。随着西方文化大量涌入，东西方文化发生着前所未有的碰撞与冲突。例如：东方重义，西方重利；东方尚礼，西方尚法；东方重和谐，西方重竞争；东方讲群体利益，西方重个人利益等。面对不同的文化背景和多种价值取向，大学生常常会感到茫然、疑虑、混乱。诸如对个人利益与个人主义、个性发展与个性放纵、自我意识与自我中心等，没有明确的认识。求新求异的心理使得他们盲目追求西方文化，而这些东西与中国现实社会在许多方面都格格不入，使青年学生陷入空虚、混乱、压抑、紧张的状态，在人生道路的选择上处于两难或多难的境地。长时间的心理失调必然带来心理上的冲突，从而出现适应不良的种种反应。此外，随着广播电视节目播放时间的延长、报纸杂志的增多、信息高速公路的建设以及互联网的普遍应用，大众传播媒介对大学生心理健康的影响越来越大。大学生一般求知欲强但辨别力弱，崇尚科学但欠缺辩证思维。当前一些格调低下、观念错误的报刊书籍或其他传媒信息，给青年学生的思想及行为带来了消极的影响。与此同时，社会风气、社会舆论也会在大学生的心中留下深层的心理积淀。

2. 高等教育的影响

高等教育层面的影响分两个方面：一是高等教育观念的变化，高等教育逐步适应社会发展，拓宽专业，注重学生能力的培养，逐步弱化应试教育；二是高等教育招生以及就业体制的改变，学生交费上学，自主择业这一切都直接冲击着当今大学生的心理。他们必须承担上学的部分教育成本，面对求学、择业过程中选择机会的增多，选择难度的增大，他们有着更多的焦虑、不安、失落、无所适从。而择业过程中，人才市场的不规范更深深地刺激了当今大学生的心理。大学生既希望参与竞争又担心失利，既希望手中握有更多的机遇又担心失去原有的保障。

3. 家庭教育的影响

家庭教育的影响主要包括家庭的情绪氛围、父母的教养态度、家庭结构以及家庭经济状况。家庭是人生的奠基石，父母是孩子的第一任老师，对学生的成长与成才的影响是长久而深远的。家庭的情绪氛围是良好心理素质形成的前提，家庭成员间的语言及人际氛围直接影响着家庭中每个成员的心理，而且对个性逐渐成熟的大学生更具有特别的意义。父母的教养态度和教育方法直接影响孩子的行为和心理，民主、平等而非命令、居高临下，开明而非专制，潜移默化而非一味娇宠，有利于学生心理的健康发展。家庭结构的变化，如单亲家庭、重新组合家庭等必然对在读大学生心理有一定影响。部分大学生在幼年、童

年，甚至青少年时期的生活环境中，曾经历过不幸的事件或境遇，并造成严重的伤害性体验，这会对他们的行为模式、生活态度和个性产生恶劣影响，他们进入大学后，仍会以仇恨、多疑、逃避、攻击、不合作等行为模式对待周围的一切，对社会适应不良，从而影响他们的自我发展。家庭经济状况长期严重困难的特困生的身心健康尤为值得重视。

4. 大学生自身因素

大学生自身因素分为个体心理品质、环境变迁、人际关系和生活事件四个方面。一是个体心理品质方面的因素，自然人与社会人的冲突、文化人与社会人的冲突、成才与成人的相互关系、心理品质的稳定性与承受挫折的能力，都是影响个体心理健康水平的重要因素。二是生活环境与学习环境的变迁，大学的生活空间相对狭小，生活方式各不相同，学习环境面临教学方式、师生关系、学习主体、竞争对手与竞争方式的改变，如果不能及时调整自己以适应新的生活、学习环境，则易产生心理不适。三是人际关系处理不当，大学是社会的缩影，学生的人际交往关系也随之扩大和发展，大学生迫切希望得到他人的认同，获得归属感和尊重感，而他们与人交往、相处的经验又相对较少。四是日常生活事件的困扰，主要包括个人患小伤病、评优落空、考试失败、经济困难、学习压力过大或负担过重、失窃或财产损失、被人误会等。生活事件中，特别是对本人构成重要影响的事件，对大学生的心理健康水平的影响是最直接的。

总之，大学生心理问题产生的原因是多方面的，生理因素、心理因素、社会因素常常交织在一起，互相联系，互相作用，互相制约。某些先天因素的不健全，加上不良社会文化环境的影响，容易导致大学生的心理疾患。因此，保持和维护心理健康也应该从多种渠道入手。

（二）大学生心理健康问题的对策

（1）从高校层面上看，要积极开展心理健康教育和心理咨询工作。大学生心理健康教育工作是高校日常教育与管理工作的重要内容。高校要开设心理健康教育课，为大学生提供适应、发展、学习、潜力开发、压力、人际关系、异性交往、恋爱、择业等方面的指导。教师要结合教学过程，渗透心理健康教育的内容。班主任、政治辅导员不仅要在日常思想政治教育中发挥作用，也要在增进全体学生心理健康、提高学生心理素质中发挥积极作用。高校还要重视开展大学生心理辅导或咨询工作。高等学校开展心理辅导或咨询工作，对于解决部分学生的心理问题具有重要的作用。心理辅导或咨询工作要通过个别咨询、团体咨询、心理行为训练、书信咨询、热线电话咨询、网络咨询等多种形式，有针对性地向学生提供经常、及时、有效的心理健康指导与服务。

（2）从大学生个人层面上看，大学生应努力做到：树立正确的世界观与人生观；对自己不要过分苛求，把奋斗目标确定在自己能力所及的范围以内；对他人期望不要过高，以避免产生失望感；学会自我调控情绪，排除转移愤怒情绪；多找朋友倾诉，以宣泄抑郁情绪；自我娱乐，防止心境压抑；不盲目地与人竞争，以避免过度紧张；积极参加社会活动，适当扩大人际交往的范围；积极寻求心理辅导和心理咨询。

第三节　适应——大学生活第一课

经历了高考的洗礼，大学新生来到了一片新的天地。大学的确是一片崭新的天空，这里的生活有着与高中时代截然不同的自由自在，多姿多彩，但这并不是事情的全部。这里是知识的圣殿，却非梦想的乐园，这里机会与挑战并存，这里希望与困难同在。摆在大学新生面前的，是一个新生活的适应期。这是走进大学校园要上好的“第一课”。

所谓适应，是一个源于生物学的概念，心理学引用过来，说的是有机体对环境变化做出的反应。皮亚杰认为，智慧的本质就是一种适应。适应是一种过程，通过这个过程，有机体在不断运动变化的过程中与环境保持平衡。如果有机体与环境失去平衡，就需要改变行为来重建平衡。这种由平衡到不平衡，再由不平衡到平衡的循环往返的过程，就是适应。这就告诉我们，生活就是适应，人生就是一个不断适应的过程。面对每一个人生的转折，面对每一种新的生活，都会有一个适应期来实现人与环境新的平衡。如此看来，大学新生面临一个新生活的心理适应期，多多少少出现些适应性问题，便是生活的必然了。之所以先说清这一点，是想说，大学新生的适应性问题，一般来说是一个正常的人生课题。换句话说，大学新生出现适应性问题是情理之中的事，没有适应性问题才是怪事。适应就是平衡，适应就是发展，适应就是成长。

一、认识新环境，一切都变了

大学新生所面临的环境变化主要有以下几个方面。

（一）环境的不适应

大学新生，大多都是第一次真正离开家乡，离开父母，离开亲人。来到大学校园，他们面对的一切都是新的，这是一个全新的生活，也是一个完全陌生的环境：陌生的城市，陌生的校园，陌生的面孔。从地方中学到高等学府，校园环境发生了很大的变化。大多数新生从中小城市、乡镇农村到大城市读书，更会感到环境的陌生。再有，大学里的上课场所，由中学里“一个萝卜一个坑”，变成了“打一枪换一个地方”。图书馆、网吧、宿舍、自习室的地位也今非昔比。这一切都需要逐渐适应。

（二）生活的不适应

中学时候，生活上许多事情都由父母包办。进入大学后，卫生要自己搞，衣服要自己洗，饭要自己打，钱要自己花，许多生活上的事情需要自己处理。再有，新生入校后，很多家长把一个学期的生活费一次性给学生，学生一下子拿着这么多钱，又没有父母的督促，缺乏一个统筹性的安排，盲目冲动性消费太多。这都需要重新适应。

（三）学习的不适应

中学阶段学习的目标，就是在高考中顺利地通过“独木桥”。学习的内容、范围、要求，主要是教师来安排的。学生在上课时习惯于“填鸭式”的教学，只要听懂教师的讲解，课后顺利地完成教师布置的作业即可。大学的教学目标、内容和方法都与中学有了很大不同。大学教师授课比较抽象和概括，教师上课时数明显减少，学生自学时间大大增加。学生更多要靠自学。这对大学新生来说更难以适应，以至一些在高考中取得高分的学生入学后第一次考试会出现不及格的现象。

（四）人际的不适应

想家，是大部分新生的共同心态。这是因为过去的同学好友分开了，周围的同学还很陌生，新的人际关系还没有建立，人际交往的需要不能满足。中学的时候，新生也有一个适应的问题，但同学们基本是一个地区的人，有更多的共性，而且老师就在身边。到了大学，大家来自四面八方，语言习惯、生活习惯等彼此的差异会更大，老师也很难在身边。于是，会出现种种人际关系的适应问题。

（五）角色的不适应

社会角色的变化也是需要适应的问题。走进大学校门的学生，很多在中学时代是班级乃至学校里的“佼佼者”。进了大学校园以后，“山外青山楼外楼”，面对新的竞争群体，许多人感到自己没有了过去的优势，有人把这叫作“大学生的相对平庸化现象”。有的大学新生因此在学习上找不到新的支点，找不到新的方向。这是一种需要适应的角色问题。另外，一方面，中学时是全校资格最老的“大哥哥”“大姐姐”，而到了大学，成了资格最小的“小弟弟”“小妹妹”，从峰顶一下跌到了谷底。另一方面，在家人亲友面前的地位却上升了。中学时父母拿他们当孩子，这时，说他们“长大了”。这种角色变化也需要适应。

二、大学新生为什么出现不适应

（一）年龄特征带来的适应困难

大学新生，还有相当的闭锁心理以及自我中心倾向，人际交往缺乏主动性，从而阻碍了相互间的沟通和交流。再有，思维容易陷入极端化。入学前对高校怀着太多美好的憧憬，把大学想象得“好得很”；入学后发现大学也有许多不如意，又认为“糟得很”。这种反差也增加了适应的困难。

（二）生活变化带来的自然反应

如前所述，生活就是适应。不管怎样努力使中学教育与大学教育衔接得好一些，从中学到大学，也是一个重大的人生转折点，也就必然出现一些适应性问题，是一种自然而然的反应。

（三）教育失误造成的适应能力不足

适应能力，是人根据生活环境进行自我调整，以便和环境保持平衡的能力，是一种基本的生存能力。本来，适应能力是人的一种固有潜能。但是，由于教育特别是家庭教育的失误，许多同学潜在的适应能力没有被更好地挖掘出来。以至每年的新生入学之际，由家长护送上大学的现象是越来越普遍，而在新生办理入学手续的时候，排在各项手续桌前的不是我们将来的大学生，而更多的是学生家长。这样会导致许多同学没有独立生活的经验，有强烈的依赖心理，自理能力、自立能力、人际交往能力较差，难以适应大学的独立生活。

三、适应新环境，一切从头开始

（一）及时实现角色转换

新同学的大部分情绪问题起源于不及时转换角色，因此调适自己的心理，首先要从这方面入手。社会是个“舞台”，每个人都有自己的“角色”。人的社会角色不时会转换，由中学生变成大学生，这便是一种角色转换。社会角色转换了，可是有的人的角色意识仍是旧的，例如当售货员时，在柜台上仍像个顾客。我们的同学呢？已是大学生了，仍像个中学生。许多情绪问题便由此产生了。有的同学不认真学习，爱玩，爱睡觉，问他为什么，他说：“考完高考，累极了，先歇口气再说。”这是一种过分放松自己的有害情绪。有的新同学才开始上课就哀叹读错了专业、入错了门，他们常用懒懒散散来表达自己的不满意，可以说，他们仍站在角色之外。还有，大学里强调自学，学习方式与中学大不相同，有的同学不了解这点，上课不做笔记，课后不复习，悠闲得很，晚上娱乐活动最多的就是这类同学。他们是“走了样”的角色。可见，角色意识如果滞后，人的情绪便会被扭曲。

出色的演员有一句共同的箴言：进入角色才能演好戏。同学们应谨记：自己已经是大学生了！角色转换需要有个过程，但三四周也就够了，不能过长。实现角色转换的好办法是积极参加入学教育。不少同学以为入学教育是光讲大道理，不愿认真参加，这是误解。每个专业都有自己的培养目标、课程设置，有自己的一套教学方法和学习方法，在入学教育时，这些都将详尽介绍。全面了解这些情况，是确立自己的专业思想，顺利学习所绝对必需的。一个聪明的学生决不会拒绝这方面的介绍，相反还会找更多的资料以充实自己这方面的知识。

要是你发觉自己生活、学习懒散了，情绪易起伏了，应好好反思一下：我实现了角色转换没有？这会大大地帮助你拥有正常情绪。大学生活是人生道路定向的阶段，将来向哪个领域发展，在这个阶段就基本定下来了，一定要记住自己扮演的角色，本本分分地演好它。

（二）及时完成认同过程

每个人都在一定的社会单位中生活，如家庭、学校、公司、机关。承认并意识到自己在这个单位内，愿为单位建设出力，这便是认同感。我们看到不少大学新生入学很长时间了，仍把自己当成“校外人”。宿舍卫生搞不好，他们骂学校；伙食差些，骂学校；教材缺页，骂学校；连走路被树根绊着也骂学校。他们不管事情是什么原因造成的，一有不满意就骂，似乎学校于他们而言没有一份责任。缺乏认同感正是影响他们情绪的另一重要根源。

事实证明，有共同的奋斗目标，有共同的责任感，才有建设好一个单位的基础。身在群体内，心在群体外；不为群体尽一份责任，却把群体当成进攻目标，这个群体就一定做不好。大部分大学的生活、教学设施不能完全满足需要，加上大家都是初来乍到，一时难免出现混乱现象，有时问题还可能很突出。如果我们能以主人翁的态度对待这一切，有些问题大家完全可以自己动手解决，如清洁卫生问题、宿舍秩序问题。另一些问题可以采取谅解、协商的态度解决，如生活设施问题、伙食问题，这时学生会和班会能起积极作用，应尽量发挥它们的作用。同学们需要注意的是，窝火、发火会大大伤害自己的情绪，进而影响学习，影响团结，得不偿失。

要是你发觉自己对这对那都不满意，应及时换个角度想想：如果这是我的家，我该采取什么态度？我们就不能先容忍一下，再想办法解决吗？哪有样样事都大吵大闹的呢？请记住，多一份认同感，多一份风格；多一份建设性，多一份成熟。

（三）及时扩大自己的视角

我们的同学一般都是从家门到校门，从校门到家门，生活视角是较窄的。跨进大学校园后，就身在大城市中了，外面灯红酒绿，会形成诱惑；囊中羞涩，会感到辛酸；物价攀高，使人处境窘迫，总之，过去由父母承担的心理压力，现在要自己承担了。但许多人缺乏心理准备，心理承受力相当脆弱，因此也就容易出现心理障碍。例如，河南省某高校大一学生，入学仅几个月便弃学当了和尚。他因为经济困难引发对人生的失望，便遁入空门以求解脱心灵痛苦。这对同学们来说应引以为戒。

要提高心理承受能力，一方面应切实解决经济方面的问题，连生活的费用都不够，心理当然难以承受。家长、学校都有义务帮助他们。只要不采取逃避态度，这个问题是不难解决的。而更重要的是要及时扩大自己的人生视角、社会视角，对生活前景、自己的前途看得远些、开阔些，这就可以使自己对困难采取乐观主义态度。假如你感到生活压力影响你的情绪时，看看报纸，听听新闻，你会从中感到时代的脉搏，获得稳定情绪的力量。

给大学生的忠告

（1）如果你的家庭条件一般的话，那么记住你在大学有很多额外用钱的地方。比如第二专业或者将来的各种培训班，为了你的家人和你自己的前途，永远别乱花钱。记住，永远。

（2）大学可能有真实的爱情，但是记住只是可能。很多时候他们是因为别人都谈恋爱而羡慕或者别的原因而在一起。所以，不必为任何分手而受太大的伤，记住，真爱，还是值得追求的。

（3）你大学的朋友很可能就是你将来事业的一部分。他们会帮助你，但是你也应该让自己有帮助他们的实力，所以，你要努力，你和你的朋友在将来会一起打造一个可能很辉煌的事业。很好，是吗？但是记住，你们都要努力。

（4）很多事情当你再回忆时会发现其实没什么。所以，不管你当时多么生气、愤怒或者别的，都告诉自己不必这样，你会发现其实真的不必。

（5）学习，永远别忘记它。不管别人怎么说大学是个提高综合能力的地方，如果你不完成自己的学业，你就什么也不是——不排除意外，但你考虑好了吗？你会是那个意外吗？

（6）别说脏话，你应该知道习惯的力量。找工作或者和别人接触时，你随便的一个字或者几个字会让你在别人心中的形象大打折扣。

（7）好好利用在公共场合说话的机会，展示或者锻炼，都可以。

（8）别为你自己和别人下定论，这无比重要。你所看到、听到的可能只是一面，为这个失去可能的朋友，很不值。

（9）如果你发现你一直是一个人去食堂吃饭或者去上自习，别在意，大学里一个人是正常的，你觉得孤独？你的朋友是怕你觉得你没有自由的空间，所以别以为你没有朋友。

（10）很多事情别人通知你了，要说谢谢，没有通知你，不要责怪，因为那些事你其实应该自己弄清楚。

（11）尊严是最重要的，但是在大学里，要懂得利用这个空间锻炼自己，要让自己的尊严有足够大的承受力，要知道，社会是一个最喜欢打碎人的尊严的地方，除了你自己，没人会为你保留它。

（12）大学是亚社会，所以，当你上了高年级后，要让自己有大人的形象，大一的学生看到你，你要能让他们感觉到你是他们的学长，你很成熟。

（13）你有足够的理由佩服每天早起的人，不信的话，你去做，做到后会发现有很多人佩服你。

（14）经常给家里打个电话，即使他们说不想你。

（15）你可以有喝醉的时候，我们可以接受，但是你要明白和真正的朋友一醉才能让伤心事方休，否则，你只会是别人的谈资。

（16）如果你读大学期间很少去图书馆，你就等于自己浪费了一大笔财富。所以，常去那里，随意翻翻，都有收获。

（17）不论男人还是女人，如果在大学里还把容貌当作重要的东西而过分重视的话，可能会吃亏。

课外拓展

一、拓展训练

1. 题目：相识活动——滚雪球

目的：通过与越来越多的人交往，使自己的交往范围扩大，朋友越来越多。

操作：

第一步：初步相识。

你可以在房间里自由漫步，见到其他成员时，微笑着与他握手，并相互介绍。例如，“你好，我是来自信息工程学院的刘宁，我爱好音乐、体育……”介绍的内容包括姓名、所属院系、身份、性格特点、兴趣爱好、家庭情况，以及愿意让对方了解的有关自我的资料。每人 3 分钟。然后你们漫谈几分钟。

注意：当别人进行自我介绍时，你要全身心地投入倾听，通过语言与非语言的观察，尽可能多地了解对方。

第二步：扩大交往圈子，拓展相识面。

你和你刚认识的朋友与另外两个通过自我介绍认识的成员合并，形成一个四人小组，你将自己刚才认识的朋友向另外两位新朋友介绍，每人 2～3 分钟。例如，A 向 C 和 D 介绍 B：“她是我的朋友，来自信息工程学院的刘宁，她爱好音乐和运动……”你们四人一起自由交谈几分钟。

第三步：进一步扩大交往范围，引发个人参与团体的兴趣。

两个四人小组合并，八人围圈而坐。从其中一个人开始，每人用一句话介绍自己。这句话中必须包括三个内容：姓名，所属院系，自己与众不同的特征。规则是：当第一个人说完后，第二个人必须从第一个人开始讲起，第三个人一直到第八个人都必须从第一个人开始讲起，这样做可以使全组注意力集中，协助他人表达完整正确，而且在多次重复中，不知不觉记住了他人的信息。

例如：

A：“我是信息工程学院、性格外向的刘宁。”

B：“我是信息工程学院、性格外向的刘宁旁边的机电工程学院、喜欢跳舞的张平。”

C：“我是信息工程学院、性格外向的刘宁旁边的机电工程学院、喜欢跳舞的张平旁边的社会人文学院的幽默的吴森。”

点评：通过这个活动，你将认识越来越多的朋友，并且牢牢地记住他们。

2. 题目：认识你

目的：使参加课程的学生相互认识，建立互动关系。

操作：在课程中，学生两人配对（可以自己选择），利用 5 分钟相互介绍自己，并找出 个话题进行谈论。然后教师请其中的几对，分别以第一人称来介绍对方。

3. 题目：优点轰炸

目的：学习如何发现别人的优点并欣赏，促进相互肯定与接纳。

操作：5～10 人一组，请一位成员站在中央，其他人轮流说出他的优点和令人欣赏之处（性格、相貌等）。然后被赞赏者谈谈自己的内心感受，说说哪些优点是自己以前就知道的，哪些是自己不知道的，并体验被人赞赏的感觉是什么样的。

4. 题目：我的收获

操作：让学生写下或分组讨论在该课程中学到了哪些预防和解决心理问题的方法，有哪些体会和感受。然后请每一组选出代表发言，让大家分享他们的收获。

二、心理测试

大学生心理适应能力自测问卷

下面的问题能帮助你进行心理适应能力的自我判别。请认真阅读，并判断其与你实际情况的符合程度，然后从每个项目下面所附的三种备选答案中选出一个最恰当的选项。

1. 我最怕转学或转班级，每到一个新环境，我总要经过很长一段时间才能适应。

A. 是　　B. 无法肯定　　C. 不是

2. 每到一个新的地方，我很容易同别人接近。

A. 是　　B. 无法肯定　　C. 不是

3. 在陌生人面前，我常无话可说，以致感到尴尬。

A. 是　　B. 无法肯定　　C. 不是

4. 我最喜欢学习新知识或新学科，它给我一种新鲜感，能调动我的积极性。

A. 是　　B. 无法肯定　　C. 不是

5. 每到一个新地方，我第一天总是睡不好，即使在家里，只要换了一张床，有时也会失眠。

A. 是　　B. 无法肯定　　C. 不是

6. 不管生活条件有多大的变化，我也能很快习惯。

A. 是　　B. 无法肯定　　C. 不是

7. 越是人多的地方，我越感到紧张。

A. 是　　B. 无法肯定　　C. 不是

8. 我的学习成绩多半不会比平时练习差。

A. 是　　B. 无法肯定　　C. 不是

9. 全班同学都看着我时，我的心都快跳出来了。

A. 是　　B. 无法肯定　　C. 不是

10. 对他（她）有看法，但我仍能同他（她）交往。

A. 是　　B. 无法肯定　　C. 不是

11. 我做事情总有些不自在。

A. 是　　B. 无法肯定　　C. 不是

12. 我很少固执己见，常常乐于采纳别人的观点。

A. 是　　　　　　　　B. 无法肯定　　　　　　　C. 不是

13. 同别人争论时，我常常感到语塞，事后才想起该怎样反驳对方，可惜已经太迟。

A. 是　　　　　　　　B. 无法肯定　　　　　　　C. 不是

14. 我对生活条件要求不高，即使生活条件很艰苦，我也能过得很愉快。

A. 是　　　　　　　　B. 无法肯定　　　　　　　C. 不是

15. 有时自己明明把课文背得滚瓜烂熟，可在课堂上背的时候，还是会出差错。

A. 是　　　　　　　　B. 无法肯定　　　　　　　C. 不是

16. 在决定胜负成败的关键时刻，我虽然很紧张，但总能很快地使自己镇定下来。

A. 是　　　　　　　　B. 无法肯定　　　　　　　C. 不是

17. 我不喜欢的东西，不管怎样学也学不会。

A. 是　　　　　　　　B. 无法肯定　　　　　　　C. 不是

18. 在嘈杂混乱的环境里，我仍能集中精力学习，并且效率较高。

A. 是　　　　　　　　B. 无法肯定　　　　　　　C. 不是

19. 我不喜欢陌生人来家里做客，每逢这种情况，我就有意回避。

A. 是　　　　　　　　B. 无法肯定　　　　　　　C. 不是

20. 我很喜欢参加社交活动，我感到这是交朋友的好机会。

A. 是　　　　　　　　B. 无法肯定　　　　　　　C. 不是

评分规则：

1. 凡是单数号题（1，3，5，7……），选“是”得–2分，选“无法肯定”得0分，选“不是”得2分。

2. 凡是双数号题（2，4，6，8……），选“是”得2分，选“无法肯定”得0分，选“不是”得–2分。

3. 将各题分数相加，即为总分。

结果解释：

35～40分：心理适应能力很强。能很快地适应新的学习、生活环境，与人交往轻松大方。给人的印象极好，无论进入什么样的环境，都能应付自如、左右逢源。

29～34分：心理适应能力良好。

17～28分：心理适应能力一般。当进入一个新的环境，经过一段时间的努力，基本上能适应。

6～16分：心理适应能力较差，依赖于较好的学习、生活环境，一旦遇到困难，容易怨天尤人，甚至消沉。

5分以下：心理适应能力很差，在各种新环境中，即使经过相当长一段时间的努力，也不一定能够适应；常常感到困惑，因与周围事物格格不入而十分苦恼；在与他人交往中，总是显得拘谨、羞怯、手足无措。

如果你在这个测试中得分较高，说明你的心理适应能力较强。但如果得分较低，也不必忧心忡忡，因为一个人的心理适应能力是随着年龄的增长、知识的丰富而不断增强的。只要你刻苦学习、虚心求教、加强锻炼，你的心理适应能力一定会增强的。

三、推荐阅读

1.《生命转弯处》——郑石岩

本书着眼于精神生活的更高层面，以生活调适、生命实现和心灵的终极关怀为目的。同时透过爱与智慧，告诉人们在生命过程中要学会转弯，掌握快乐生活的技巧。

生命就像一条河流，不断回转蜿蜒，才能翻越崇山峻岭，汇集百川，成为巨流。生命的真谛是实现，而不是追求；是面对现实环境，懂得转弯迂回和成长，而不是直撞或逃避。这是一本讨论提升精神生活、维护身心健康、实现幸福生活的书。侧重心理辅导、咨询实务，把理论架构予以整合，并着眼于精神生活更高的层面上：以生活的调适、生命的实现和心灵的终极关怀为目的。更重要的是，它已触及生命的希望和终极意义，让你找到安身立命之道。

2.《登天的感觉》——岳晓东

“我恨我自己，我实在太愚蠢了。”“我们的爱情还有救吗？”……这些日常生活中随处可见的问题，妨碍着我们对幸福的追求。在处理这些心理个案的过程中，作者展现了心理咨询的神奇技巧——原来一个人的人生道路可能因为几句话而改变！

日常生活中许多困扰我们的问题实际都是心理问题，本书将给你带来飞翔在云端般的美妙感受——登天的感觉。

3.《读大学，究竟读什么》——覃彪喜

本书的内容是关于一名25岁的董事长给大学生的18条忠告，出版后持续畅销，在高校师生中广为传播。《读大学，究竟读什么》，以一名成功的创业者，同时也是一个大学毕业不久的过来人身份，结合自己在求学、求职和创业过程中的经历，跟大学生深入、全面地谈论了大学生在学习、生活、考研、留学、求职、创业等方面需要注意的问题，观点新颖、全面、深刻、实用。

四、小故事　大道理

去除心灵的杂草

一位哲学家带着他的弟子漫游世界，十年后回来，他的弟子个个都满腹经纶。在进城之前，哲学家在郊外一片长满杂草的地上坐了下来，对他的弟子说：“学业就要结束了，现在我们上最后一课吧，我想知道，如何除掉这些杂草？”弟子们非常惊愕，他们都没有想到，一直在探讨人生奥妙的哲学家，最后一课问的竟是这么简单的一个问题。一个弟子说：“老师，只要有铲子就够了。”另一个弟子说：“用火烧也是一种很好的办法。”第三个弟子的回答更干脆：“斩草除根，只要把根挖出来就行了。”

等弟子们都讲完了，哲学家站了起来，说：“课就上到这里了，你们回去后按照各自的办法除去一片杂草，一年后再来相聚。”

一年后弟子们都来了，不过原来相聚的地方已不再是杂草丛生，它变成了一片长满谷子的庄稼地。弟子们坐在谷地旁，等待哲学家的到来，可是哲学家却始终没有出现。

几十年后，哲学家去世。弟子们在整理他的言论笔记时，在最后补了一章：要想除掉旷野里的杂草，最好的方法就是在上面种上庄稼；同样，要想让灵魂无纷扰，最好的方法就是用美德占领它。

美德可以播下真的种子，开出善的花，结出美的果，可以让恶习的杂草彻彻底底地失去生存的空间。我们不要只是单纯地除去杂草，治标不治本，那只是暂时看上去干净了，而后则会“野火烧不尽，春风吹又生”，世间的外界环境时时影响我们内部的心灵，所以要种植这犹如“庄稼”的防护林，才不会给杂草一丝重生的机会，心灵此时才会真的清净了。

放下失败后的悲观沉沦，放下嫉妒，放下骄傲，放下虚荣，放下懒惰，我们的心灵将会结出硕大的果，心中的庄稼将会使杂草知难而退，我们的心胸将变得宽广……心灵也是一方田地，长杂草，本就是再自然不过的事。若是时间长了，却不可让杂草任意滋长，不可坐等荒芜，颗粒无收，去种些美德吧！用真诚去做肥料，用纯真去做阳光，用善良去充当新鲜空气，你会得到一个心灵中的美丽芳香的大花园，从而将杂草的位置占据。

第二章

一颗自我发现的心——大学生的自我意识

导入案例

【他的问题】

“我觉得我很失败，不能胜任大学的学习。我辜负了父母对我的期望，我对不起培养我的老师，更重要的是我有负于自己的青春年华。现在的竞争那么激烈，像我这么差的人怎么能和别人竞争。况且我又没有社会背景，我自己的前途一片黑暗。”

【情景回放】

我是一个来自教师家庭的孩子，从小学、初中到高中成绩都很优异，我认为自己一定会顺利升入一所满意的大学。然而，由于高考的失误，虽然我进入了大学读书，却不是我梦想中的学校。在接到普通高校录取通知书的一刻，我哭得天昏地暗，第一次遭此重创我几乎站不起来，我怕听到中学同学到名牌大学读书的消息，我担心自己的失败成为同学的笑料。当9月明媚的阳光照在开心的大学新生脸上时，我却丝毫高兴不起来。虽然有时想既来之则安之，但心中的结并没有解开。由于盲目的自信，确信完全有能力胜任大学的学习，从此学习没有了动力，生活没有了目标，犹如大海上漂浮的小舟，完全失去了原来的方向。在茫然徘徊中迎来了期末考试，我尝到了不及格的苦果。我并没有认真反思自己，而是将这一切归咎于没有考取理想的大学，归咎于命运的不公平。第二学期，百无聊赖的我又在网上找到了久违的自信与上进心，我那颗曾经不服输的心复苏了，但这次不是为学习而是为网络，我彻夜上网聊天打游戏，在游戏中体验虚拟世界的成功。可想而知，第二学期五门功课同时亮起了红灯。正在此时，学校向我发出了离校回家的指令。我真的非常懊悔，我第一次深深自责。此刻，我才发现大学的灯光是那么明亮，校园是那么美丽，而大学生活是如此让人难以割舍……

【分析点评】

如何对自己有个正确的自我认识是一个永恒的课题。这是一位即将告别学校生活的大学生的内心独白。他由于没有找到合理的自我定位，进入大学后没有采取积极主动的行为方式，而是沉溺于网络，因此耽误了学习。另外，对自己的能力有着不切实际的认识，导致多门课程成绩不合格，而产生对自我的否定，形成恶性循环。个体的人生不可复制，自我发展的不可逆转要求每位大学生认真审视自我，并为自我发展留下空间。因为属于人的青春只有一次，而大学生活对年轻学子也只有一次，珍视自我，开掘自我心灵的宝库尤为重要。

对于处在青春期的大学生来说，你不再为繁重的复习考试所累，开始有时间深入、细致地探索、体验自己的内心世界，并迫切地希望形成自己独特的个性和独特的理解方式。这个时期可以被称为人的第二次诞生。在这个过程中，也许你会感受到很多内心的冲突：你带着自我优越感，却又常常失落；你追求完美，却又不满足于现实的状态；你渴望独立，却又受到经济依赖的约束；你盲目自负，有时又相当自卑……这些常常会给你带来不安或痛苦，促使你通过自我调整和发展来摆脱困境。这个过程是痛苦的，同样也是非常关键的。如果你成功地度过了这个阶段，你就能建立积极的自我意识和愈发完善的人格，否则，你可能会自我否定甚至陷入自我冲突的境地。

因此，认识自己，是走好人生的第一步；彻底认识自己，是人生最重要的主题；认识自己并且在人生战场中运筹帷幄，是人生的大智慧。

认识自己是每个人一生难以回避的问题。你对自己的认识越是准确，你选择正确道路的可能性就越大；你选择的道路越是正确，你取得更大成功的可能性也就越大。

第一节　叩问我是谁

“认识你自己。”早在两千多年前，古希腊哲学家苏格拉底就在他创办的学校门口立了块牌子，上面刻下了这几个字：“我是谁？谁是我？”这个问题引起古今中外无数哲学家、文学家、艺术家和科学家的无尽探索。我们总是觉得我应该比别人更了解自己，而心理学的研究发现，事实上，在很多情况下我们不像自己想象的那样了解自己。我们常常会把自己想象得比别人好，比别人更强。我们还经常觉得我们和别人不太一样，但别人应该和我们一样。

资料窗

斯芬克斯之谜

在传说中，古希腊的奥林匹斯山居住着西方诸神，包括西方的主神宙斯以及他所统率的众神。凡人是难以涉足神界的，而神的箴言——“人，认识你自己”——却应该让人知晓。于是，传说中的一个奇特的生物——“狮身人面”的斯芬克斯，作为神的使者，带着神对人类的忠告，从奥林匹斯山来到忒拜城堡，驻扎在城堡通向城外的唯一的一条道路上。她把那句神的箴言化作了一个谜语——“什么东西早晨用四条腿走路，中午用两条腿走路，晚上用三条腿走路？”每个路过的人都必须面对着她猜一猜她的谜语，如果猜不到，就会被她毫不留情地吃掉。当时忒拜城堡中没有一个人知道谜底，因而城邦陷入恐慌之中。有一天，一个叫俄狄浦斯的青年路过这里，解答出了斯芬克斯的谜语——那就是人本身。新生的婴儿不会走路，只能在地上爬，是用“四条腿”走路的；长大了能够直立行走了，是用“两条腿”走路的；但是到了老年，就需要借助拐杖行走了，是用“三条腿”走路的。而人一生中从婴儿到成年再到晚年，正相当于一天中的早晨、中午和晚上。俄狄浦斯解答了斯芬克斯之谜，解救了城堡中的人，斯芬克斯也完成了自己的使命，即告诫人类要对自己或自身进行认识。作为人，你必须要认识你自己！

一、自我意识及其内容

自我意识是人对自己以及自己与周围环境关系的认识，包括对自己存在的认识，以及对个体身体、心理、社会特征等方面的认识。它是一个完整的多维度、多层次的心理系统，具体包括三方面内容。

（一）生理自我

生理自我是指对自己的身高、体重、容貌、身材、性别等的认识以及生理病痛、温饱饥饿、劳累疲乏的感受等。如果一个人对自己的生理自我不能接纳，嫌自己个子矮、不漂亮、身材差，就会讨厌自己，表现出自卑、缺乏自信的心态。

（二）心理自我

心理自我是指对自己的知识、能力、情绪、兴趣、爱好、性格、气质等的认识和体验。如果一个人对自己的心理自我评价低，嫌自己能力差、智商不高、情绪起伏太大、自制力差，就会否定自己。

（三）社会自我

社会自我是指对自己在群体中的地位、作用以及自己和他人相互关系的认识、评价和体验。如果一个人认为周围的人不喜欢自己，不接纳自己，找不到知心朋友，就会感到很孤独、寂寞。

二、自我意识的结构

由于自我意识既是心理活动的主体，又是心理活动的客体。故对自我三方面的认识，也可以从认知、情感、意志过程展开，表现为对自我的认知、体验和控制，是一个多层次、多维度的心理现象。

（一）自我认知

自我认知主要涉及“我是一个什么样的人”“我为什么是这样的人”等。自我认知是主观自我（I）对客观自我（Me）的认知与评价，包括自我感觉、自我观察、自我印象、自我分析、自我评价等。对自我认识不清晰、不精确，自知力不强，易导致误判自我，或自负，或自卑，从而导致诸多心理问题或人格障碍。自我认知，对人们的心理会产生重大影响。

（二）自我体验

自我体验是主观自我对客观自我产生的情绪体验，是在自我认知基础之上产生的。自我认知决定自我体验，而自我体验又强化着自我认知。自我体验要回答的问题是：“我是否喜欢自己”“我是否满意自己”等，主要是一种自我的感受。自我体验的内容十分丰富，包括自尊心、自信心、义务感、责任感、优越感、荣誉感、羞耻感等，特别是自尊心、自信心对人的影响很大。有自尊心的人，总是不甘落后，力争上游，具有不达目的不罢休的好胜心，是一种动力。自信心是人们成长与成才不可缺少的重要心理品质。一个人如果很自卑，看不到自己的力量，总认为自己不行，久而久之会形成一种固定的心理定势，对学习产生不良影响；如果一个人对自己有自信心，坚信自己能够成功，他就会积极努力，取得成功。自我体验对个体成长具有不可替代的重要作用。有时，同样的事件，他人的体验与自身的体验会截然不同。很多从体验中获得的自我远远高于从理性中获得的体验。

（三）自我控制

自我控制是自我意识的意志成分，是对自己行为、思想和言语的控制，目的是达到自我期望的目标。自我控制表现在两个方面：发动和制止。如几点钟起床，不随地吐痰等。自我控制对个体的学习、工作具有推动作用，使个体为了获得优秀成绩，社会赞誉，达到自己的目的而做出不懈的努力。它包括自我激励、自我暗示、自强自律，核心内容是“我将如何规划自己的人生？”“我应该做什么？”“我应该成为什么样的人？”“我可以选择如何做？”，等等。自我控制是自我意识的关键环节，“知”与“行”之间有很长的路，大学生常常“心动而不行动”，事实上心动是一件容易的事，而真正历练意志则需要更多的自我控制。例如：早晨起床应当是一件最简单不过的事，但对懒惰者而言，也是需要意志的，特别是寒冷冬天的早晨，想想被窝里的温暖，再面对起床的痛苦，就要进行思想斗争，而当意志成为一种习惯时，自我控制便转变为“自动化”。成功的人都有较高的自我控制力。

自我意识结构的三部分与其内容的三部分互相联系、有机组合、完整统一，成为一个人个性中的核心内容（见表 2-1）。

表 2-1　自我意识的内容与结构

结构 内容	自我认知	自我体验	自我控制
生理自我	对自己的身体、外貌、衣着、风度、家属、所有物等的认识	英俊、漂亮、有吸引力、迷人、自我悦纳	追求身体的外表、物质欲望的满足等
心理自我	对自己的智力、性格、气质、兴趣、能力、记忆、思维等特点的认识	有能力、聪明、优雅、敏感、迟钝、感情丰富、细腻	追求信仰，注意行为符合社会规范，要求智慧与能力的发展
社会自我	对自己的名望、地位、角色、性别、义务、责任、力量等的认识	自尊、自信、自爱、自豪、自卑、自怜、自恋	维持家庭的利益，追求名誉地位，与他人竞争，争取得到他人的好感等

资料窗

艾里克森的自我同一性理论

自我同一性，也称为自我认同，是指个体寻求内在合一及连续的能力。自我同一性是个体在寻求自我的发展中，对自我的确认和对有关自我发展的一些重大问题，诸如理想、职业、价值观、人生观等的思考和选择。在这一过程中必然要涉及个体的过去、现在和将来这一发展的时间维度。而自我同一性的确立就意味着对个体和自身有充分的了解，能够将自我的过去、现在和将来组合成一个有机的整体，确立自己的理想与价值观，并对未来自我的发展做出自己的思考。自我同一性是大学生寻求自我发展、寻求自我了解与自我追寻的必然历程。

艾里克森认为，青年期的发展课题是自我同一性的确立。他率先提出“人生历程八阶段”理论，并详细论述了每个阶段特定的心理和社会发展课题，称之为“心理社会危机”。艾里克森认为，每个阶段心理、社会发展课题的完成及危机的解决都会产生积极的品质，反之，就会产生消极的品质（见表 2-2）。

表 2-2　艾里克森的人生发展的八个阶段

期　　别	年　　龄	心理危机（发展关键）	发 展 顺 利	发 展 障 碍
婴儿期	0~1 岁	对人信赖←→对人不信赖	对人信赖，有安全感	与人交往，焦虑不安
婴儿后期	2~3 岁	活泼自主←→羞愧怀疑	能自我控制，行动有信心	自我怀疑，行动畏首畏尾
幼儿期	4~5 岁	自信←→退缩内疚	有目的方向，能独立进取	畏惧退缩，无自我价值感

续表

期　　别	年　　龄	心理危机（发展关键）	发展顺利	发展障碍
儿童期	6～11 岁	勤奋进取←→自贬自卑	具有求学、做事、待人的基本能力	缺乏生活基本能力，充满失败感
青年期	12～18 岁	自我统合←→角色混乱	自我观念明确，追求方向肯定	生活缺乏目标，时感彷徨迷失
成人前期	19～25 岁	友爱亲密←→孤独疏离	成功的感情生活奠定事业基础	孤独寂寞，无法与人亲密相处
成人中期	26～60 岁	精力充沛←→颓废迟滞	热爱家庭，栽培后进	自我恣纵，不顾未来
成人后期	60 岁以上	完美无憾←→悲观绝望	随心所欲，安享天年	悔恨旧事

三、自我意识的形成和发展

自我意识不是生来就有的，它经历了一个从无到有，最后形成的漫长的发展过程。它是在个体与他人的交往过程中，伴随着语言和思维的发展而发展起来的。

自我意识的形成大体经历了以下三个阶段。

（一）生理自我阶段

0～3 岁，这段时期又叫自我中心期，这种初级的形态是以自我感觉的形式表现出来的。大约在 1 岁末的时候，牙牙学语的儿童开始用手指拿到纸、笔，拿到什么是什么，但他知道手指是自己的，这样就把自己的动作和动作的对象区分开，这是自我意识的最初表现。以后儿童开始知道由于自己扔皮球，皮球就滚了，进一步把自己这个主体和自己的动作区分开。

两岁左右的儿童，开始知道自己的名字，这时儿童只是把名字理解为自己的代号，遇到叫周围同名的别的孩子时，他会感到困惑。儿童从知道自己的名字过渡到掌握代名词我、你，在儿童自我意识的形成上，可以说是一个质的变化。此时，儿童开始把自己当作一个与别人不同的人来认识。从此，儿童的独立性开始大大表现出来，儿童经常说“我自己来，我要……”随着儿童把自己当作主体的人来认识，他们逐步学会了自我评价，懂得了乖或不乖、好或不好的含义。

儿童在 3 岁左右，会用人称代词“我”来表示自己，用别的代词表示其他事物，说明他开始意识到了自己心理活动的过程和内容，开始从把自己当作客体转化为把自己当作一个主体的人来认识。这是自我意识的萌芽阶段，也是自我意识发展中的一次质变和飞跃，人的自我意识从此萌生。儿童掌握人称代词比掌握名词困难得多，代词具有很大的概括性，“我”可与每一个人相联系，运用时必须要有一个内部转换过程。例如，母亲问孩子：“谁给你的苹果？”孩子应该回答：“阿姨给我的苹果。”而不是说成：“阿姨给你的苹果。”儿童要完成人称代词运用中的这一内部转换，没有对自我与他人、自我与他物的一定的区别和把握，是不可能的。当然，这时的儿童还没有关于自己内心的意识，像成人一样地沉思内省还是不可能的。

（二）社会自我阶段

从3岁到青春期开始，个体通过幼儿园的学前教育和学校教育，接受社会道德、法律等方面的影响，增强了社会意识，认识到自己是社会的一员，尽量使自己的行为符合社会的标准。

（三）心理自我阶段

从14、15岁到成年，大约10年的时间，个体的性意识觉醒，抽象思维能力和想象力大大提高。在生理和心理上急剧发展变化的同时，自我意识开始成熟，个体开始进入心理自我的时期。此时，个体非常在意别人的评价，希望引起别人的注意，开始对自己品头论足，并有不满意，希望改变自己的外貌、性格等。

心理自我发展阶段，个人逐渐脱离对成人的依赖，并从成人的保护、管制下独立出来，表现出自我意识的主动性与独立性，强调自我的价值与理想。这是自我意识发展的最后阶段。这时我们能够透过自我意识去认识外部世界，而且这样的自我意识过程将伴随我们的一生。一个人心理健康的发展与他的心理自我发展的是否完善是密切相关的。心理自我发展完善的个体能够以客观的社会标准来认识社会和评价事物，树立正确的伦理道德观念，形成对待现实的正确态度、理想与信念等。

四、自我意识在人的发展中的作用

（一）自我意识大大地提高了人的认识功能

人的认识活动不论感觉、知觉、记忆、想象、思维等，都由于自我意识的存在而更加自觉、更加合理、更加有效。

元认知就是对认知过程的认知。人不仅能对外部世界的对象进行感觉、知觉、记忆、想象和思维，人还能对自己的这些认识过程本身进行认知，即对这些过程加以分析、监督和调整。通过对自身认识过程的认知，人就有可能发现原有认识活动的不足，可能选择和运用更好的认知策略，从而使认知活动更加完善、有效。

（二）自我意识使人形成一个丰富的感情世界

人们意识到“自我”的独一无二、与众不同，才会逐渐产生“孤独”之感；他们体验到自尊的需要，才会产生与自尊相联系的“羞赧感”和“腼腆感”。由于他们发现了一个自己的内部世界，他们才时常感到“内在”自我和“外在”行为的种种不符或冲突，从而产生“苦闷”“彷徨”等新的情感。

（三）自我意识很大地促进了人的意志的发展

意志以人确定的行为目的为开端。个体意志力的表现同动机的性质和力量密切相关。社会意义丰富的动机通常比社会意义贫乏的动机更能支持人的意志行为，但社会意义的丰富与否，是要通过行为者的个体意识从主观上加以认定的。

（四）自我意识是道德的必要前提

人的“自我”概念不仅包含现实的自我，还包含着理想的自我的方面。由于人不是游离于社会之外的抽象的个体，他的自我概念就不能不受到他生活于其中的社会规范的制约。社会道德就在个人的自我意识中找到了可以存在的处所，也找到了可以调节、激发（或抑制）个体心理与行为的杠杆。就个体方面来说，一个人的自我意识里，本身就包含了道德、信念和道德体验，以及与之相联系的诸如责任、义务、使命、荣誉等价值观念的内容。

第二节　自我意识的矛盾及其偏差

大学阶段是一个人的自我意识逐步发展成熟、趋向稳定的阶段，在这个时期，自我意识的发展与分化，一方面使大学生们逐步意识到自己不曾注意的许多“我”的细节，另一方面也带来了主体我与客体我的矛盾斗争，呈现出理想我和现实我的矛盾并且加剧，随之产生各种各样复杂的矛盾与冲突，这便成为大学生自我意识缺陷存在的渊源。

一、大学生自我意识的矛盾

（一）主观我与客观我之间的矛盾

自我有主观我与客观我之分，英语中的I与Me能很好地区分这一含义，前者是主观我，用来表示我是什么，我做什么；后者做宾语使用，表示怎样看待我，怎样对待我。主观我是个人对社会情境做出的反应，是自我中积极主动的一面。主观我与客观我应该是统一的，这种统一是个人对客体的认识与个人愿望的统一，是个人与社会的统一，是“自我同一性”的形成，更是良好的自我意识的标志。但是，由于自我的结构是多种多样的，每个人所处的社会环境存在着很大的差异，主观我与客观我并不总是存在着统一。

大学生的主观我与客观我的矛盾相对突出。一方面，作为同龄人中能够接受高等教育的佼佼者，大学生对自我有较高的积极评价，但他们在校园浓郁的学术与文化氛围中生存成长，缺乏社会经验，对社会的了解缺乏实际、客观的目光。另一方面，随着高等教育大众化进程的推进，社会对大学生的评价更趋客观，原来“天之骄子”的光环已经不复存在，而且多年的“寒窗苦读”到头来却还要面对找工作时的“焦头烂额”，这些也难免会令他们感到失落，对自身产生怀疑。

（二）理想我与现实我的矛盾

理想我是指个人想要达到的完美的形象，是个人追求的目标，它引导个体实现理想中的个人自我。现实我是个人从自己的立场出发，对现实中自我的各种特征的认识。现实我又称个人我，主观性较强。在现实生活中，理想我与现实我总是存在着一定的差距，合理的差距能够使人不断进步、奋发有为。但是，如果差距过大，则有可能引起自发的分裂，导致一系列心理问题。

大学生有抱负、有追求、有理想，成就动机强烈，特别是当市场经济将人们的成就意识凸显时，很多大学生心中涌动着比尔·盖茨般成功的梦想，他们为自己设定了一个美丽的“理想我”，也对大学生活进行了理想化的设定。但当他们一脚踏入大学时，现实与心中的理想形成了巨大的反差，一时间找不到自己生活的方位。对理想我的渴望与对现实我的不满构成了这一时期大学生自我意识发展的重要组成部分。

（三）独立与依附的矛盾

一方面，生理和心理的成熟使大学生渴望独立，以独立的个体面对生活、学习和工作中遇到的问题；但由于长期的校园生活使他们的社会阅历和社会经验相对匮乏，当遇到问题时，却又盼望亲人、老师、同学能够替自己分担。另一方面，大学生心理上的独立与经济上的不独立也形成了明显的反差。在他们迫切希望摆脱约束、追求独立的同时，却又不可能真正摆脱家长、老师的支持和帮助。特别是对于某些独生子女来说，由于长期受到父母的溺爱，这种独立与依赖的矛盾就表现得非常突出。

（四）渴望交往与心灵闭锁的矛盾

没有哪个时期比青少年时期更加渴望友情与爱情的滋养，更加渴望同辈群体的认同与归属。在这个时期，每个人都渴望着爱与友谊，渴望着交往与分享，渴望着自我价值得到实现，渴望寻找人生的知己，成为群体中受尊敬与欢迎的人；然而另一方面，人们的自我表露又受到心灵闭锁的影响，总是不经意地将自己的心灵深藏起来，与同学有意无意保持着一定的距离，存在着戒备心理，不能完全敞开心扉交流与沟通。

（五）理智与情感的矛盾

大学生的情绪体验比较丰富，波动性较大，易冲动，不易控制。但随着身心的发展，认知水平的提高，大学生逐渐成熟。遇到问题时，他们既想满足自己情绪、情感的要求，又想服从于社会及他人的要求。在遇到一些人生打击，如失恋时，尽管理智上能够理解，但在感情上却难以接受。

（六）自我认知与自我控制的矛盾

当今的许多大学生对问题分析得头头是道，但实际行动却跟不上，一遇到困难和挫折就难以控制自己的惰性，没有吃苦的精神。在大学校园内，你会看到许多大学生一边哀叹生活太累、没意思，一边却纵容自己逃学、玩乐。虽然自我认知的能力提高了，但自我控制的水平却有待加强。

二、大学生自我意识的偏差

（一）自我认识的偏差

自我认识，包括自我认知和自我评价。在自我认识过程中，我们发现有很多个“我”的存在。首先是因“自省”而来的“主观的我”，即“我如何看我”；其次是因“人言”而来的“客观的我”，即“我在他人眼里是个怎样的人”。主观的我和客观的我经过比较、匹配，最后形成一个“我”，这就是“现实的我”。主观的我和客观的我之间的矛盾对于大学生来说比较突出。从自我认识来讲，大学生自我意识的偏差主要表现为高估自我和低估自我两个方面，前者是只看重“自省”，从而导致自我意识过强，进一步发展为“自我中心”或过分追求完美；后者是一味受“人言”左右，自我意识过弱，从而变得丧失自我，也就是“从众”，甚至自卑。

1. 高估自我

生活中，不少大学生经常把自己看作是有价值的、令人喜欢的、优越的、能干的人。例如，他们认为自己的外貌是漂亮的，品德是高尚的，人际关系是融洽的，聪明才智是远远未发挥出来的，等等。相反，他们却拿显微镜看他人的短处，把别人看得一无是处，正所谓“看自己，一朵花；看别人，豆腐渣”。这种人际交往模式必然会造成人际关系的紧张。

（1）自我中心。自我中心型的人往往以自我为核心，想问题、做事情，首先从“我”出发，不能设身处地进行客观思考，反而颐指气使，盛气凌人，不允许别人批评。这种人往往见好就上，见困难就让，有错误就推，总认为对的是自己、错的是别人，因而他们常不能赢得他人的好感和信任，人际关系多不和谐。

（2）过分追求完美。不能客观地评价和认识自我的情况有许多种，最明显的是对自我的苛求和追求完美。“人皆有爱美之心”，也有“追求完美之心”，这虽然是人类健康向上的本能，但过分追求完美则易引起自我适应障碍。追求完美的大学生容易对自己有过高的要求，期望自己完美无缺，却不顾自己的实际情况。此外，他们不能容忍自己“不完美”的表现，对自己“不完美”的地方过分看重，甚至把人人都会出现的、人人都会遇到的问题看成是自己“不完美”的表现，总对自己不满意，从而严重影响了自己的情绪和自信心。

（3）自我扩张和自我萎缩。自我扩张型的学生与自我萎缩型的学生一样都是对现实我估计过高。

自我扩张型：自我扩张型的学生在大学生活开始的时候，往往是那些在某些方面获得成功的人。由于这些成功又反过来强化了自我，形成自我扩张。这些学生的特点是容易冲动，情绪激动时难以自控，往往偶有一“得”就以为自己已经达到十分了不起的地步，大有“天将降大任于斯人”之感。他们往往形成盲目的自尊、超常态的虚荣心和极强的心理防卫，自己觉着自己十分高大，认为别人也会这样看，否则就是嫉妒。自我扩张型的学生最喜欢埋怨历史、社会和他人，人际关系欠佳，心理非常脆弱，一旦受挫，往往容易产生严重心理异常，甚至走向犯罪。

自我萎缩型：进入大学后，学生群体开始新的分化和组合。过去习惯于作为群体的中心，习惯于排在前几名（这种结果过去也许是很容易实现的）的学生，现在由于彼此之间实力对比已经发生了变化，这种目标对一些人来说就是不容易实现的了。由于过高的理想我在现实中不断碰壁，一些人便逐渐对理想我产生悲观心理，从而放弃理想我。这样，不仅理想我与现实我难以统一，还会出现自暴自弃的心理状态，甚至还会出现严重的异常心理与行为。这种心理与行为的产生容易发生在大学一年级结束的时候。那些考试成绩排在后面、文体活动又没有专长、哪一方面都不能成为大家注目对象的人极易走向自我萎缩。一次一次的挫折会使他们产生“反正我也不行”的心理状态，最终走向自暴自弃，成为大学的弃儿。

2. 低估自我

有些大学生对自己的评价过低，他们往往看不到自己的价值，感到事事不如人，处处低人一等，对自己缺乏信心，自我否定，自我厌恶，自我绝望，甚至自杀。他们人际交往的模式是“我不好，你好”或“我不好，你也不好”。大学生过低评价自己会导致对自己各种能力的怀疑，限制自己对未来事业及美好生活的憧憬，从而引起严重的情感挫伤和内心冲突。

（1）“从众”。从众是一种普遍的心理现象，因为个体在群体中生活，会不知不觉地遵从群体压力。在知觉、判断、信仰以及行为上放弃自己的主张，趋向于与群体中多数人一致。通常所说的“随大溜”即是一种较为普遍的从众行为。在大学校园里常见的从众现象有：学习从众、消费从众、恋爱从众、作弊从众、入党从众、择业从众等。从众心理人皆有之，但从众心理过强，凡事从众，就会导致独立性差，缺乏个体倾向性的世界观、人生观、价值观，自我意识薄弱，有碍于心理发展。

（2）自我否定。自我否定的学生对自我评价很低，导致对自己各方面都怀疑，甚至放弃。这类学生特别容易迷失“自我”，在学习中没有自我意识，懵懂地上学、上课，没有自己的主张和看法，对前途也是十分茫然。对生活、学习缺乏自信心，对未来的思考淡薄，创业意识模糊，在不断地对自我否定中丧失生活和学习的勇气和信心。导致大学生这种自我意识过弱的原因有：①大学生“否定自我”的极端心理是青年初期的基本心理特征。这一年龄段的学生还未形成关于自己的稳固的形象，看问题往往片面主观，加上心理的易损性，对于周围人给予的评价非常敏感和关注，一旦遇上暂时的挫折和失败，往往灰心丧气、怯懦自卑。②大学生“自我意识”模糊或“自我意识”淡薄是我国现行教育体制的结果。长期以来，我国教育片面强调知识的传授，中小学教育以“应试”为主，不注重学生自己的感受或自己的需要，高等教育相对脱离社会实践，致使大量人才心理失衡。

（二）自我体验的偏差

自我体验，即自己对自己是否满意。“满意”则自我肯定，信心十足；“不满意”则自我否定，垂头丧气。为什么自己对自己会有满意与不满意的问题？这是因为人的自我认识是通过自省与他人反馈一并实现的。一般来说，存在两对交织的矛盾影响个体的自我体验。其一是主观的我和客观的我的矛盾，源于“自省”与“人言”的差异；其二是现实的我与理想的我的矛盾，现实的我是综合了自我、他人评价后的现在的我，理想的我是综合了自我、他人要求的虚拟的最令自己向往的“我”。这层矛盾用人本主义的观点来说，从根本上来自于人自我成长的要求。如果以社会学理论来看，则是因人际的比较而产生，这种比较可以是现实生活中的我、你、他之间的比较，也可以是现实的我与文学中、历史中的他（她）之间的比较。

自我体验的偏差主要有以下几种。

1. 孤独感

孤独感是由于主观我与客观我不一致，得不到他人思想上的理解与情感上的共鸣而产生的一种自我体验。大学生由于年龄的增长和“代沟”的形成，同长辈之间的交流日益减少。而且由于思想的深化、个性的分化，他们已不满足于同一般朋友交往，要求在更深层次上同知心的朋友互诉心声，形成情感共鸣，在无法满足时就往往产生缺乏知音的孤独感。据南京铁道学院戴梅况等所做的调查，大学生中有明显孤独感的学生占 34.9%。消除孤独感，一方面需要调整自我对他人或外界事物的看法；另一方面，需要积极主动与人交往。

2. 自负与自卑

自负与自卑产生于现实我与理想我的矛盾中，同属于自信的误区。一般来讲，现实我与理想我总是不一致的，二者之间总是有距离。我们如何看待这二者的距离，直接关系着自我体验。当对缩短距离充满信心时，我们正处于积极体验，也就是“自信”，认为自己可以努力提高“现实我”以实现“理想我”。自信是大学生较为普遍的优秀品质，但有些学生自信过度，自我感觉太好，骄傲、自大，听不进师长的教诲，听不进同龄人的意见，一意孤行，这种自我膨胀、过度的自信是“自负”。这种人缺乏自知之明，总认为自己对而别人错，把自己的意志强加在别人身上，不能与人和睦相处，容易受伤害。相反，有的学生在将现实我与理想我做比较时，体验到的是“失望”，认为现实我与理想我的差距太大，对自己缺乏信心，把目光总盯着自己的缺点、不足，从而逃避退缩，这就是“自卑”。大学生形成自卑心理后，往往会从怀疑自己的能力转变为不能表现自己的能力，从怯于与人交往转变为自我封闭，本来经过努力可以达到的目标，也会认为“我不行”而放弃追求。自负与自卑都会影响大学生的心理发展和人格成熟，是不容忽视的自我意识缺陷。

培养自信的诀窍

1. 挑前面的位子坐

你是否注意到，不管是会议室还是教室，后面的座位总是先被坐满。大部分占据后排座位的人，都希望自己不会“太显眼”。当然，坐在前面比较显眼，但是你要记住，有关成功的一切都是显眼的。

2. 练习正视别人

一个人的眼神可以透露出许多有关自己的信息。某人不敢正视你的时候，你凭直觉会问自己：“他想要隐藏什么？他怕什么？他是不是干了对不起我的事？”正视别人等于告诉他：我很诚实，而且光明正大，毫不心虚。正视别人，这不但能给你信心，也能为你赢得别人的信任。

3. 挺起胸膛，让步态轻松稳健

心理学家告诉我们，步态的调整可以改变心理状态。你仔细观察就会发现，那些遭受打击、受排斥的人，走路时都是懒懒散散、拖拖拉拉的，完全没有自信感。自信的人胸背挺拔，走起路来稳健轻松，他的体态告诉别人，“我真的认为自己不错”。挺起胸膛，我敢担保，你的自信心会慢慢增长。

4. 练习当众说话

当众说话是建立自信最快的手段，在会议或社交场合要尽量发言，记住，只要敢讲，就比那些不敢讲的人收获大。不用担心别人会反对你的意见，有人反对是正常的，正像总会有人同意你的意见一样。尽管大胆去说！

（三）自我控制的偏差

自我控制的能力即我们常说的“自制力”，它的强弱高低可以直接由情绪、行为表现出来。自制力强的人常会克制自己的情绪，做事有计划性，自我发展方向明确。自制力弱的人，常会不顾场合宣泄一番，表情就是“晴雨表”，行为充满“情境性”。自制、自律、自觉等是积极的自我控制，而自我放弃、懒惰、逆反等则是消极的自我控制。

1. 自我放弃

大学生在自我控制上开始有了明显的自觉性、主动性，但在追求上进的同时，困难、挫折在所难免，因而不少学生常常产生情绪波动，在困难面前望而生畏、自我放弃。还有一些大学生认为中小学寒窗苦读十余载，如今考上大学，总算“解放了”，再不愿意埋头苦读，只要求“60 分万岁”，甚至面临数门功课不及格仍然无动于衷。

2. 顺从

有些大学生性格内向，独立能力差，无主见，甘当配角，缺乏独立意识和对问题的独到见解，具有趋同性，缺少独当一面的勇气。具有顺从心理的大学生容易接受暗示和受人指使，在紧急和困难情况下常常惊慌失措，生活上多无头绪。顺从型性格的大学生还容易轻信谣言和诽谤，听不得流言蜚语，往往因听到对自己有伤害的言语而悲痛不已。

3. 逆反心理

逆反心理是大学生自我意识发展中的一种非理性的产物，其具有以下特征：①盲目性。一些大学生凡事不管正确还是不正确，无论可行还是不可行，只要我想干就干，随心所欲，不考虑后果，表现出很大的盲目性。②抵触性。大学生的逆反心理与社会的某些行为规范、道德要求存在着一定程度的不相容性，会产生应付、抵制、消极对抗的态度。③放纵性。具有逆反心理的大学生往往听不进别人的忠告、劝阻、批评，我行我素。④极端性。逆反心理在很大程度上是一种极端性的表露，一些大学生对待别人要求自己做的事情，常常是"你让我干，我偏不干"。

在自我认识、自我体验、自我控制三个方面出现的自我意识缺陷并不是割裂开来的，而是相互重叠的，因为它们都源于自我意识。从以上的分析我们可以看到，大学生自我意识发展过程中出现的失误、偏差是心理还不成熟的表现，这是由其身心发展状况和成长背景决定的，并不是某个人的缺点，而是所有大学生或多或少都要亲身经历的，是整个年龄阶段的特征，因此是普遍的、正常的，但是也是必须调整的。只有认识到这一点才有可能去面对它、正视它，并争取解决它，以达到自我真正的统一、强大和健康。

小贴士

六个自我激励的步骤

（1）规定一个固定的日期，一定要在这个日期之前把你做的事完成——没有时间表，你的船永远不会"泊岸"。

（2）不妨每天两次，大声朗诵你写下的计划和内容。第一次在晚上就寝之前，第二次在早上起床之后——当你朗诵的时候，你必须看到、感觉到和深信你可以完成这些！

（3）确确实实地决定，你将会付出什么努力与多少代价去完成你要做的事——世界上是没有不劳而获这回事的。

（4）不可单靠记忆，一定要白纸黑字写下来。

（5）你要在心里，确定你希望达到的目标——散漫地说"我需要做这做那"是没有用的；你必须确定你要完成的事情。

（6）拟订一个实现你理想的可行性计划，并马上进行……

第三节　在成长中品味自我

学生自我意识的发展与完善，始终昭示着一条通往未来的光明大道。正如古希腊哲学家苏格拉底所说的"认识你自己"，自我意识的完善也是一个不断地进行自我认知、自我评价、自我改造、自我完善的过程，如雕琢一件工艺品一样，真正的匠人会为了心中的追求而终生努力不懈。

一、健全自我意识的标准

自我意识对个体在整个人生历程中的发展都具有深刻的影响，它影响个体的心理健康，更是制约个体人格的形成、发展和重建的关键。健全的自我意识是心理健康的重要标准，是人类自身内在的一种成功机制。那么，大学生具有怎样的自我意识才是健全的自我意识呢？大学生的健全自我意识标准有以下几点。

（1）是一个有自知之明的人，既知道自己的优势，也知道自己的劣势，能正确评价自我和发展自我。

（2）是自我认识、自我体验和自我控制协调一致的人。

（3）是积极自我肯定的、独立的并与外界保持一致的人。

（4）是理想自我与现实自我统一的人，有积极的目标意识和内省意识，积极进取，永无止境。

二、自我意识完善的途径

（一）正确地认识自我

"认识你自己"是古今中外一个永恒的话题，是生命赋予人的至高无上、不可推卸的神圣使命。法国著名启蒙学者让·雅克·卢梭曾说："我敢说，德尔斐神庙里碑铭上的那句箴言'认识你自己'，比伦理学家们的一切巨著都更为重要、更为深奥。"德国著名作家约翰·保罗曾说："一个人的真正伟大之处，就在于他能够认识自我。"正确认识和评价自我是自我调控的重要因素，是塑造、完善自我意识的基础。大学生对自己的价值观、愿望、动机、个性等特征以及自己的所作所为有一个正确而全面的认识和评价，就能够取长补短，调控自我、发展自我和完善自我，就能够提高自己参与社会的积极性，协调自己与他人的交往，处理好个人与社会、个人与他人的关系。

认识自我，既包括认识自己的身体、相貌等生理方面的特点（生理自我），也包括认识自己的气质、性格、能力、兴趣、爱好、意志、品质等心理方面的特点（心理自我），还包括认识自己在大学生群体心目中的位置，了解自己在周围人际交往环境中的形象，了解自己的职业理想及对社会应承担的责任（社会自我）等。要做到正确认识自我，主要有以下几种方法。

1. 内省法——在经常的自省中认识自我

内省是指通过反省自己、分析自己来认识自我。孔子曰："吾日三省吾身"。通过自省，经常检查自己的行为和动机正确与否，行为过程中有什么不足，结果如何，有哪些收获和缺憾，从中发现长短得失，以便有的放矢地进行自我调整，从而使自我变得更为自由和客观、更加独立和稳定，从而避免自我评价的过高或过低。

2. 他人评价法——在他人的评价中认识自我

与他人交往，从别人对自己的态度和评价中认识自己，是正确地认识自我的重要途径之一。它可以帮助我们纠正自我认识的偏差，克服自我认识的主观性和片面性。心理学家认为，当一个人的自我评价与别人对他的客观评价有较大程度的一致性时，表明他的自我意识较为成熟。了解他人对自己的看法，常有助于发现自己忽视的问题。个体可以通过他人对自己的态度、期望、评价来进一步认识自己。不少大学生比较在意他人对自己的评价，但值得注意的是对别人的评价应有一个正确的态度，不因过高的评价而飘飘然，也不为过低的评价而失去信心。

3. 比较法——在与他人的比较中认识自我

唐太宗有句名言："以铜为镜，可以正衣冠；以史为镜，可以知兴替；以人为镜，可以明得失。"他人是自己的一面镜子，通过与他人比较来认识自己是个人获得自我观念的主要来源。大学生自我意识发生偏差的重要原因之一，就是不能与其他人做客观的比较。纠正这种偏差的关键是把自己和与自己类似的人做客观的比较。费斯廷格提出的著名的"社会比较理论"认为：人们非常想准确地认识自我、评估自我，为此，在缺乏明确标准时，人们常常和自己相似的人做比较。有比较才有鉴别。当人们在缺乏客观评价标准的情况下，可以通过与他人的比较来评估自己。与他人比较，并非是随意地与他人无序地比较，应注意下列几点。一是比较对象的选择。比较的对象应是与"我"有同质性和相似性。一个平庸的人如果选择比较的对象是一个出类拔萃的人，其结果是感到自己一无是处，自惭形秽，走向自卑；相反，他选择的是一个层次极低的人，其结果是夜郎自大，沾沾自喜。二是有可比性。用他人的优点和自己的缺点相比，或用他人的缺点和自己的优点相比，或以年龄、性别、家庭出身等不可变因素相比，所获得的自我认知是毫无意义和不可信的。三是注意对结果的比较。在与他人比较时重视过程很可能引起自我认知的偏差，相反重视比较结果所形成的自我认知才是有实际意义的。

4. 实践成果法——以实践活动的成果来认识自我

实践成果法是自我认识中实践性原则的应用。活动成果的价值有时直接标志着自身的价值，社会衡量一个人的价值主要是通过活动成果认定的，它也是大学生了解自我的客观尺度。理想的活动成果可以使个体进一步提高认识自我的能力，发现自我的价值，从而进一步开发潜能、激发自信。大学生只有积极参加社会实践活动，从中不断检查自己、发现自己的不成熟之处和解决实际问题能力的不足，进而不断自觉地调整自己、修正自己和提高自己，才能达到真正的自知。

乔韩窗口理论

美国心理学家约翰（Jone）和哈利（Hary）提出了关于自我认知的窗口理论，被称为"乔韩窗口理论"（见表 2-3）。该理论将每个人的自我分成四部分，即公开的自我、盲目的自我、秘密的自我和未知的自我。

表 2-3　乔韩窗口理论

他人＼自我	自　知	自 不 知
他　知	公开的我	盲目的我
他 不 知	秘密的我	未知的我

公开的自我是指自己了解、别人也了解的个人特质。一般来说，一个能够客观看待自己、又善于与他人沟通的人，这部分所占的比例就会大一些。

盲目的自我是指别人了解而自己却不清楚的个人特质。这部分所占比例较大的人，有的是个人思想方法主观片面，有的是人际交往方式不恰当，导致他人误解。

秘密的自我是指自己了解、别人不了解的个人特质。这部分所占比例较大的人，有的是想故意隐藏一些自认为不够优秀的特质，有的则是由于自己不善交际和自我展示。

未知的自我是指自己和别人都不了解的个人特质。

在自我认知方面，人人都有这四个部分。不同的人，他们这四个部分所占的比重各不相同。在自我认知上存在着千差万别。正是这种差别，显示了人们自我认知的深度和人际交往的状况。

人对自己的认识是一个不断探索的过程。我们要想尽可能客观、完善地认识自己，必须注意提高个人的人际沟通能力，在自我评价的基础上，重视他人对自己的评价（这种评价常能反映自我认知的盲区），认真整合这两部分信息，逐渐使个体的自我认知一步步深化和准确。

（二）客观地对待自我

一个人必须建立在正确的自我认知基础上，才能正确地自我悦纳、积极地自我体验、有效地自我控制。悦纳自我是指无条件接受自己的一切，包括自己的长处和短处、优势和劣势，不对自己提出苛刻、非分的要求。悦纳自我是发展健全的自我意识的核心和关键，也是适应社会的前提。它涉及一个人是以积极的态度认可自我、形成自尊，还是以消极的态度拒绝自我，形成自卑。对大学生来说，认识自我固然不易，接受自我和展示自我常常更难。心理研究表明，心理健康者更多地表现出对自我的接受和认可，而心理障碍者则明显表现出对自我的不满和排斥。有些大学生对自己的容貌、性格、才能、家庭等某一方面或几方面不满，而又无力改变，便产生自我排斥的心理，这是心理幼稚的一种表现。人总要对自己有所肯定又有所否定，并且在自我意识的发展中建立起二者的动态平衡。否则，对自己不满过于强烈，就会加剧心理矛盾，使心理持续紧张，这样不仅会使个体感到活得很累，还可能引发心理问题，严重的可能出现悲剧。悦纳自我，就是对自己本来面目的认可、肯定和喜悦的态度，悦纳自我有助于维护和增进心理健康，将一个真实的我、本来的我展示于人们面前，可以展示自我，让别人了解自己，有助于密切人际关系，有助于正确认识自我和评价自我。此外，唯有悦纳自我，才能自重自爱，珍惜自己的人格和声誉，努力进行自我修养，谋求自身的发展。大学生应怎样悦纳自我呢？

1. 要全面、正确地评价自己

常言道："金无足赤，人无完人。"大学生应该展示自己的优点，但也不要忌讳自己的缺点。对自己的优点和长处要充分发挥，对缺点和短处也要正确对待，做到既不护短，也不由此而灰心。不能只看缺点而否定自己，也不能轻易扩大缺点而认为自己一无是处，而是要对自己进行恰到好处的评价，不能夸大，也不能贬低。

2. 要正确对待缺点

缺点有两种，一种是能够改进的，如不良的习惯等；另一种是无法补救的，如先天的身材矮小等。对前一种缺点要闻过则改，不可文过饰非；而对后一种缺点则要勇敢地面对它、承认它、接受它。

3. 要正确地对待失败

一个人的成长过程中有成功也必然会有失败，有的人面对失败一味地自责贬低自己，使自己丧失信心。我们要清醒地认识到眼前的失败并不代表永恒的失败，古人云："失之东隅，收之桑榆"，大学生应正确地对待失败，做生活的强者。

4. 要坚信"我一定能行"的理念

以此来增强自信，而强烈的自信和理智的努力则能激发个体的潜能，促进成功。成功后的愉悦又可以使个体进一步增添自信，形成良性循环。

（三）积极地改造自我

积极地改造自我是主动定向地控制自我的过程，也是个体对待自己态度具体化的过程。有效地控制自我是健全自我意识，完善自我的根本途径。大学阶段不仅是人才的准备阶段，也是人生的转折时期。大学生情感丰富，社会磨炼不足，加上人生观和价值观没有完全确立，很容易受到各种社会思潮与其他外部环境的影响，对待问题容易偏激和情绪化，对自己的长处和短处往往估计不足。顺境时，容易自视过高，遇到挫折时，又容易走到另一个极端，自暴自弃。有时充满希望，有时又极度烦恼。这个时期的大学生尤其需要注意塑造自我，为日后的社会竞争打下良好的基础。积极地改造自我，提高自我控制的能力，可以从以下方面着手。

1. 要确立明确的行动目标

人的行为特点是有目的的行为，个体的行为有无目的性，结果是不一样的。一般地说，有目标指向的行为较无目标指向的行为成就大得多。因为正确的目标能够诱发人的动机，强化人的行为，并促使其指向预定的方向。例如有的同学能够抵御种种诱惑，刻苦攻读，学业优秀，是因为他把学习成绩与自己未来的发展联系起来了。确立正确的自我目标，关键是要按照社会的需要和个人的特点来进行设计，做一个"自如的我，独特的我，最好的我，社会欢迎的我"。所谓做一个"自如的我"，是指不要给自己提出力所不能及的过高要求，使自己总是陷入自责、自怨、自恨的境地，而是给自己设计只要付出相当的努力就能达到的目标，从而能够在坦然面对自己的客观存在中积极地生活。所谓做一个"独特的我"，是指不要一味地追求时尚，在刻意模仿中失去自我，而是在接受自我的过程中扬长避短，得以自在地生活。所谓做一个"最好的我"，是指立足于现实，选择适合自己的人生道路，尽最大努力达到最佳水平，充分实现自己的人生价值，满意地生活。所谓做一个"社会欢迎的我"，是指要有正确的价值取向，把自我实现的蓝图与祖国的富强、人类的文明结合起来，努力为社会做出自己最大的贡献。

2. 要培养坚强的自控能力

在实现人生目标的旅途上，既有各种本能欲望的干扰，又有各种外部诱惑的侵袭。本能的欲望常令人背弃理智，如贪图安逸、追求物欲等。外部诱惑，如名利和物质的诱惑，容易使人偏离正确的前进轨道，松懈奋进的斗志，放弃对远大目标的追求，甚至把青年学生引向堕落。一个人要想成就一番事业，就必须能够抵制诱惑，主宰自己的行动，这就需要有坚强的自我控制能力，以保证能够理智地约束自己的情感，把握自己的行为。自我控制的动力来源，在于从根本利益和长远利益上看问题。有些诱惑之所以对个体很有吸引力，就是因为它充分地显示了表面的、暂时的利益。比如，在学习紧张的时候，看一场精彩的球赛可能比枯燥的学习更有吸引力，因为它能使人度过一段更愉快的时光。类似的种种诱惑，每天都可能存在，如果不能抵御，作为学生，最终可能在考场上难以过关，在择业竞争中处于不利地位。如果能想到自己的根本利益和长远目标，就会控制自己的动机，最终战胜表面的、暂时的利益诱惑。个体在决定做某一件事的时候，常会产生各种对立动机的内部斗争，主要是高尚的动机（义务感、责任感、道德感等）跟低级的动机（满足个人的某种欲望）之间的斗争。这种斗争的结局，可以看出他自制力的高低。要检验一个人的自制能力强弱，可以看他的行为主要是臣服于本能的欲望或偶然的冲动、情感的驱使，选择“我要做”的事情，还是受理智的制约，大多选择“应该做”的事情。在自我意识未能达到高度统一时，个体觉得“应该做”的事情与感到“我要做”的事情往往是不一致或者是有差别的。如果想要有较强的自制力，那么就要注意“应当做”的事情，善于强迫自己去做应当做的事情，克服妨碍这样做的愿望和动机（如恐惧、懒惰、过分的自爱、不良的习惯等），从而自主地塑造自己。大学生要特别注意增强自我控制的自觉性、主动性，将社会的需要转化为主观上实现理想自我的内在动机。

（四）不断地完善自我

自我完善是个体在认识自我、悦纳自我的基础上，自觉规划行为目标，主动调节自身行为，积极改造自己的个性，使个性全面发展以适应社会要求的过程。加强自我修养，不断进行自我塑造，达到自我完善、自我超越，是健全自我意识的终极目标。

1. 确立正确的理想自我

正确的理想自我是在自我认识、自我认可的基础上，按社会需要和个人的特点来确立的自我发展的目标。大学生应该通过积极探索人生，理解人生，树立正确的世界观、人生观和价值观，为理想自我的确立寻找合适的人生坐标，从个人与社会的联系中认识有限人生的价值和意义，并通过实现这一目标而努力地完善自我。

2. 努力提升现实自我

不断战胜旧的自我，重塑新的自我，既要努力发展自己，又绝不能固守自我，要积极主动地为社会服务，勇于承担重任；既注重自我价值的实现，又不仅仅追求个人价值，在为他人和社会服务、为国家和民族做贡献的过程中实现自我价值。提高现实自我是一个长期的过程，必须坚持不懈，持之以恒，才能使现实自我不断地向理想自我靠拢，并最终实现自己的人生目标，这一过程，就是大学生努力完善自我的过程。

3. 认真进行自我探究，逐步获得积极的自我统一

自我统一意味着主体我和客体我的统一，自我认识、自我体验和自我调控的统一。大学生在探索人生、实现自我统一的过程中，要认真分析和确认理想自我的正确性和可行性，然后与现实自我相对照，有针对性地、有计划地解决二者之间的矛盾，缩小差距，最终才能逐步获得积极的自我统一。健全自我的过程也是一个塑造自我、超越自我的过程。超越别人是暂时的，超越自我是永恒的，需要付出一生的精力，没有止境，没有最高的境界，只有更好的、更高的境界。这个过程可以用“四个 A”来描述，如果经历了“四个 A”，可以说是领到了一张健全自我意识的合格证。

Acceptance：接纳，接纳自我与自我所在的现实环境。

Action：行动，对自己决定的事付诸行动，并全力以赴。

Affection：情感，工作学习时投入情感，获得乐趣，乐在其中。

Achievement：成就，以上三者完成后的自然结果，是努力奋斗的结果。

课外拓展

一、拓展训练

1. 题目：20 个我是谁

首先在下面写出 20 个“我是怎样的人”，要求尽量选择一些能反映个人风格的语句，避免出现类似“我是一个男生”这样普遍认可的句子。

（1）我是一个

（2）我是一个

（3）我是一个

（4）我是一个

（5）我是一个

（6）我是一个

（7）我是一个

（8）我是一个

（9）我是一个

（10）我是一个

（11）我是一个

（12）我是一个

（13）我是一个

（14）我是一个

（15）我是一个

（16）我是一个

（17）我是一个

（18）我是一个

（19）我是一个

（20）我是一个

然后将陈述的 20 项内容做下列归类。

（1）身体状况（属于你的体貌特征，如年龄、身高、体型等）

编号：

（2）情绪状况（你常持有的情绪情感，如乐观开朗、振奋积极、烦恼沮丧等）

编号：

（3）才智状况（你的智力、能力情况，如聪明、灵活、迟钝、有能力、机灵等）

编号：

（4）社会关系状况（与他人的关系，如何和别人应对交往，对他人常持有的态度和原则，如乐于助人、爱交朋友、坦诚的、孤独的等）

编号：

接着评估一下你对自己的陈述是积极的还是消极的。在你列出的每句话的后面加上加号（＋）或减号（-），加号表示“这句话表达了你对自己肯定、满意的态度”，减号的意义则相反，表示“这句话表达了你对自己不满意、否定的态度”。看看你的减号与加号的数量各有多少。如果加号的数量大于减号的，说明你的自我接纳状况良好；相反，你的减号有将近一半甚至超过一半，这显示你不能很好地接纳自己，你的自信程度较低，这时你需要内省一番，寻找问题的根源。比如，你是否过低地评价了自己？是什么原因使你成为这样？有没有改善的可能？

2. 题目：人际关系中的我

目的：促进成员全面认识自我

时间：约 60 分钟

准备：每人 1 支笔；1 张问卷，内容如下

父亲眼中的我：

母亲眼中的我：

兄弟姐妹眼中的我：

朋友眼中的我：

自己眼中的我：

同事同学眼中的我：

爱人（恋人）眼中的我：

自由理想中的我：

操作：每人发 1 张问卷，自己思考后填写，填完后大家一起交流。填写的过程会反映出不同的心态。有些人再一次肯定积极而可爱的自我，但有些人却会引发一些长期压抑的感受。指导者要特别注意：成员对哪一个人的看法最重视？为什么？最难填写的又是什么？为什么有人填不出来？成员填的内容多是正面的还是负面的？然后引导成员做出探索。这个活动可以从多个角度来看自我，有助于成员全面认识自己。同时，也可以在他人的鼓励下做深入的自我探索。

二、心理测试

田纳西自我概念量表

这份问卷的目的是帮助你了解自己。问卷上的每个题目都是在描述你的实际情况。请仔细阅读每个题目，判断该题目所叙述的内容与你的真实情况是否相同，并在相应的选项上打钩。

	完全不相同（1）	大部分不相同（2）	部分相同部分不同（3）	大部分相同（4）	完全相同（5）
1	①	②	③	④	⑤
2	⑤	④	③	②	①

例题：

1. 我喜欢打球。
2. 我不喜欢看电影。

如果例题 1 叙述的情况和你的实际情况完全相同，就在“1”的第“(5)”个圆圈中打“ √”。同理，如果你觉得例题 2 的情况与你的实际情况完全不同，就在“2”的第“(1)”个圆圈中打“ √”。

总共有 70 个题目。请每题都答，不要遗漏。

1. 我的身体健康。
2. 我喜欢经常保持仪表整洁大方。
3. 我举止端正，行为规矩。
4. 我的品德好。
5. 我是个没有出息的人。
6. 我经常心情愉快。
7. 我的家庭幸福美满。
8. 我的家人并不爱我。
9. 我讨厌这个世界。
10. 我待人亲切友善。
11. 偶尔我会想一些不可告人的坏事。
12. 我有时候会说谎。
13. 我的身体有病。
14. 我全身都是病痛。

15. 我为人诚实。
16. 我的道德不坚强，有时想做坏事。
17. 我的心情平静，不忧不愁。
18. 我经常心怀恨意。
19. 我觉得家人不信任我。
20. 我的家人和朋友对我很器重。
21. 我很受别人欢迎。
22. 我很难交到朋友。
23. 有时候我觉得很想骂人。
24. 我偶尔会因身体不舒服，脾气变得有点暴躁。
25. 我的身体既不太胖，也不太瘦。
26. 我对自己的外貌感到满意。
27. 我觉得我不太值得别人信任。
28. 我经常觉得良心不安。
29. 我瞧不起我自己。
30. 我对我自己现在的情形感到满意。
31. 我已经尽力去孝顺我的父母。
32. 我觉得我对家人不够信任。
33. 我对自己的社交能力感到满意。
34. 我对自己待人的方式感到满意。
35. 偶尔我会在背后说些别人的闲话。
36. 比赛时，我总是希望赢。
37. 我时常觉得身体不太舒服。
38. 我对自己身体的某些部分不太满意。
39. 我觉得我的行为合乎我自己的良心。
40. 我对自己的道德行为感到满意。
41. 我觉得我这个人还不错。
42. 我对自己感到不满意。
43. 我不太喜欢我的家人。
44. 我目前与家人所保持的良好关系，我感到满意。
45. 我觉得我在社交方面不够理想。
46. 我觉得我和他人相处得不够理想。
47. 听到黄色笑话，我有时会忍不住地笑出来。
48. 我有时会把当天该做的事情拖到第二天。
49. 我的动作时常显得很笨拙。
50. 我很少感到身体不舒服。

51. 我在日常生活中常凭着良心做事。

52. 为了胜过别人，有时候我会使用不正当的手段。

53. 在任何情况下，我都能够照顾自己。

54. 我经常不敢面对难题。

55. 我常和家人发生争吵。

56. 我的行为常无法满足家人的期望。

57. 和陌生人谈话，我觉得困难。

58. 我尽量去了解别人对事物的看法。

59. 我偶尔会发脾气。

60. 我很会照顾自己的身体。

61. 我常常睡得不好。

62. 我很少做不正当的事。

63. 对我而言，做正当的事或表现良好是有困难的。

64. 我时常没有经过事先考虑，就贸然行事。

65. 我遭遇到困难时，都能轻而易举地解决。

66. 我很关心我的家人。

67. 我尽量公平合理地对待朋友与家人。

68. 我和别人在一起时，常觉得不自在。

69. 我和别人相处得很好。

70. 对于我所认识的人，我并非每个都喜欢。

请计算分数并填写在表格内（做一张答案纸，把题目按照下列规则排成方阵。第 1 列 1～12 题，第 2 列 13～24 题目，依此类推，然后按照下列方法计算）。

1. 计算 PH（生理自我）：把第 1 行和第 2 行的 12 个题目的分数相加，即题目 1、2、13、14、25、26、37、38、49、50、61、62 的分数相加，圆圈内的数字就是分数，如第 1 题你选④就是 4 分。把两行的分数加起来，并写在“PH=”后。如加起来得 36，就是“PH=36”。

2. 计算 ME（道德伦理自我）：把第 3 行和第 4 行的 12 个题目的分数相加。

3. 计算 PER（心理自我）：把第 5 行和第 6 行的 12 个题目的分数相加。

4. 计算 FA（家庭自我）：把第 7 行和第 8 行的 12 个题目的分数相加。

5. 计算 SO（社会自我）：把第 9 行和第 10 行的 12 个题目的分数相加。

6. 计算 SC（自我批评）：把第 11 行和第 12 行的 10 个题目的分数相加。

7. 计算 ID（自我概念）：把第 1～24 题（共 24 题）的分数相加，把所得的和写在“ID=”后。

8. 计算 SA（自我满意）：把第 25～48 题（共 24 题）的分数相加，把所得的和写在“SA=”后。

9. 计算 B（自我行动）：把第 49～70（共 22 题）的分数相加，把所得的和写在“B=”后。

10. 计算总分 TOT=ID+SA+B。

反向题目是 5、8、9、13、14、16、18、19、22、25、27、28、32、37、38、39、42、43、45、46、49、52、54、55、56、67、61、63、64、68。

三、推荐阅读

1. 《心灵 7 游戏》——毕淑敏

如何知道自己心理是否健康？如何增强心灵的免疫力？怎样快速、有效地进行自我心理诊视、调整？怎样使自己的心理潜能得到更好发挥，享受幸福，走向成功？这是一本为你，为我，为他，为所有“有心”人而写的书。书中的七个游戏，都直指人生的重大问题，深入浅出，梳理过去，指导现在，昭示未来。人生非游戏，游戏却可以改变人生。如果你渴求对自己有更多的了解；如果你愁眉不展并有愿改变；如果你希望自己变得更轻捷而有力，向着既定的目标迅跑；如果你顺风顺水还求更多的进步和欢乐，让咱们一起来做游戏吧！

2. 《自卑与超越》——阿德勒

从个体心理学观点出发，阐明人生道路和人生意义的通俗性读物。但通俗中包含着极深的哲理和巨大的学术价值。在本书中，作者提出：每个人都有不同程度的自卑感，因为没有一个人对其现时的地位感到满意，对优越感的追求是所有人的通性。然而，并不是人人都能超越自卑，关键在于正确对待职业、社会和性，在于正确理解生活。那些自幼就有器官缺陷或被娇纵、忽视的儿童，以后在生活中容易走上错误的道路；家长和教师应培养他们对别人、对社会的兴趣，使他们真正认识“奉献乃是生活的真正意义”。这样，他们就能够从自卑走向超越。本书大大修正了弗洛伊德泛性论的精神分析观，开辟了精神分析的新阶段。

四、小故事　大道理

昂起头来真美

珍妮是个总爱低着头的小女孩，她一直觉得自己长得不够漂亮。有一天，她到饰物店去买了个绿色蝴蝶结，店主不断赞美她戴上蝴蝶结真漂亮，珍妮虽不信，但是很高兴，不由昂起了头，急于让大家看看，出门与人撞了一下都没在意。

珍妮走进教室，迎面碰上了她的老师，“珍妮，你昂起头来真美！”老师爱抚地拍拍她的肩说。

那一天，她得到了许多人的赞美。她想一定是蝴蝶结的功劳，可往镜前一照，头上根本就没有蝴蝶结，一定是出饰物店时与人相撞弄丢了。

自信原本就是一种美丽，而很多人却因为太在意外表而失去很多快乐。

温馨启示：无论是贫穷还是富有，无论是貌若天仙，还是相貌平平，只要你昂起头来，快乐会使你变得可爱——人人都喜欢的那种可爱。

第三章

性格决定命运——大学生健全人格的培养

导入案例

【他的问题】

一有演讲比赛，我就会在台上激情四射，但在寝室里，我却总也调动不起情绪来。同学们说我人前人后两个样。我很无辜，因为我也不知道为什么会这样。但我又很苦恼，因为我不想被别人评价成“表里不一、阴晴不定”的人，我是怎么了？我该怎么办？

【情景回放】

男生小亮在大家眼里是一个多变的人。家里人说他，小的时候像个小老头，少年老成，很阴郁，越大性情越活泼开朗。他自己也说：“我是那种无常的类型，情绪不定型，演讲、辩论时，只要我一上台就很能侃，生活中其实挺认生。在台上的时候，大家看到我总是在说话，可那是一种特殊的状态，我得让自己兴奋起来，但在日常生活中我却调动不起情绪来。有人在操场上叫我，我就礼貌地点点头，算是和同学打个招呼。因为在台上我是一种牙尖嘴利的形象，好多人会期待着我和他侃点什么。例如在宿舍里，有人会说：来，我们过来唠唠。我说：谢谢，我不去，我就在这儿坐着。人家就会不高兴，说我瞧不起他们，其实我挺认生的，这是遗传的。我跟大家一起出去吃饭，只要桌上有我不认识的或不感兴趣的人，我基本一句话都没有。但我一上台演讲或辩论，好像变成另外一个人，也进入另外一种状态。同学们因为这样的事没少议论我，但每一次都不是我故意调节成这样或那样的状态的。我也不想这样，但我自己又好像控制不了。”

【分析点评】

从小亮自己的叙述中，我们不难看出他在幼年时无疑是一个有性格缺点的少年，以至于现在还是一个有点“认生”的人。但对于自己的性格，他敢于面对生活中的挫折与不快，敢于突破，更总结出“出丑”的经验，并从中得到成长与改善，终于有所成就，敢于上台演讲与辩论，他的性格是由内向型到外向型的转变与突破。而他又能正视自己的问题——“认生”，这说明他有意识、积极主动。他应该努力调节自己的情绪，使自己的情绪稳定乐观，悦纳自己。因为人们一出生就有自己的优点和缺点，在一定社会环境和教育的作用下，就构成了一个人不同于他人的心理风貌和品格——人格。

爱因斯坦曾经说过：“优秀的性格和钢铁般的意志比智慧和博学更重要，智力上的成就在很大程度上依赖于性格的伟大，这一点往往超出人们通常的认识。”人格是个体身上最具色彩的闪亮点，人与人的不同正因为人格的不同。当我们与其他人比较时，你会发现人与人之间是如此的不同！正如布莱尼茨所说“世界上没有两片相同的叶子”，世界上亦没有两个相同的人。在这一章里，我们将了解人格的内涵，帮助你认识自己的气质和性格，以及探讨塑造健康人格的途径。

第一节　人　　格

一、人格的内涵

常听人说，张三的人格卑鄙，李四的人格高尚，这是从伦理道德上给人以评价。在某种情境下有人气愤地说：“这是对我人格的污辱”，这里的“人格”属于法律范畴，说明有人侵犯了他的尊严和人权。“人格”一词，源于古希腊语，即舞台上演员戴的面具，不同的面具体现了角色的特点和人物的性格。京剧中红脸代表忠义；白脸代表奸诈；黑脸代表刚强。心理学所说的人格，是一种心理现象，亦称个性，它反映了一个人总的心理面貌，是相对稳定、具有独特倾向性的心理特征的总和，它是在长期的社会生活实践中形成、发展起来的。人格的心理要素包括心理特征和心理倾向性两个方面的内容。人格心理特征包括能力、气质、性格，这些心理特征在不同程度上受先天遗传因素的影响，相对比较稳定，人格倾向性包括需要、动机、兴趣、价值观、理想等，主要在后天社会化过程中形成，集中反映了人性独特的一面。只有当人的心理特征、心理倾向性在与环境相互作用过程中表现出独特的行为模式、思维方式和情绪反应时，其人格才可能表现出来，成为可观察的、现实的人格。从这个角度来说，人格就是个体在先天生物遗传素质的基础上，通过与后天社会环境的相互作用而逐渐形成起来的相对稳定的和独特的心理行为模式。

人格是构成一个人思想、情感及行为的特有模式，这个独特模式包含了一个人区别于他人的稳定而统一的心理品质。这一简单的人格定义包含了许多的内涵，它反映了人格的多种本质特征。

（一）独特性

“人心不同，各如其面”，这句俗语为人格的独特性做了最好的诠释。一个人的人格是在遗传、成熟、环境、教育等先天、后天因素的交互作用下形成的。不同的遗传环境、生存及教育环境，形成了各自独特的心理特点。例如，“固执”这一人格特征，在不同人身上赋予了它不同的含义。作为娇生惯养、过度溺爱的结果，这种固执带有“撒娇”的含义；而在冷淡疏离、艰难困苦的环境下形成起来的固执，则带有“反抗”的含义。这种独特性说明了人格的千差万别，千姿百态。

（二）稳定性

俗话说：“江山易改，禀性难移。”一个人的某种人格特点一旦形成，就相对稳定下来了，要想改变它，是较为困难的事情。这种稳定性还表现在，人格特征在不同时空下表现出一致性的特点。例如，一位性格内向的大学生，他不仅在陌生人面前缄默不语，在老师面前少言寡语，而且在参与学生活动时也沉默寡言，甚至毕业几年后同学聚会时还是如此。

（三）统合性

人格是由多种成分构成的一个有机整体，具有内在的一致性，受自我意识的调控。当一个人的人格结构的各方面彼此和谐一致时，就会呈现出健康的人格特征；否则，就会使人发生心理冲突，产生各种生活适应困难，甚至出现“分裂人格”。

（四）复杂性

鲁迅曾说：“横眉冷对千夫指，俯首甘为孺子牛。”这句话说明了人的复杂，以及人的行为多元化、多层面的特征。人格表现绝非静水一潭，各种人格结构的组合千变万化，从而使人格的表现千姿百态。每个人的人格世界，并非是由各种特征简单堆积起来的，而是如同宇宙世界一样，依照一定的内容、秩序、规则有机结合成的一个运动系统。

（五）功能性

有一位先哲说过：“一个人的性格就是他的命运。”人格是一个人生活成败、喜怒哀乐的根源。人格决定一个人的生活方式，甚至有时会决定一个人的命运。人们经常会使用人格特征来解释某人的言行及事件的原因。面对挫折与失败，坚强者发奋拼搏，懦弱者一蹶不振。面对悲痛，一些人可以将悲痛化为力量，而另一些人则表现为意志消沉。当人格具有功能性时，表现为健康而有力，支配着一个人的生活与成败；当人格功能失调时，就会表现出懦弱、无力、失控甚至变态。

二、人格的影响因素

关于人格是怎么产生的问题，不同的心理学流派，对此看法有很大的差异。各个心理学的理论流派，站在各自的立场上，由于自己特殊的人生经历和研究背景，更多地强调了人格形成的某一方面的作用。但更多人认同：人格是环境与遗传交互作用的产物。在人格培养过程中，既要看到个体的生物遗传的影响，更要看到社会文化的决定作用。

（一）生物遗传因素

心理学家通过对双生子的研究结果表明：遗传是人格不可缺少的影响因素，但遗传因素对人格的作用程度因人格特征的不同而不同。通常在智力、气质这些与生物因素相关较大的特征上，遗传因素较为重要；而在价值观、信念、性格等与社会因素关系紧密的特征上，后天环境因素更重要。人格发展过程是遗传与环境交互作用的结果，遗传因素影响人格发展方向及形成的难易。

（二）社会文化因素

人一出生便置身于社会文化之中并受社会文化的熏陶与影响，文化对人格的影响伴随着人的终生。社会文化具有塑造人格的功能，这反映在不同文化的民族有其固有的民族性格，不同的地域有着不同的文化传统，不同的文化发展时期有着不同的文化认同。例如，米德等人研究了新几内亚的三个民族的人格特征，结果表明：来自于同一祖先的不同民族各具特色，鲜明地体现了社会文化对个体的影响力。居住在山丘地带的阿拉比修族，崇尚男女平等的生活原则，成员之间互相友爱、团结协作，没有恃强凌弱、没有争强好胜，一派亲和景象。居住在河川地带的孟都古姆族，生活以狩猎为主，男女间有权力与地位之争，对孩子处罚严厉。这个民族的成员表现出攻击性强、冷酷无情、嫉妒心强、妄自尊大、争强好胜等人格特征。居住在湖泊地带的张布里族，男女角色差异明显，女性是这个社会的主体，她们每日操作劳动，掌握着经济实权。而男性则处于从属地位，其主要活动是艺术、工艺与祭祀活动，并承担孩子的养育责任。这种社会分工使女人表现出刚毅、支配、自主与快活的性格，男人则有明显的自卑感。

（三）家庭环境因素

家庭对一个人的人格的形成和发展具有重要和深远的影响。家庭是儿童生长的最初环境，社会和时代的要求往往是通过家庭在儿童心灵上打下烙印的，许多精神分析学家认为，从出生到五六岁，是人格形成的最主要阶段，这时一个人的人格类型已基本形成。在这个阶段，绝大多数儿童在家庭中生活，在父母抚养中长大。因此，父母的教养态度对于一个人人格的形成和今后的发展起着重要作用。俗话说："有其父必有其子"，其中不无一定的道理。父母们按照自己的意愿和方式教育孩子，使他们逐渐形成了某些人格特征。

家庭教养方式会影响子女人格的形成。家庭教养方式一般可以分为三类。

第一类是权威型教养方式。通常情况下，这类方式的父母在对子女的教育中表现得过于支配，孩子的一切由父母来控制。成长在这种教育环境下的孩子容易形成消极、被动、依赖、服从、懦弱的人格，做事缺乏主动性，甚至会形成不诚实的人格特征。

第二类是放纵型教养方式。通常情况下，这类方式的父母对孩子过于溺爱，孩子多表现为任性、幼稚、自私、野蛮、无礼、独立性差、唯我独尊、蛮横胡闹等人格。

第三类是民主型教养方式。父母与孩子在家庭中处于一个平等和谐的氛围中，父母尊重孩子，给孩子一定的自主权，并给予孩子积极正确的指导。父母的这种教育方式使孩子形成了一些积极的人格品质，如活泼、快乐、直爽、自立、彬彬有礼、善于交往、富于合作、思想活跃等。

由此可见，家庭对人格的培育起到了至关重要的作用。父母在养育孩子的过程中，表现出了自己的人格，并有意无意地影响和塑造着孩子的人格，形成家庭中的"社会遗传性"。

（四）儿童早期经验

"早期的亲子关系定出了行为模式，塑成一切日后的行为。"这是有关早期童年经验对人格影响力的一个总结。中国也有句俗话："三岁看大，七岁看老。"斯皮茨（Spitz）在对孤儿院里的儿童进行的研究中，发现这些早期被剥夺母亲照顾权利的孩子，长大以后在各方面的发展均受到影响。许多孩子患了"失怙性忧郁症"，其症状表现为哭泣、僵直、退缩、表情木然，并且有人提出弃子会使儿童产生心理疾病，孩子会形成攻击、反叛的人格。

人格发展的确受到童年经验的影响，幸福的童年有利于儿童向健康人格发展，不幸的童年也会引发儿童不良人格的形成。但二者不存在一一对应的关系，溺爱也可使孩子形成不良人格特点，逆境也可磨炼出孩子坚强的性格。早期经验不能单独对人格起决定作用，它与其他因素共同决定人格。早期儿童经验是否对人格造成永久性影响因人而异，对于正常人来说，随着年龄的增长、心理的成熟化，童年的影响逐渐缩小、减弱，其效果不会永久不衰。

（五）学校教育因素

学校是一种有目的、有计划地向学生施加影响的教育场所。教师对学生人格的发展具有指导定向作用。教师的人格特征、行为模式与思维方式对学生产生巨大的影响。每个教师都有自己独特的风格，这种风格为学生设定了一个"气氛区"，在教师的不同气氛区中，学生表现出不同的行为表现。洛奇（Lodge）在一项教育研究中发现，在性情冷酷、刻板、专横的老师所管辖的班集体中，学生的欺骗行为增多；在友好、民主的教师气氛区中，学生的欺骗行为减少。心理学家勒温等人也研究了不同管教风格的教师对学生人格的影响作用。他们发现在专制型、放任型和民主型的管理风格下，学生表现出不同的人格特点。

教师的公平公正性对学生有着至关重要的影响。一项有关教师公正性对中学生学业与品德发展的研究结果表明，学生极为看重教师对他们是否公正、公平，教师的不公正表现会导致中学生的学习成绩和道德品质的降低。

班集体是学校的基本组织结构，班集体的特点、要求、舆论和评价对于学生人格的发展具有“弃恶扬善”的作用。

（六）自我调控因素

上述各因素体现的是人格培养的外因，而外因是通过内因起作用的。人格的自我调控系统就是人格发展的内部因素。人格调控系统是以自我意识为核心的。自我意识是人对自身以及对自己同客观世界的关系的意识，具有自我认知、自我体验、自我控制三个子系统。自我调控系统的主要作用是对人格的各个成分进行调控，保证人格的完整、统一、和谐。

综上所述，在人格的培育过程中，各种因素对人格的形成与发展起到了不同的作用。遗传决定了人格发展的可能性，环境决定了人格发展的现实性。

三、人格与身心发展的关系

人格是人的心理行为的基础，它在很大程度上决定了人如何对外界刺激做出反应以及反应的方向、速度、程度和效果。所以说人格会对人的身心健康、活动效率、潜能开发以及社会适应状况有重要的影响。因此，重视人格的培养与塑造既是自我成长与发展的需要，也是自我实现的需要。

（一）人格与身心健康

现代医学研究发现，许多身心疾病与相应的人格特征有密切的关系。这些人格特征在疾病的生成、发展中起到了促进、催化的作用。例如，冠心病的患者多表现个性强、固执、急躁、好冲动、好胜心强的人格特征。癌症患者多表现压抑、忧郁、逆来顺受的人格特征。哮喘病患者有过分依赖、敏感、暗示性很高的人格特征。具有强迫性、抑郁特征的人容易得结肠炎、胃溃疡等疾病。

（二）人格与潜能开发

大学生塑造健全的人格，不仅是为了避免身心疾病，更重要的是为了自我价值的充分实现，使人格发挥最佳作用，也就是健全的人格能够帮助人实现任何一种个人潜能，能够塑造自己的生活，促进周围环境的改变。近年来，人们逐渐认识到，影响大学生成才的除了智力因素以外，更重要的是非智力因素，也叫“情商”。情商是指除智力之外的综合人格品质，其中情绪起着非常重要的作用。通过心理数据分析发现，学习最优秀的大学生和成绩一般的大学生相比较，在智力水平上并没有明显的差别，但是他们却发现这些优秀学生在心态上，也就是情绪的稳定性上，要比一般的学生强很多。

（三）人格与自我完善

人格与人的思想品质互相影响，互相包容。塑造大学生健全的人格的过程，也是培养思想品质的过程，两者相辅相成，互相促进。人格健全的过程就是一个人自我不断成长，日臻完善的过程。

（四）人格与事业成败

一个在人格上比较强大的人，往往比较容易获得群体和他人的接纳和认可，也较容易获得帮助。既有利于自己的心理健康发展，又会创造一种和谐的人生环境。研究表明，大学新生入学后的适应不良，往往与人格素质有关。在高校毕业生就业市场上，那些具有乐观、独立、自律的人格特征的毕业生，获得就业的机会就多，在今后的事业发展中，也容易取得成就。人生的较量最终就是人格的较量。

第二节　气质&性格&能力

人格是在适应活动中形成的相对稳定的人格动力特征，可分为气质、性格和能力三个类别，分别处于一般、特殊与具体三个层次。可以说，气质是一般的性格和能力，性格是特殊的气质和普通的能力，能力是具体的性格和气质。三者系统而完整地概括了人格动力品质。

一、气质是个性活动的主要特征

（一）气质的定义

在日常生活中，我们可以看到，有的人总是活泼好动，反应灵活；有的人总是安静稳重，反应缓慢；有的人不论做什么事总显得十分急躁，情绪明显表露于外；有的人不论做什么事总是不动声色，情绪总是那么细腻深刻。人与人在这些心理特性等方面的差异，叫气质的不同。

气质是一个人生来就具有的心理活动的动力特征。

气质是心理活动的动力特征。所谓心理活动的动力是指心理过程的程度（例如，情绪体验的强度、意志努力的程度）、心理过程的速度和稳定性（例如，知觉的速度、思维的灵活程度、注意力集中时间的长短）以及心理活动指向性特点（有的人倾向于外部事物，从外界获得新印象；有的人倾向于内心世界，经常体验自己的情绪，分析自己的思想和印象），等等。人们气质的不同就表现在心理活动的动力特征上的差异。

每个人生来就具有一种气质。它仿佛使一个人的全部心理活动都染上了个人独特的色彩。有某种气质类型的人，常常在内容很不相同的活动中都会显示出同样性质的动力特点。例如，一个学生具有安静迟缓的气质特征，这种气质特点会在参加考试、当众演说、参加体育比赛等各种活动中表现出来。一个人的气质特点不以活动的内容为转移，它表现出一个人生来就具有的自然特性。

一个人的气质，具有极大的稳定性。它很早就清楚表露在儿童的游戏、作业和交往活动中。但是，在环境和教育的影响下，气质也会发生变化。当然，较之于其他心理特征，它的变化要缓慢得多。

（二）气质的类型

长期以来，对气质的研究处于迅速的发展之中，形成了多种气质类型学说，其中影响较大的有体型说、体液说、血型说、激素说、活动特性说等。但直到20世纪20年代末，苏联生理学家巴甫洛夫从高级神经活动过程的特性分析了心理活动的动力特点，才算科学地解释了气质的生理机制，被称之为高级神经活动类型说，如表3-1所示。

表3-1　高级神经活动类型说

神经系统的基本特点	高级神经活动类型	气 质 类 型
强、不平衡	兴奋型	胆汁质
强、平衡、灵活	活泼型	多血质
强、平衡、不灵活	安静型	黏液质
弱	抑制型	抑郁质

1. 胆汁质

胆汁质类型的特征是好冲动，情感发生快、强烈而持久，动作迅速而强烈，对自己的言行不能控制，反应速度快，但不灵活。在行为方面的表现有积极参加各种活动，有创新精神，工作积极，遇到困难时能以极大毅力去克服困难。

具有这种类型特征的人在情绪反应上易受感动，情感一旦发生就很强烈，久久不能平静。其优点是有毅力、积极热情、有独创性；不良表现是缺乏自制力、粗暴急躁、易生气、易激动。这种类型的人要注意在耐心、沉着和自制力等方面的心理修养。

2. 多血质

多血质类型的特征是情绪不稳定，情感的发生迅速而易变，思维语言迅速而敏捷，活泼好动。在情绪反应上表现为快而多变但不强烈，情感体验不深但很敏感。在行为方面表现为活泼好动、机敏、爱参加各种活动，但常常有始无终。

该类型的人适应性强，善于交际，待人热情，学习上领会问题快，但也表现出浮躁、轻率、不忠诚等。要注意在刻苦钻研、有始有终、严格要求等方面的心理修养。

3. 黏液质

黏液质类型的特征是情绪兴奋性较低，沉着冷静，情绪稳定，深思远虑，思维、言语、动作迟缓，交际适度，内心很少外露，坚毅执拗，自制力强。

具有这种气质的人善于克制自己，生活有规律，不为无关的事分心，埋头苦干，有耐久力，态度持重，不卑不亢，严肃认真；但不够灵活，注意力不易转移，因循守旧，对事业缺乏热情。这种类型的人要注意在灵活性、进取心、速度和效率等方面的心理修养。

4. 抑郁质

抑郁质类型的特征是感受性强，善于觉察细节，见微知著，细心谨慎，敏感多疑，性情脆弱，内心体验深刻但外部表现不强烈，行动迟缓，缺乏信心。

具有这种气质的人办事稳妥可靠，做事坚定，能克服困难；但比较敏感，易受挫折，孤僻、优柔寡断、反应缓慢、不图进取，易形成伤感、沮丧、忧郁、深沉、悲观等不良心理特征。该类型的人要注意在信心、效率、宽容大度等方面的心理修养。

在文学作品中，我们常会找到这些气质类型的典型代表人物。例如，《水浒传》中的李逵就是胆汁质的代表；《红楼梦》中的王熙凤是多血质的代表，薛宝钗则属于黏液质的人物，林黛玉是抑郁质的典型。在现实生活中，单一型气质的人是有的，但几乎绝大多数人都是介于各类型之间的中间类型，即混合型，如胆汁—多血质，多血—黏液质等类型。

看戏迟到的人

苏联心理学家曾巧妙设计了“看戏迟到”的特定情境问题，对四种典型气质类型的人进行了观察研究。结果发现，四种基本气质类型的观众，在面临同一情境时有截然不同的行为表现，气质使其心理活动染上了一种独特的色彩。

胆汁质的人面红耳赤地与检票员争吵起来，甚至企图推开检票员，冲过检票口，径自跑到自己的座位上去，并且还会埋怨说，戏院时钟走得太快了。

多血质的人明白检票员不会放他进去，他不与检票员争吵，而是悄悄跑到楼上另寻一个适当的地方来看戏剧表演。

黏液质的人看到检票员不让他从检票口进去，便想反正第一场戏不太精彩，还是暂且到小卖部待一会儿，待幕间休息再进去。

抑郁质的人对此情景会说自己老是不走运，偶尔来一次戏院，就这样倒霉，接着就垂头丧气地回家了。

（三）气质在实践活动中的作用

气质作为人的心理活动和行为的动力特点相结合，对人的实践活动有一定的影响。

1. 气质类型无好坏之分

在评价一个人的气质时不能片面地认为一种气质类型好，另一种不好。因为任何一种类型都有积极的一面，也有消极的一面。比如，胆汁质的人积极、热情、开朗、办事效率高，但却暴躁、任性，感情用事；多血质的人活泼、反应快，善交际，但感情却不专一，精力不集中；黏液质的人沉着、冷静、坚毅，但却缺乏活力，冷漠；抑郁质的人情感深刻稳定，但却孤僻、羞怯。气质虽无好坏之分，但在了解自己的气质类型后，可以帮助人们有意识地发挥积极作用，克服消极作用。

2. 气质不决定社会价值和成就高低

气质属于人的心理活动的动力特征，不决定一个人的智力高低，不同气质的人都可以成为对社会做出重大贡献的人。例如，普希金是典型的胆汁质的人，拿破仑是多血质的人，克雷洛夫是黏液质的人，柴可夫斯基是抑郁质的人，气质类型虽不同，却都对社会有卓越贡献。

3. 气质影响人的适应性

人在一定的社会环境中生活，如果气质特征与环境对个体提出的要求相协调，则个体就处于最佳发展状态。但并非所有的环境都能与我们相一致，环境与个体总会有这样或那样的不一致、不协调，在冲突和差异中，各种气质类型的人的表现各不相同。例如，多血质的人容易适应新环境，改变旧习惯，但目标往往不专一，进步的过程不平衡；而黏液质的人，适应新环境与新任务较缓慢，但由于目标专一，一旦适应，进步很稳健。

4. 气质类型是选择职业的依据之一

气质类型虽不能决定一个人事业上的成就，但能在一定程度上影响人的活动方式和工作效率，因而是选择职业的依据之一。例如，多血质的人在职业市场上往往很受青睐，占有较强和有利的竞争优势，相对来说有较宽广的选择范围和机会，一般适合选择抛头露面和与人交往方面的职业，如记者、律师、公关人员、艺术工作者、秘书和其他一些社会性工作；胆汁质的人在面临职业选择时，往往表现出很高的积极性，主动出击，求职和竞争意识强烈，这种热情和主动性往往为用人单位所赏识，易被录用，一般倾向于选择而且适合竞争激烈、冒险性和风险意识强的职业或社会服务性行业，如体育运动员、企业改革者、飞行员、勘探工作者、探险者、富有激情的演说家、营销员等；黏液质的人在职业选择中一旦认准自己满意的职业目标便很有耐性，大有不达目的不罢休的精神，这种坚持不懈的韧性往往能弥补其他方面的欠缺，一般适合于医务、情报翻译、商务营业、教学、思想教育等方面的工作；抑郁质的人，在职业市场上往往“貌不惊人”，不过在通过权衡比较之后，会找到适合自己的工作，一般适合当诗人、作家、画家、音乐家或从事理论方面的研究工作等。可见，在职业选择和人员的安排方面，如果考虑了人的气质特点，就会更有利于发挥个人在实践活动中的特殊作用。

5. 气质对人的身心健康有影响

现代医学证明，人的气质特性与人的身心健康有关系。美国两位医生曾对某大学的毕业生进行了 30 年的追踪研究，发现易发怒的学生中有 77.3%患了癌症、高血压、心血管病、良性瘤等疾病；而安静与开朗的学生中患各种疾病的只有 25%和 26.7%。所以大学生要培养个人良好的个性品质并保证身心健康。

二、性格是个性差异的主要表现

（一）性格的定义

在现代心理学中，性格是指人对现实的态度及其行为方式所表现出来的个性心理特征。它是一个人心理面貌本质属性的独特结合，是人与人区别的主要方面。性格表现在人对现实的态度及其行为方式中。所谓态度是个人对待社会、他人、自己的一种稳定的心理倾向，包括了对事物的评价、好恶和趋避等方面。态度表现在人的行为方式中。人对事物的态度不同，由它支配的行为方式也就不同，从而形成人的千差万别的性格。

（二）性格的结构

从性格的定义出发可对性格的结构做以下的划分。

1. 对现实的态度的性格特征

对现实的态度的性格特征包括以下几方面：对社会、集体、他人的态度，如关心社会、热爱集体、乐于助人等特征；对劳动和工作的态度，如勤奋、负责、有创造性等特征；对自己的态度，如骄傲、自卑、依赖、自暴自弃等特征。

2. 性格的意志特征

性格的意志特征表现为个人行为的自觉性、果断性、坚毅性、自制性等特征。良好的意志品质可以使自己对行动的目的和意义有明确的认识，并能在困难和挫折面前调节和控制自己的行为，果断采取有效措施克服险阻，最终实现自己预定的目标。与此相反的是行为中的冲动性、盲目性、优柔寡断、畏惧退缩等特征。

3. 性格的情绪特征

性格的情绪特征表现在这几个方面：情绪的强度、情绪的稳定性、情绪的持久性、主导心境。良好的情绪可以提高心理健康的水平，改善学习和生活的心理条件，提高工作的效能。

4. 性格的理智特征

表现在感知、记忆、思维、想象等认知方面的个人特点，称为性格的理智特征。例如，有的人善于洞察，有的人观察肤浅；有的人记忆主动灵活，有的人健忘；有的人善于发现问题，富于创造性，有的人对问题熟视无睹，思维呆板，落入俗套；有的人富于想象，有的人想象贫乏单调。

值得注意的是，性格的各种特征并不是孤立、静止存在的，它们之间相互联系、相互制约、灵活结合，构成完整的性格系统。同时，人的性格还因受环境的塑造作用，从而呈现各种发展趋势。

（三）性格的类型

心理学家们试图按一定的标准和原则对性格进行分类，但迄今还没有一个公认的观点。下面简要介绍几种常见的有代表性的分类观点。

1. 按个体心理机能来划分

以个体心理机能为划分标准，可将性格分为理智型、情感型和意志型。这是英国心理学家培因（A. Bain）和法国心理学家李波特（T. A. Ribot）提出的分类观点。他们认为，依据智力、情绪和意志这三种心理机能在具体人身上何者占优势，可将性格划分为理智型、情绪型和意志型。理智型的人常以理智衡量一切，并支配自己的行为，做事常三思而后行，很少受情绪影响；情绪型的人不善于思考，行为易受情绪左右，常感情用事；意志型的人行动目标明确，富有主动性和自制力，行为不易受外界因素干扰。在现实生活中，少数人是这三种典型类型的代表，大多数人都属于中间类型。

2. 按心理活动的倾向性来划分

以心理活动的倾向性为划分标准，可将性格分为内倾型和外倾型。这是一种最有影响力、最著名的观点，起初是由瑞士心理学家荣格（C. G. Jung）提出来的。按照个人心理活动倾向于内心世界还是倾向于外部世界，可把性格分为内倾型和外倾型。外倾型的人活泼开朗，情感外露，热情大方，不拘小节，善于交际，独立性强，领导能力强，易适应环境的变化，不介意别人的评价，有时易轻率、散漫、感情用事；内倾型的人深沉稳重，办事谨慎，三思而后行，不善于交往，反应缓慢，较难适应环境的变化，很注重别人的评价，有时显得拘谨、冷漠和孤僻。在现实生活中，大多数人属于中间型。

3. 按个体的价值观来划分

以个体的价值观为划分标准，可将性格分为理论型、经济型、权力型、社会型、审美型和宗教型等六种。这是德国心理学家斯普兰格（E. Spranger）提出来的。他认为人类的社会生活有六个基本领域：理论、经济、权力、社会、审美和宗教。依据每个人对这六个基本领域中某一个领域所产生的特殊的价值观，把性格分为与之相对应的六种类型。理论型的人以追求真理为生活目的，常根据自己的知识体系来评判事物的价值，重视理论，但在现实问题面前却无能为力。经济型的人以获取财物和追求利润为生活目的，以经济观念为中心，根据实际功利评价事物价值。权力型的人以获得权力为生活目的，有较强的权力意识和支配欲，他自己的所作所为总是由自己决定。社会型的人以重视他人、造福社会为生活目的，有很强的奉献精神，以爱他人为人生的最高目标。审美型的人以追求美和实现美为最高目标，总是从美的角度评价事物的价值，不太关心实际生活。宗教型的人以爱人、爱物为生活目的，把宗教信仰作为最高价值，富有同情心，以慈善为怀，坚信有永恒的生命。现实生活中，大多数人都不是单纯的某一类型，往往主要侧重一种类型，但同时又兼有其他类型的某些特征，属于中间型或混合型。

4. 按个体独立性程度来划分

以个体独立性程度为划分标准，可将性格分为独立型和顺从型。这种观点源于美国心理学家威特金（H. A. WitKin）的理论。独立型的人具有坚定的个人信念，善于独立思考，自信心强，不易受暗示和干扰，喜欢将自己的意见强加于人。顺从型的人遇事缺乏主见，易受暗示和干扰，不加分析地执行一切指示，屈服于他人的权势，不能适应紧急情况。

健康性格的基本特点

（1）性格结构中的各个方面，例如对他人、社会、自己的态度和看法，意志的坚定，情绪的稳定和调节机能等方面，都得到和谐、充分的发展。

（2）有较广泛的爱好，活动范围宽广，积极投入生活之中。

（3）心理上有安全感，自我认可，能忍受生活的冲突和挫折，经得起不幸的遭遇，对自我有积极的看法。

（4）能有效地适应变化着的社会生活环境和个体身心发展。

（5）性格能对身心健康、潜能发挥以及社会生活的诸多方面产生积极有效的影响。

（6）体现人性与社会性的协调发展，在不违背集体、社会规范的前提下，使个体的个性和潜力做最大限度的发挥。

（7）充分了解自己，对自己的能力、性格有客观的评价，正确看待和理解现实的自我与理想的自我的差别。

（8）有一致的人生哲学和一致的生活志向，为一种生活目的而生活。

三、能力是个性心理差异的结晶

（一）什么是能力

1. 能力的定义

能力是人成功地完成某种活动所必备的直接影响活动效率的个性心理特征。现代心理学上所指的能力，含有两种意义：一种是指个人已经具备并在行为上表现出来的实际能力，又称之为成就；另一种是个人将来可能发展并表现的潜在能力。潜在能力是实际能力形成的基础和条件，实际能力是潜在能力的展现，二者有着密切联系。

能力和活动是紧密联系的。个体的能力是在活动中形成、发展起来的，并在活动中得以表现。因此，只有在分析特定的实际活动的基础上，才能揭示一个人的能力；人与人之间能力的高低、强弱，也只有在活动中才能加以比较。同时，能力是保证活动得以顺利完成的基本条件，是影响活动效率的基本因素。不过，并非个体在活动中表现出来的所有心理特征都是能力。只有直接影响活动效率、完成活动最必需的心理特征才是能力。

2. 智力与能力

智力问题是心理学中备受重视的问题。但对于什么是智力，至今还没有比较一致的看法。目前国内心理学者倾向于认为：智力是保证人们有效地进行认识活动的那些稳定的心理特点的有机结合。智力和能力的关系问题，历来也是众说纷纭。西方心理学家倾向于把智力看作是一个总概念，能力包括在内，把智力理解为各种能力的综合。苏联心理学家倾向于把能力看作是一个总概念，智力包括在内。而我国学者则认为智力与能力是两个相对独立而又密切联系的概念，主张从“区别”与“联系”的统一中考察智力和能力的关系。智力与能力的明显区别在于：①智力属于认识活动的范畴，是保证人们有效地进行认识活动的稳定心理特点的综合；能力属于实际活动的范畴，是保证人们成功地进行实际活动的稳定的心理特点的综合。二者的发展并非完全一致。②智力和能力的构成因素及其结构各不相同。③智力解决知与不知、懂与不懂的问题，与知识相联系，能力则解决会与不会、能与不能的问题，与技能相联系。④智力受先天因素的影响大，能力更多的是受后天因素的影响。但智力与能力又是密切联系、不可分割的。二者彼此渗透，互为条件。进一步地讲，智力是能力的基础，能力是智力的现实表现。

3. 能力与知识技能

为了正确地理解能力概念，有必要弄清能力与知识技能的关系。能力与知识技能既有区别又有联系。

（1）能力与知识技能有区别，不能等同

首先，能力与知识技能属于不同范畴。能力是完成活动必备的个性心理特征，是心理活动的可能性；知识是个体与环境相互作用而获得的信息，是信息在人脑中的储存；技能是个体通过练习而获得的动作方式。例如，解答算术题时，所应用的公式、定理、定义等属于知识范畴；而解题过程中思维的敏捷性、记忆的准确性等属于能力范畴；解题的基本思路和方式方法等属于技能的范畴。其次，能力的发展与知识技能的掌握并不同步。具有同等知识技能的人，却不一定具有同等的能力；有相同能力的人，知识技能也可能有差异。能力的发展比较慢，而知识技能的获得速度较快。在人的一生中，知识可随年龄的增长不断积累、增多，而能力则随年龄的增长呈现出发展、停滞、衰退的变化过程。

（2）能力与知识技能是密切联系的

一方面，能力是在掌握知识技能的过程中形成发展起来的。俗话说："无知必然无能"。任何能力的发展都要以知识技能为基础，缺乏必要的知识技能是发展能力的障碍。实践也证明，组织得当、方法合理的教学，不仅能让学生获得知识技能，同时也发展着学生的能力。另一方面，能力是掌握知识技能的前提和内在条件。人的能力发展水平直接制约着掌握知识技能的难易、快慢、深浅和巩固程度。同一个班的学生对老师所讲知识的领会、理解程度的差异，很大程度上与个体能力差异状况有关。

4. 能力结构理论

能力结构理论是心理学家对能力的构成要素所做的系统性、理论性的解释。能力结构有多种，下面是几种影响较大的理论。

（1）斯皮尔曼的二因素论

二因素论是英国心理学家斯皮尔曼（C. E. Spearman）运用因素分析法对能力结构进行探讨，并于 1904 年提出的能力结构理论。他认为人的能力包括两种因素：普通因素（简称 G 因素）和特殊因素（简称 S 因素）。普通因素代表个人的基本能力，是一切智力活动的基础，显示个人能力的高低。特殊因素代表个人的特殊能力，是个人完成各种特殊活动所必须具备的能力。人要成功地完成任何一项作业都需要普通因素和特殊因素的共同参与。能力结构中最重要和第一位的因素是普通因素。这一理论简单明确，为智力测验提供了理论依据。

（2）加德纳的多元智力理论

多元智力理论是由美国心理学家加德纳（Gardner）提出的。他认为，智力的内涵是多元的，由七种相对独立的智力成分构成。这七种成分为：①言语智力，包括阅读、写文章或小说以及日常会话的能力；②逻辑—数学智力，包括数学运算与逻辑思考的能力；

③空间智力，包括认识环境、辨别方向的能力；④音乐智力，包括对声音的辨别与韵律表达的能力；⑤身体运动智力，包括支配肢体完成精密作业的能力；⑥社交智力，包括与人交往且能和睦相处的能力；⑦自知智力，包括认识自己并选择自己生活方向的能力。每种智力都是一个单独的功能系统，这些系统相互作用，产生外显的智力行为。

（3）吉尔福特的智力三维结构理论

美国心理学家吉尔福特（J. P. Guilford）于 20 世纪 60 年代提出了智力结构的理论。这一理论是把一般智力活动所共有的操作方式、操作内容和操作的产品作为智力的三个维量，并把这三个维量作为长、宽、高构成一个智力的三维立体结构模型。在这个模型中，操作方式又包括认知、记忆、发散思维、辐合思维、评价五种；操作内容包括图形、符号、语义、行为四种；操作的产品包括单元、类别、关系、系统、转换、含蓄六种。三个维量可以组合为 120 种能力因素。吉尔福特根据这种智力结构的模型去寻找每一种能力因素，并声称已经找到了 100 多种。

（二）能力的种类

（1）按适用范围，可将能力分为一般能力和特殊能力。一般能力是个体完成多种活动所必备的基本能力，如观察力、记忆力、思维能力、注意力、想象力等。一般能力的适用范围广，符合多种活动要求，是工作、学习、生活、创造发明等活动顺利完成的不可缺少的最基本能力。一般能力和认识活动有密切联系，能保证人们容易和有效地掌握知识。在心理学著作中，一般能力往往指的是智力。智力是各种一般能力的综合体。特殊能力又称专门能力，指个体完成某种专门活动所必备的能力，如数学能力、音乐能力、教育能力等。它只在特殊活动领域内发挥作用，是完成有关活动必不可少的能力。人要顺利地完成某项活动，既要具备一般能力，也要依靠特殊能力。一般能力和特殊能力是不可分割的统一体，存在有机联系。一般能力的发展能为特殊能力发展创造条件，而特殊能力的发展，也会促进一般能力的提高。但有研究表明，一般能力和特殊能力之间的这种联系也有例外，其突出的例子就是“白痴学者”。

（2）按创造性成分，可把能力分为模仿能力、再造能力和创造能力。模仿能力是指仿效他人的言谈举止而做出与之相似行为的能力；再造能力是遵循现成的模式或程序掌握知识技能的能力；创造能力是指不依据现成的模式或程序，独立地掌握知识和技能，发现新的规律，创造新的方法的能力。

（3）按功能，可将能力分为认知能力、操作能力和社交能力。认知能力是指人脑加工、存储和提取信息的能力，即我们一般所讲的智力，如观察力、记忆力、想象力等。操作能力是指人们操作自己的肢体以完成各项活动的能力，如劳动能力、艺术表演能力、体育运动能力、实验操作能力等。社交能力是在人们的社会交往活动中表现出来的能力，如组织管理能力、言语感染力、判断决策能力、调解纠纷能力、处理意外事故的能力等。

（4）按先天禀赋与社会文化，可将能力分为液体能力和晶体能力。液体能力是指在信息加工和问题解决过程中所表现出来的能力。如对关系的认识，类比、演绎推理能力，形成抽象概念的能力等。它较少地依赖于文化和知识的内容，而取决于个人的禀赋。晶体能力是指获得语言、数学等知识的能力，它取决于后天的学习，与社会文化有密切的关系。

（三）能力发展的个体差异

1. 能力发展的一般趋势

在人的一生中，能力发展的趋势如下。

（1）童年期和少年期是某些能力发展最重要的时期。从三四岁到十二三岁，智力的发展与年龄的增长几乎等速。以后随着年龄的增长，智力的发展成负加速变化，智力发展趋于缓和。

（2）人的智力在 18～25 岁达到顶峰（也有人说 40 岁）。智力的不同成分达到顶峰的时间是不同的。

（3）成年是人生最漫长的时期，也是能力发展最稳定的时期。成年期又是一个工作时期。在 25～40 岁，人们常出现富有创造性的活动。在 40 岁以前智力分数一直呈平缓上升的趋势。

（4）在中年后智商缓慢下降，而另一些研究则发现智商随老年化而变化的幅度很小或没有变化。智商和老年化之间最惊人的联系出现在生命的最后阶段，在去世前 5 年中一些智力能力会出现突降。

（5）能力发展的趋势存在个体差异。能力高的发展快，达到高峰的时间晚；能力低的发展慢，达到高峰的时间早。

2. 能力个体差异

能力个体差异是指个体在成长过程中因受遗传与环境的交互影响，使不同个体之间在身心特征上所显示的彼此不同的现象。

（1）能力个体差异表现在能力发展水平的差异

能力有高低的差异。一般情况下，能力在全人口中的表现为正态分布：两头小，中间大。智力的高度发展叫作智力超常或者天才；智力低于一般人水平的叫智力落后；中间划分出不同的层次。

（2）能力个体差异表现在能力表现早晚的差异

人的能力的充分发挥有早有晚。有些人的能力表现较早，年轻时就显露出卓越的才华。另一种情况是“大器晚成”，智力的充分发展在较晚的年龄才表现出来。这些人在年轻时并未显示出众的能力，但在中年时却表现出惊人的才智。

（3）能力个体差异表现在能力结构的差异

能力有各种各样的成分，它们可以按不同的方式结合起来。由于能力的不同结合，构成了结构上的差异。例如，有人长于想象，有人长于记忆，有人长于思维等。不同能力的结合，使人们之间具有了个别差异。

（4）能力个体差异表现在能力性别差异

男女的性别差异并未表现在一般智力因素上，而是反映在特殊智力因素中。比如在数学能力、语言能力、空间能力上，存在不同程度的性别差异。

第三节　人格发展中的一些问题

一、大学生的人格特点

大学生的人格特征是时代精神与大学生自身心理特点相融合的反映，具体而言，大学生人格表现的特殊性体现在以下几个方面。

（一）开放性

当今大学生学习成长在一个开放的多元化的时代，他们人格的形成显然要受到这种时代环境的影响，这种影响必然会在其人格特征中表现出来。开放本身就是青年学生的特点，他们对人生有很多幻想，追求高远，敢想、敢说、敢做，最少保守思想，最多开拓精神，在开放的环境中，青年学生的创造力、智力得到充分的发挥和发展，视野开阔、思维活跃、求新求异，不墨守成规，不压抑自己，行为开放而不受拘束。开放理念是一种面向未来的富有创造力的优势理念，这种人格特征如果得到恰当引导，它将能够促进社会生产力的发展，对社会做出贡献，促进大学生的全面发展和健康成长。但也必须看到大学生在这种开放的环境中放纵自己的一面，他们试图打破一切常规，不受任何约束，不考虑责任义务而一味放任自己，在行为上追求刺激，不顾后果。应该知道对法律和道德规范的尊重是健康人格的表现。

（二）自主性

进入大学后大学生的人格表现逐步摆脱依赖性，走上了自主发展的道路，大学阶段自我意识不断发展，向往独立自主，这是青年大学生人格发展的特点，他们面对社会现象能独立思考，通过比较、反思之后形成自己的看法，不盲目接受，也不盲目从众，在价值取向上表现出明显的自主倾向，追求在社会中实现自我价值，他们渴望充分发展自己的个性，这是符合青年人心理发展规律的，也是符合时代发展要求的。但也有少数大学生从自主走向了自我中心，只从自己的角度出发，不考虑社会、国家、集体和他人，走入极端个人主义的泥潭，严重影响学业和事业的发展。

（三）现实性

现在的社会讲效率，讲效益，有效率、有效益才能参与市场竞争，所以这种市场发展的形势就向人们提出了求真务实的思想要求，没有求实、实干的精神难以在市场经济条件下生存、发展，这种思想导向促使大学生人格的现实性的形成与发展，很多高职大学生面对当今竞争激烈的就业形势，他们异常重视自己专业课的学习，自己专业技能的培养。因此，青年学生的这种倾向必须给予积极的引导，引导他们脚踏实地地学习、工作，追求事业的发展，防止少数大学生从务实转向唯实，走向利益至上的误区。

二、大学生的人格发展缺陷与调适

人格发展缺陷是处于正常人格与人格障碍之间的一种人格状态，也可以说是一种轻度的人格障碍，是一种人格发展的不良倾向。大学阶段是人格发展的重要阶段，由于各种因素的影响，大学生人格发展存在着不可忽视的问题，在一些大学生身上不同程度地存在人格缺陷，如果这些人格缺陷不能得到改善，很容易出现重度人格障碍，必将严重影响到大学生的身心健康和未来的发展。因此，了解大学生存在的不良人格特征，明确其成因及表现形式，运用科学的方法将其克服，有助于大学生形成健康的人格。

（一）懒散

懒散是一种闲散、慵懒、拖拉、松垮的精神状态，主要表现是：缺少年轻人应有的活力，什么也不想做，什么也不爱做，学习无法集中精力，对什么都不感兴趣，都提不起精神，心情不好，犹豫不决，顾此失彼，随波逐流，没有计划，得过且过，经常给自己的行为找借口，其实明知自己的做法不对。处于懒散状态的大学生也常常为此感到后悔、内疚、自责，虽下决心改正，但不能自拔，对自己没有信心，感到未来没有希望。大学校园里流传这样的打油诗：人生本该 Happy，何必整天 Study，只要考试 Pass，拿到文凭 Go away。年轻大学生处于这样一种状态中是非常可怕的现象，它消磨人的意志，侵蚀人的健康。克服懒散的办法是要从小事做起，循序渐进，自我监控，学习管理时间，学会科学规划自己的学业，合理地管理自己的生活，制订计划，帮助自己走出懒散的状态，重新找回年轻人的活力。

（二）无聊

无聊是一种找不到自我存在的意义与人生价值的精神状态，主要表现是空虚、幻想、被动，他们的生活和学习没有方向，没有目标，缺少对生命价值的深刻认识，茫茫然混日子，对自己未来的目标定位不准或是目标太多，总有很多不切实际的空想。他们学习中缺乏主动性，为了学习而学习，为了考试而考试，因为学习出色，成绩优异不是自己内心最向往的目标，自己在内心深处并不认同，这种无聊的状态具有弥散性特点，容易在群体中蔓延，互相影响，对大学生的成长十分有害。克服无聊心理的根本方法是确立恰当的人生目标，在恰当的人生目标的指引下，逐步实现自己的人生价值。

（三）自我中心

自我中心型的人往往以自我为核心，想问题、做事情从自我的角度出发，不能从整体和大局出发，客观地思考表现为一切以自己的利益为出发点，目中无人，自私自利，总认为自己对，不允许别人批评，这种人格特征往往出现在那些自尊心、自信心、优越感、独立性很强的学生身上，他们见好就上，见困难就躲，有错误就推，所以常不能赢得别人的好感和信任，人际关系紧张。克服自我为中心的方法首先要正确地估计自己，既不夜郎自大过高估计自己，也不妄自菲薄将自己看得一无是处；其次要树立正确的人生观、价值观，正确认识个人利益与集体利益、他人利益、国家利益的关系；最后要学会尊重他人和换位思考，将心比心，尊重他人才会获得别人的尊重与理解。

（四）自卑

自卑是对自己否定、鄙视、不满的一种心理状态，常表现为怀疑自己、否定自己，在困难面前缺乏信心和勇气，进入大学后，他们有一种山外有山的感觉，当意识到自己在文体、社交、学习等方面的不足时就会陷入怀疑自己的泥潭中，进而否定自己，产生自卑心理。因此，自卑往往是自尊心受挫的结果，没有自尊心也就不会有自卑感，过强的自卑感往往又以极度的自尊心表现出来，所以有些大学生非常敏感脆弱，经不起批评。心灵上的阴影往往是因为自己遮住了阳光，走出自卑的阴影对大学生的身心健康非常重要，首先要正确认识自己，悦纳自己，要相信尺有所短，寸有所长；其次要学会理性地比较，寻找适合自己的评价标准很重要，要多看到自己的长处，自己的进步，多进行自身的纵向比较，多鼓励自己，自卑感就会悄然而退。

（五）虚荣

虚荣是指过分地看重荣誉、他人的赞美，自以为是。应该说虚荣心普遍地存在于每一位大学生身上，尤其在女生身上表现更为突出。虚荣心往往与自尊心、自卑感紧密地联系在一起，虚荣心是自尊心和自卑感的混合物。虚荣心强的大学生多数人性格内向，感情脆弱，多愁善感，敏感自尊，虽然有些自卑，又害怕别人伤害自己的尊严，过分地在意别人的评价与批评，与人交往时有一种防卫意识，担心别人侵犯自己，喜欢抬高自己。克服虚荣心，首先要对虚荣的危害有清醒明确的认识，有勇气改变自己；其次要正确认识自己的优势和不足，正确对待名利，正确对待个人得失；最后要树立信心，正确表现自己，不卑不亢。走出虚荣的误区，人会活得真实而快乐。

（六）狭隘

受功利主义的影响，大学生中狭隘的现象比较普遍，主要表现：凡事斤斤计较、耿耿于怀，心胸狭窄，好嫉妒、好挑剔，不容人。心胸狭隘一方面影响人际关系，伤害他人的感情；另一方面也给自己带来无尽的烦恼、苦闷，影响自己的情绪。这种狭隘的人格多出现在性格比较内向的女生身上，不是与生俱来的，是后天习得的。所以，克服狭隘人格一要胸怀坦荡，视野开阔；二要学会宽容他人，正确面对生活中出现的矛盾。克服了狭隘的人格，一切海阔天空。

三、大学生的人格障碍

人格障碍也称病态人格，是心理和行为偏离正常轨道的人格。在大学生中有人格缺陷和人格障碍的人为数不少，如不能及时调整和改善，将会严重影响到他们今后的生活。

（一）人格障碍的一般特征

人格障碍的一般特征主要表现为几个方面：一是心态紊乱不定、难以与人相处，无论是在家庭中还是工作中都处理不好人际关系，如偏执、自恋、冲动等；二是把自己遇到的一切困难和失败向外归因，都归于别人的错误，从不反省自己的缺点和错误，对自己的错误无所察觉，也不改正；三是以自我为中心，认为自己对别人不负任何责任，对不道德的行为没有罪恶感，对别人的伤害表现出无所谓的态度，对自己的一切行为都执意偏袒和辩护，以自己的利益为出发点，不能换位思考体谅别人；四是在任何环境中都表现出猜疑、仇视、偏颇的看法，且不认为自己是病态人格，难以改变；五是缺少自知之明，当自己的行为后果伤害别人的时候，自己却泰然自若，毫无察觉；六是通常情况下智力正常、意识清醒。

（二）大学生常见人格障碍类型

1. 自恋型人格障碍

自恋型人格障碍者的最明显的表现就是嫉妒，他们无法忍受身边人比自己强，常常以自我为中心。这种人格的特点是：自认为无所不能，喜欢被人赞美，听不进反面的话。他们虽然有比较强的工作能力，在人群中有比较好的评价，但是很难与人建立起亲密的关系，他们没有能力与他人产生共同的情绪体验，他们认为“一切事物都离不开自己的情感体验”，常常嫉妒他人并相信他人嫉妒自己，表现出比较高傲自大的态度，以自我为中心，总是期待着别人对他的照顾，从不顾及他人的利益。他们是完全生活在“自己的世界”里的人，他们无法真正理解身边人，自恋型人格障碍患者情绪变化“忽冷忽热”。身边人不太好理解他们的行为，这些都是他们与外在事物没有界限的表现。一般情况下，这类大学生天赋较好，在赞美声中长大，自信心与自尊心都比较强。矫正自恋型人格障碍首先要解除以自我为中心的观念；然后要学会爱别人。生活中最简单的爱的行为便是关心别人，尤其是当别人需要你帮助的时候，只要你在生活中多一份对他人的爱心，你的自恋症便会自然减轻。

2. 分裂型人格障碍

分裂型人格障碍是一种以观念、外貌和行为奇特以及人际关系有明显缺陷，且情感冷淡为主要特点的人格障碍。这类人一般缺乏温情，难以与别人建立深厚的情感关系，孤独、沉默、隐匿，不爱人际交往，不合群。既没有什么朋友，也很少参加社会活动，显得与世隔绝。常做白日梦，沉溺于幻想之中。这类人对人少的工作环境尚可适应，但人数较多的单位和环境以及需要交际的工作就很难适应了。分裂型人格障碍者中有一部分容易发展成为精神分裂症，因此，对这类人格障碍要及时治疗。

3. 偏执型人格障碍

偏执型人格障碍是一种表现为猜疑和偏执的人格障碍。这种人非常多疑、敏感，时常怀疑别人不怀好意，或责难别人有不良动机。他们往往对自己的估计很高，固执己见，缺乏自知之明，嫉妒心十足。他们常感孤独、忧郁、烦闷、死板，有不安全感，报复心强，且经常处于一种精神和情绪的紧张状态之中。这种人格障碍如果治疗不及时，任病情发展下去，患偏执型精神病的可能性很大。对偏执型人格障碍的治疗往往是心理治疗与药物治疗相结合才有所效果。心理治疗过程中常采用认知心理治疗方法，即帮助病人认识多疑固执性格的共同表现，它对工作、人际关系和社会适应能力所带来的危害，及它对人际关系和社会适应能力所带来的不良影响，使病人能认识到自己存在心理缺陷，并帮助他们认识到人的个性是可以改变的，鼓励病人改变自己的性格。

4. 回避型人格障碍

回避型人格障碍也被称为逃避型人格障碍，表现为行为退缩、心理自卑，面对挑战多采取回避态度或没有能力应对。有回避型人格障碍的人被批评指责后，常常感到自尊心受到了伤害而陷于痛苦，且很难从痛苦中解脱出来。他们害怕参加社交活动，担心自己的言行不当而被人讥笑讽刺，极度自尊又极度自卑，因而，即使参加集体活动，也多是躲在一旁沉默寡言。在处理很平常的问题时，他们往往也表现得瞻前顾后，左思右想，常常是等到下定决心，却错过了解决问题的时机。在日常生活中，他们多安分守己，从不做那些冒险的事情，除了每天按部就班地工作、生活和学习外，很少去参加社交活动，因为他们觉得自己的精力不足。这些人在单位一般都被领导视为积极肯干、工作认真的好职员，因此，经常得到领导和同事的称赞。可是当领导委以重任时，他们却都想方设法推辞，从不接受过多的社会工作。事实上，渴望一种有意义的孤独与暂时性的回避人并不是一种病态，相反，真正具有回避型人格障碍的人并不敢深入自己心灵的内部去，他们的回避带有强迫性、盲目性和非理智性等特点。

5. 反社会型人格障碍

反社会型人格障碍是以行为不符合社会规范为主要特征的一种人格障碍，这类人情绪不稳定，以自我为中心，常为一时的冲动所左右，从不顾及别人的感受，经常发生违反纪律的行为和进行不正当的活动，如经常逃学，反复说谎，多次参与破坏公共财物活动，虐待动物或弱小同伴，过早有性活动，不能持久地工作和学习，爱冲动并有攻击行为，经常不承担责任和义务，生活没有明确的目标，缺少同情心，冷漠，等等。这种人格障碍男生多见于女生，具有这种人格特征的人极易走上犯罪道路。

6. 强迫型人格障碍

强迫型人格障碍是以要求严格和追求完美为主要特点的一种人格障碍。这类人过分认真，过分注意细节，责任心过强，为自己建立严格的标准，在思想上呆板、保守；在行动上拘谨、小心翼翼。自我怀疑，担心达不到要求而使神经常处于焦虑和紧张之中，得不到松弛。过分地注重工作，怕犯错误，遇事优柔寡断，难以做出决定。如每次下楼后都觉得自己没有锁好门，反复多次。对强迫型人格障碍者的治疗，一般采用心理治疗与药物治疗相结合的方法，其中心理治疗方法有行为疗法或森田疗法。

7. 依赖型人格障碍

依赖型人格障碍的主要特点是缺乏独立意识，做事没有主见，对自己不自信，总想依赖他人的帮助，或求助于他人，在没人帮助时往往六神无主，不知所措，不愿意离开家，无论是在工作中还是在生活中不敢做决定，判断力较差，有这种人格障碍的大学生适应大学里的独立生活很困难。

8. 冲动型人格障碍

冲动型人格障碍也被称为暴发型或攻击型人格障碍，由于发作过程中有突发性，类似癫痫，故它又叫癫痫型人格障碍。经常表现为因微小的事件和精神刺激，就会突然爆发激烈的暴力行为，自己控制不住自己，从而造成破坏和伤害他人的恶劣后果。在大学生这个群体中具有冲动型人格障碍的人是较多的，且男生多于女生。

9. 癔病型人格障碍

癔病型人格障碍也称表演型人格障碍，主要特点是好表现，喜欢引人注目，情绪不稳定，表情夸张，情感体验较浅，暗示性高，容易受别人的影响，以自我为中心，经常渴望表扬和同情，感情易波动，往往由细微刺激引起爆发性情绪，反应过强，比较关心自己是否引人注目，说话夸大其词。

人格障碍患者对周围环境可带来不良的影响，特别是反社会型人格障碍者易发生违法违纪，甚至是犯罪行为。据监狱和少教所的调查资料显示，青少年和成年人罪犯中，反社会型人格障碍者占半数左右。人格障碍的治疗是有一定困难的，他们通常不认为自己的行为是一种病态反应，较少主动求医，而且目前的治疗仅可改善一时性的发作，并不能从根本上解决问题，所以，人格障碍的预防应从儿童开始。父母的爱护、悉心照料和正确教养以及良好的环境，可减少人格障碍的发生。

四、健全人格的培养

（一）健全人格的含义

健全人格是人格心理学研究的重要内容，它是从人的心理状态、精神面貌的角度探讨人对自身、对周围生活环境的良好适应和有效改造。健全人格就是心理健康的完满状态，是各种良好人格特征在个体身上的集中体现。国内外学者对健全人格的标准都做过深入的研究和论述，认为对大学生这个群体来说，健全的人格包括以下几个方面的内容：一是自尊独立。生活态度积极向上，乐观开朗，能正确认识自己与他人的关系，有正确的人生观和价值观，能理智地分析和面对自己在生活、学习、工作中出现的困难，并能独立解决问题。二是悦纳自我。人格健全的人能够积极地开放自己，正确看待自己的优势和不足，能坦率真诚地接纳自己，对生活抱着乐观向上的态度。三是人际和谐。人格健全的人能够尊重自己也能尊重他人，心胸开阔，宽容他人，与人交往表现出合适的态度，能使自己的行为与群体保持协调一致，得到认可和接受。四是能发挥潜能。人格健全的人能充分发挥自身的创造力，创造性地生活，感受生命的意义并选择有意义的生活。

（二）健全人格的培养方法

（1）正确认识自我，形成悦纳自我的态度。人格的核心是自我意识。正确认识自我是塑造健康人格的第一步。心理学家罗杰斯指出，自我的协调是心理健康的关键。凡是对自己的认识和评价与本人的实际情况越接近，他的社会适应能力就越强。反之，过于自卑，自我评价过低或自我过于夸大、对自己评价过高的人，常会感到紧张焦虑，从而导致心理问题产生。所以，大学生应该充分了解自己，全面认识和评价自己，要充满自信，不苛求自己，不追求十全十美，不为自己存在的缺点和不足而懊恼，乐观自信，为自己的发展确定切实可行的目标，制订可操作的计划并努力达成。因此，客观地评价自己，认识自己，对促进心理健康至关重要。正确认识自我，可以在与别人的比较中，从别人对自己的态度中观察、发现，正确认识真实的自我。

（2）坚持实践磨砺，提高挫折承受能力。人格发展离不开实践，无论是能力的形成，意志的磨炼，还是性格的塑造都是在实践的过程中完成的。比如，踏实、认真、细致、勤奋的人格特征都是在学习、工作中长期实践锻炼形成的结果。所以，大学生要积极参加各种实践活动。如参加青年志愿者活动，在这些实践活动中锻炼自己，提高自己。对于在大学生活中遇到的困难和失败，应该正视，并从长远的角度认识，不被眼前的困难所吓倒。对挫折有充分的心理准备，就能够在挫折面前不沮丧，不自责，保持心理平衡。培养挫折承受能力，就应该努力提高自己的思想境界，冷静面对，正确分析原因，从长远考虑，从全局出发，建立良好的人际关系，获得更多的社会支持。

（3）注重内化提高，加强自我修养。形成健全的人格是要把外在的要求转化为自觉的行为习惯。这种转化是一个过程，最关键的是要通过自我修养才能达到。自我修养是一种自我教育过程。首先，要自我激励，注意真实地表现自我，自觉地强化自我，做积极的自我暗示，不断地激励自己，形成自信、自尊的人格特征。其次，要学会自我控制，当出现紧张、焦虑、畏惧等消极的心理状态时，要努力消除、克服，保持积极向上的乐观心态。最后，要经常做自我反省，发现自己出现消极心态时，要反省自己的错误和不足，培养训练自己的自觉性，树立良好的理想信念，勇于抛弃不良的人格特征，不断积累，然后逐渐形成健全的人格。

（4）融入集体生活，强化人际交往。人格特征往往是在行为中表现出来的。人格是否健全也只有在与人交往中才能体现出来。因此，发展良好的人际关系对塑造健全的人格至关重要。建立良好的人际关系，要尊重社会习俗，关心他人的需要，多与他人沟通，保持自尊和独立。集体是个人成长的土壤。所以，大学生要将自己融入集体生活中。积极参加集体活动，在集体中与人交往，自己的人格品质或受表扬、鼓励，或受排斥、压制，这都有利于自己做出有针对性的调整。只有在与他人的交往和比较中才能正确认识自己，既看到自己的优势，又能了解自己的不足，培养自己健全的人格。

资料窗

大学生人格障碍的自我矫正方法

人格障碍的矫正虽然有一定的难度，但也不是什么“不治之症”。在临床实践中发现，有相当一部分人格障碍者，在精神科医生和心理学家的指导下，通过自身的努力，在可能的限度内，人格障碍的矫正取得了令人满意的效果。下面简要介绍几种人格障碍自我矫正的方法。

1. 反向观念法

人格障碍者大多伴随有认识歪曲现象，反向观念法是改造认识歪曲的一种有效方法。反向观念法是指自己主动与自己原有的不良自我观念唱反调，原来是以自我为中心，现在则应逐渐放弃自我中心，学习设身处地为他人着想；原来爱走极端，现在则学习多方位考虑问题，来点中庸；原来喜欢超规则化，现在则应偶尔放松一下，学习无规则地自由行事。采用反向观念法克服缺点的要点是：先对自己的错误观念进行分析，然后提出相反的改进意见，在生活中努力按新观念办事。这种自我分析可以定期进行，几天一次或一星期一次，也可以在心情不好或遭挫折之时进行。认识上的错误往往被内化成无意识的，通过上述自我分析，就可把无意识的东西上升到有意识的自觉层次，这有助于发现和改进自己的不良人格状态。

2. 习惯纠正法

人格障碍者的许多行为已成为一种习惯，破除这些不良的习惯有利于人格障碍的矫正。实施这种方法有三个要点，以依赖型人格为例，一是清查自己的行为有哪些事是习惯地依赖别人去做，有哪些事是自己做决定的，你可以每天做记录，记录一个星期。二是将自主意识很强的事归纳在一起，如果做了，则当作一件值得庆贺的事，以后遇到同类情况应坚持做。如果没做，以后遇到同类情况则应要求自己去做。而对自我意识差、没有按自己意愿完成的事，自己提出改进的想法，并在以后的行动中逐步实施。例如，在制订某项计划时，你听从了朋友的意见，但你对这些意见并不欣赏，便应把自己不欣赏的理由说出来，这样，在计划中便渗透了你自己的意见，随着你的意见的增多，你便能从依赖别人的意见逐步转为完全自主决定。三是找一个你信赖的人做监督者，并与监督者订立双边协议，当你有良好表现时，予以奖励，当你违约时，予以惩罚。

3. 行为禁止法

对于人格障碍者的许多不良行为，可以采取该法。例如，一个偏执型人格障碍的人当对一件事忍无可忍而将要发作时，可自己默念如下的话："我必须克制住自己的反击行为，我至少要忍十分钟。我的反击行为是过分的，在这十分钟内，让我当即分析一下有什么非理性观念在作怪。"采取这种方法后，不久你就会发现，每次你认为怒不可遏的事，只要忍上几分钟，用理性观念加以分析，怒气便会随之消减。不少你认定极具威胁的事，在忍耐了几分钟后，你会发现灾难并未降临，不过是自己的一种无谓担忧罢了。

4. 情绪调整法

人格障碍者多伴有情绪障碍。例如，戏剧型人格的人情绪表达太过分，旁人无法接受。采用此法首先要做到的便是向你的亲朋好友做一番调查，听听他们对你的看法。对他人提出的看法，你应持采取接受的态度，千万不要反驳，然后你扪心自问一下，上述情绪表现哪些是有意识的，哪些是无意识的；哪些是别人喜欢的，哪些是别人讨厌的。对别人讨厌的坚决予以改进，对别人喜欢的则在表现强度上力求适中。对无意识的表现，你将其写下来，放在醒目处，不时地自我提醒。此外，请你的好友在关键时刻提醒一下，或在事后对自己的表现做一评价，然后从中体会自己的情绪表达的过火之处。这样坚持下去，你的情绪表达就会越来越得体和自然了。

课外拓展

一、拓展训练

（一）价值拍卖

1. 活动目的

（1）激发学生思考自己的价值观，学会抓住机会，不轻易放弃。

（2）帮助学生体验和澄清自己的人生态度。

2. 活动时间

大约需要 25 分钟。

3. 活动道具

足够的道具钱、不同颜色的硬纸板、拍卖槌。

4. 活动场地

室内。

5. 活动程序

（1）事前准备

将拍卖的东西事先写在硬纸板（最好是不同的颜色）上，以增加拍卖的趣味性及方便拍卖进行。

（2）宣布游戏规则

每个学生手中有 5000 元（道具钱），它代表了一个人一生的时间和精力。每个人可以根据自己对人生的理解随意竞买下面列出的东西。每样东西都有底价，每次出价都以 500 元为单位，价高者得到东西，有出价 5000 元的，立即成交。

爱情 500	金钱 1000
友情 500	欢乐 500
健康 1000	长命百岁 500
美貌 500	豪宅名车 500
礼貌 1000	每天都能吃美食 500
名望 500	良心 1000
自由 500	孝心 1000
爱心 500	诚信 1000

权力 1000　　　　　　　　智慧 1000

拥有自己的图书馆 1000　　名牌大学录取通知书 500

聪明 1000　　　　　　　　冒险精神 1000

（3）举行拍卖会

由主持人或学生主持拍卖。

按游戏方式进行，直到所有的东西都拍卖完为止，然后请学生认真考虑买回来的东西。

（4）讨论交流

你是否后悔你买到的东西？为什么？

在拍卖的过程中，你的心情如何？

有没有同学什么都没有买？为什么不买？

你是否后悔自己刚才争取的东西太少？

争取过来的东西是否是你最想要的？

钱是否一定会带来快乐？

有没有一种东西比金钱更重要或比金钱带来更大的满足感呢？

你是否甘愿为了金钱、名望而放弃一切呢？有没有除了比上面所说的这些更值得追寻的东西呢？

6. 注意事项

（1）拍卖过程中，要注意纪律不能太乱，否则活动就成为乱哄哄的滑稽表演。

（2）有的同学可能会重复使用自己手中的代币券，主持人应注意提醒这些学生购买所付出的钱不能超过 5000 元。

（二）“我要”

1. 活动目的

（1）让学生体验自己是否有把握机会的意识和表达的愿望。

（2）理解“机会面前人人平等”，使学生学会把握机遇，不留遗憾。

2. 活动时间

大约需要 20 分钟。

3. 活动道具

事先准备一份精美的礼物。

4. 活动场地

以室内为宜。

5. 活动程序

（1）全班同学围坐一大圈，主持人出示精美礼物，适度地描述与诱导。提问：谁想得到这份礼物？

（2）想得到礼物的人举手，主持人从举手的人中选取 6 位入围者。

（3）6 位入围者走到圈中央，面对主持人一排坐好，在 6 位入围者中自愿产生 1 名裁判。

（4）裁判产生后，主持人把权力交给他，5 位入围者分别向裁判陈述自己希望获得礼物的理由，最后由裁判决定礼物归谁所有。

（5）礼物送出后，主持人请裁判、礼物获得者和 4 位入围者谈谈自己的感受。

6. 注意事项

（1）如果第一轮举手想获得礼物的人很多，主持人要注意考验他们，明确人人都有机会，但不是人人都有结果，对举手者可以试问：你对争取礼物真有勇气？你对获得礼物真有信心？你有信心就请向前走一步。假如向前走一步的人还是很多，继续考验，再做选拔，直到只剩 6～7 位。

（2）1 名裁判听取 5 名入围者的陈述后，可以追加提问，如："你认为这礼物具体是什么东西？""你得到了礼物准备如何处理？""假如得不到礼物你的态度会怎样？"等。

（3）礼物一定要包装得精美诱人，有人见人爱的效果，而且最好是能够便于集体分享的礼品，如巧克力，并且数量除了一人一粒外最好有多余。这样礼物获得者就有可能做集体分享，使全场的气氛达到高潮。

（4）假如出现 6 位入围者都不愿意做裁判的情况，主持人可以在场外邀请一位裁判。

二、心理测试

气质类型测验

下面 60 道题可以帮助你大致确定自己的气质类型。在回答这些问题时，你认为很符合自己的情况，记+2 分；比较符合自己的情况，记+1 分；介于符合与不符合之间，记 0 分；比较不符合自己的情况，记−1 分；完全不符合自己的情况，记−2 分。

1. 做事力求稳妥，一般不做无把握的事。
2. 遇到可气的事就怒不可遏，想把心里话全都说出来才痛快。
3. 宁可一个人干事，也不愿意很多人在一起。
4. 到一个新环境很快就能适应。
5. 厌恶那些强烈的刺激，如尖叫噪音、危险镜头等。
6. 和人争吵时，总是先发制人，喜欢挑衅。
7. 喜欢安静的环境。
8. 善于和人交往。
9. 羡慕那种善于克制自己感情的人。
10. 生活有规律，很少违反作息制度。
11. 在多数情况下情绪是乐观的。
12. 碰到陌生人觉得拘束。
13. 遇到令人气愤的事，能很好地自我克制。
14. 做事总是有很旺盛的精力。
15. 遇到问题总是举棋不定、优柔寡断。

16. 在人群中从不觉得过分拘束。
17. 情绪高昂时，觉得干什么都有趣；反之，又觉得什么都没有意思。
18. 当注意力集中于一事物时，别的事很难使自己分心。
19. 理解问题总比别人快。
20. 碰到危险情景，常有一种极度恐怖感。
21. 对学习、工作、事业怀有很高的热情。
22. 能够长时间做枯燥、单调的工作。
23. 符合兴趣的事情，干起来劲头十足，否则就不想干。
24. 一点小事就能引起情绪波动。
25. 讨厌做那种需要耐心细致的工作。
26. 与人交往不卑不亢。
27. 喜欢参加热烈的活动。
28. 喜爱感情细腻、描写人物内心活动的文学作品。
29. 工作、学习时间长了，常感到厌倦。
30. 不喜欢长时间谈论一个问题，愿意实际动手干。
31. 宁愿侃侃而谈，不愿窃窃私语。
32. 别人总是说我闷闷不乐。
33. 理解问题常比别人慢些。
34. 疲倦时只要短暂的休息就能精神抖擞地重新投入工作。
35. 心里话宁愿自己想，不愿说出来。
36. 认准一个目标，就希望尽快实现，不达目的誓不罢休。
37. 学习、工作同样一段时间后，常比别人更疲倦。
38. 做事有些莽撞，常常不考虑后果。
39. 老师讲授新知识时，总希望他讲得慢些，多重复几遍。
40. 能够很快忘记那些不愉快的事情。
41. 做作业或完成一件工作总比别人花时间多。
42. 喜欢运动量大的剧烈体育运动或参加各种文艺活动。
43. 不能很快地把注意力从一件事情转移到另一件事情。
44. 接受一个任务后，就希望把它迅速解决。
45. 认为墨守成规比冒风险好些。
46. 能够同时注意几件事物。
47. 当自己烦闷时别人很难使自己高兴起来。
48. 爱看情节起伏跌宕、激动人心的小说。
49. 对工作抱认真严谨、始终一贯的态度。
50. 和周围人的关系总是相处不好。
51. 喜欢复习学过的知识，重复做熟练的工作。
52. 希望做变化大的、花样多的事。

53. 小时候会背的诗歌，自己似乎比别人记得清楚。

54. 别人说我“出语伤人”，可我并不觉得这样。

55. 在体育活动中，常因反应慢而落后。

56. 反应敏捷，头脑机智。

57. 喜欢有条理而不甚麻烦的工作。

58. 兴奋的事情常使自己失眠。

59. 老师讲新概念，常常听不懂，但是弄懂后很难忘记。

60. 假如工作枯燥无味，马上就会情绪低落。

评价：

将每题得分填入下面相应题号下，计算每种气质类型的总分。

胆汁质：2、6、9、14、17、21、27、31、36、38、42、48、50、54、58

得分：

多血质：4、8、11、16、19、23、25、29、34、40、44、46、52、56、60

得分：

黏液质：1、7、10、13、18、22、26、30、33、39、43、45、49、55、57

得分：

抑郁质：3、5、12、15、20、24、28、32、35、37、41、47、51、53、59

得分：

（1）如果某种气质类型得分明显高出其他 3 种且均高出 4 分以上，可定性为该类型气质。（超 20 分，则为典型类型；得分在 10～20 分，则为一般型）

（2）两种气质类型得分接近，其差异低于 3 分，而且明显高于其他两种 4 分以上，则可定为这两种气质的混合型。

（3）三种气质得分均高于第四种，而且接近，则为三种气质的混合型。

胆汁质：

心理特点：坦率热情、精力旺盛、容易冲动、脾气暴躁、思维敏捷但准确性差、感情外露但持续性时间不长。

典型表现：胆汁质又称不可遏制型或战斗型，具有强烈的兴奋过程和抑制过程，感情易激动，反应迅速，行动敏捷，暴躁而有力。在语言、表情、姿态上都有一种强烈而迅速的情感表现；在克服困难上有坚忍不拔的劲头，而不善于考虑是否做得到；性急，易爆发而不能自制，这种人的工作特点有明显的周期性，埋头于事业，也准备去克服通往目标的重重困难和障碍。但是当精力耗尽时，易失去信心。

代表人物：张飞、李逵、普希金。

多血质：

心理特点：活泼好动，善于交际，思维敏捷，容易接受新鲜事物，情绪情感容易产生也容易变化和消失，容易外露，体验不深刻。

典型表现：多血质又称活泼型，敏捷好动，善于交际，在新的环境里不感到拘束，在工作和学习上富有精力而效率高，表现出机敏的工作能力，善于适应新环境，在集体中精神愉快，朝气蓬勃，对事业心向神往。兴趣广泛，积极主动，但情感易变，如果事业不顺利，热情可能消退。

代表人物：燕青。

黏液质：

心理特点：稳重，考虑问题全面，安静，善于克制自己，忍耐性高，情绪不容易外露，注意力稳定而不容易转移。

典型表现：在生活中是一个坚持而稳健的辛勤工作者，行动缓慢沉着，严格恪守既定的生活秩序和工作制度。态度稳重，交际适度。不容易激动或发脾气，能长时间坚持不懈。不足之处是不够灵活，惰性使其因循守旧，没有创新精神。

代表人物：林冲、关羽。

抑郁质：

心理特点：沉静，对问题感受和体验深刻，持久，情绪不容易表露，反应迟缓但是深刻，准确性高。

典型表现：易动感情，能观察别人不容易观察到的细节，对外部环境变化敏感，内心体验深刻，外表行为非常迟缓，忸怩，怯弱，孤僻，优柔寡断，容易恐惧。

代表人物：林黛玉，张爱玲。

三、推荐阅读

1. 《九型人格》——海伦·帕尔默

九型人格是一种深层次了解人的方法和学问，它按照人们的思维、情绪和行为，将人分为九种：完美主义者、给予者、实干者、悲情浪漫者、观察者、怀疑者、享乐主义者、支配者、调停者。我们每个人都是独一无二的个体。九型人格论所描述的九种人格类型并没有好坏之别，只不过不同类型的人回应世界的方式具有可被辨识的根本差异。世界上五十亿人口中，每个类型大概占了五亿。虽然如此，我们每个人还是很独特的，而且九型人格论也容许我们如此。纵使我们的人格类型是可被辨识的，然而我们的人格——经验、记忆、梦、抱负，以及我们的处理方式——却是自己的。

“九型人格”中的每种人对这个世界的看法都是不一样的，但是通常，我们并不知道别人的看法。我们只是根据自己的看法来判断他人的思想。“九型人格”的教义所强调的，就是要走出自己的固有观念，去感受他人的思想。它帮助你对他人的处境有更多了解，从而设身处地为他人着想。九型人格最卓越之处在于能穿透人们表面的喜怒哀乐，进入人心最隐秘之处，发现人最真实、最根本的需求和渴望。九型人格能够帮助我们洞察人心，用有效的方式对应他人，最终提升我们人生的幸福和成功。

2. 《命好不如性格好》——心屋仁之助

通过本书更全面地认识自我、发现自己，进而改变自己的性格。本书通过对性格的详尽说理和大量案例的支撑，帮助读者认识到性格是可以改变的这一观点，尤其对那些想改变、想有所成就的年轻人给予一定的启示，为将来长远的成功打下基础。本书作者是心理咨询师，书中罗列的案例是有说服性的，通过案例告诉读者性格是真的可以改变的！不可否认当今社会很多人成人却没成心，缺乏成熟健全的心理和性格，性格是时刻需要健全的，本书将帮助你加快这一过程！

四、小故事　大道理

人格的力量

一位老教授昔日培养的三个得意门生事业皆有成：一个在官场上春风得意，一个在商场上捷报频传，一个埋头做学问如今也苦尽甘来，成了学术明星。于是有人问老教授：你以为三人中哪个会更有出息？老教授说：现在还看不出来。人生的较量有三个层次，最低层次是技巧的较量，其次是智慧的较量，他们现在正处于这一层次，而最高层次的较量则是人格的较量。

人间正道是沧桑。过度地追求某些方面的成功（名、利、物）会使人偏离人生的原本方向，因此无法达到最后的成功——成熟。而成熟是要在深入认识自我、分析自我的基础上，针对自己的特点（自己的优势和弱点），重新进行自我设计，并采取积极的行动，这也是完善健康人格所必须做的。具体的途径是：从小事开始做起，对自己的一言一行进行规范，不断自我激励，以积极的心态面对生活，脚踏实地地实践自我；从现在开始做起，抓住现在就是抓住未来，放弃现在就是放弃前途，修身养性。完善人格欲整其行，先整其心。

人生的道路有千万条，命运总会在一个阶段内把我们送到其中的几个路口中间由我们自己选择。无论我们选择哪一条路，都要义无反顾地把自己的言行砖石铺上去，建筑属于我们自己的人生路，而在路的终点处，我们却会殊途同归。不管我们充当过或正在充当什么角色，拥有或正在培养着什么样的能力，其实，最终每个人想得到的都是寻求获得人格系统上的完满、圆满。

擦亮心灵的窗户——大学生的情绪及其管理

导入案例

【她的问题】

“我最近一直很烦躁，总是不能控制自己的情绪。我动不动就和同学、朋友发脾气，无缘无故地不安，不能静下心来做一件事。我真的很烦，情绪上的困扰让我什么事情也做不好，请你帮帮我吧!”

【情景回放】

小红是一个学习成绩比较优异的学生，她出生在一个小康之家，父母都是比较内向的人，他们不善于表达情感，一家人之间很少有沟通，更不必说有情感上的交流和情绪上的安抚。所以小红也多多少少受到了父母在表达感情方式上的影响。上大学之后，她很少给父母打电话报平安、唠家常。别的同学不开心了总会给家里打电话，她却从来没有过。

寝室的同学也都慢慢地进入了恋爱阶段，大多时间和男朋友在一起。而她还是只身一人，看着室友们和男朋友煲电话粥，她更是心生嫉妒，越发郁闷。

平时和同学一起上课时，有人问她什么问题，然后她回答了，如果那个同学没有听清楚要她重复一遍，她就马上表现出不耐烦，并且不愿意回答。该同学要是穷追不舍，她就生气地说：“你怎么这么烦？”

就这样，身边的朋友渐渐离她而去，而她整天闷闷不乐。

【分析点评】

每个人都会有情绪，可以按以下步骤适当调适情绪。

首先，每次情绪要发泄的时候，在心理默数10下，还不行的话可以默数100下，直到你能控制自己的情绪为止。每个人都会有情绪，这可以理解，但是总是无缘无故地发脾气的话，别人也会因为受不了而远离你。因此，适当控制自己的情绪很重要，而这一步也是很多心理学专家所推崇的比较有效的方法。

其次，要多站在别人的角度看问题、想问题，告诉自己，要是现在你是他（她），你会怎么样。每个人都有自己的生活方式、状态以及习惯，我们谁也不能以自己的喜好来要求别人怎样生活。

最后，换种方式发泄。情绪是需要合理疏导的，否则容易引起更多的心理问题，但并不提倡不当的发泄方式。合理的宣泄方式有很多，比如可以做运动之类。情绪得到发泄以后，会发现心情平静了许多，也开朗了许多。

人毕竟是社会化的人，都会有情绪，这是正常的反应。但有时也需要学点心理调节的方法来控制或者疏导情绪，防止小情绪扩大而影响心情。好的心情往往是成功的开始。

所谓“人非草木，孰能无情”，生活中总会有各种情绪伴随着左右，有时焦虑不安，有时开心或喜悦，有时孤独或恐惧，有时悲伤或难过，有时气愤，有时憎恶，有时又羡慕甚至嫉妒……

情绪和情感是人们心理的重要组成部分，与生活、学习、人际交往、个人发展密切相关。喜、怒、哀、乐、忧、悲、恐等乃人之常情，几乎每个人都有这样的体验。可以说，每个人的日常生活都是在某种特定的情绪背景下展开的，一定的情绪活动总是伴随着我们的日常活动而发生的，直接影响着我们的生活、学习和健康。因此，渴望成功、成才的大学生们，必须认识情绪、驾驭情绪，使自己成为真正健康和成熟的人。

第一节 情绪一点通

一、情绪的含义

所谓情绪，是客观事物（刺激）能否满足人的生理和精神需要的心理体验。客观事物（刺激）满足了人的需要，就会产生积极的肯定性（正性）情绪，如快乐、兴奋、愉快、舒畅、幸福等；客观事物（刺激）不能够满足人的需要，就会产生消极的否定性（负性）情绪，如悲伤、愤怒、厌恶、失落等。

（一）情绪是由客观事物刺激所引起的

情绪不是自发的，而是由客观事物所引起的。湖光塔影、鸟飞鱼游不但有声有色，而且使人赏心悦目、心旷神怡，因为这些景色有益于人的身心健康。然而在闹市，车水马龙，加上严重的大气污染，使人厌烦和忧心难耐。清澈的水和一氧化碳本身并不具有愉悦或恐惧的属性，它们作用于人，使人产生愉快或悲伤、满意或痛苦等情绪。但也有一些情绪是由人的内在生理变化而引起的，如腺体的分泌、疾病等也会产生不同的情绪。

（二）情绪有其生理基础

心理学家研究发现，大脑皮层是调节和控制情绪的最高机构。大脑两半球具有情绪功能的不对称性：左半球为正性情绪优势，右半球为负性情绪优势。在不同的情绪状态下，人的生理上的心律、血压、呼吸乃至人的内分泌、消化系统等都会发生相应的变化。例如，人在焦虑状态下，会感到呼吸急促、心跳加快；人在恐惧状态下，则会出现身体战栗、瞳孔放大；而人在愤怒状态下，则会出现汗腺的分泌增加、面红耳赤等生理特征。这些变化都是受人的自主神经支配的，是不由人的意识所能控制的。因此，情绪状态下的这些变化具有极大的不可控制性。例如，当我们遇到考试失利、情感挫折、学习压力时，不可避免地会出现一些情绪上的反应，即使你再不愿意，甚至去控制，情绪也会出现。

（三）情绪是人对需要满足程度的一种内心感受和体验

人的不同情绪生理状态必然会反映在人的知觉上，反映到人的意识中来，从而形成人的不同的内心感受和体验。如人在受到伤害时，会感到痛苦；在朋友聚会时，会感到由衷的快乐；当面临极度危险境地时，会产生毛骨悚然的恐惧感；当自己的某些需要得到充分满足时，会感到幸福愉快；在遇到欺辱时，会感到愤怒；在失去亲人时，会感到悲伤……同一主体对同一件事也可能会产生不同的情绪体验。例如，老师在课堂上批评两个上课说话的同学，其中一个觉得老师是为了他好，是对他关心，虽然当时有些不好意思，但很快就过去了；而另一个同学则可能认为老师是在故意刁难他，让他当众出丑，是对他的打击报复，从而产生十分痛苦的情绪。

（四）情绪的表现形式

情绪不仅体现在生理上的反应和内心的体验，而且也会直接反映到人的行为表现中，主要反映在人的表情、语态和行为动作中，也有人称其为面部表情、体态表情和声态表情。面部表情最直接反映着人的情绪状态，人们可通过一个人的面部表情的变化来了解他的情绪状态。例如，当自己所希望的球队获胜时，会不由自主地喜笑颜开；当遇到困难和挫折时，会愁容满面。体态表情也同样反映着一个人的情绪状态，例如狂喜时捧腹大笑，悔恨时捶胸顿足，愤怒时摩拳擦掌等。在期末考试过后，我们可通过考生们坐立不安、手舞足蹈或垂头丧气等情绪看出他们此时此刻的情绪状态和面临的境地。声态表情则是指人们在交流时的声调、音色和声音节奏的快慢等方面的变化。例如，一个人悲伤时，语调低沉，言语缓慢，语言断断续续；而当人兴奋时，则语调高昂，语速加快，声音抑扬顿挫、清晰有力。

健康情绪的标准

1. 情绪是由适当的原因引起的

欢乐的情绪是由可喜的现象引起的；悲哀的情绪是由不愉快事件或不幸的事情引起的；愤怒是由于挫折所引起的。一定的事物引起相应的情绪是情绪健康的标志之一，如一个人受到挫折反而高兴。受人尊敬反而愤怒，是情绪不健康的表现。

2. 情绪的作用时间随客观情况变化而转移

在一般情况下，引起情绪的因素消失之后，其情绪反应也应逐渐消失。例如，孩子不慎摔碎了一个碗，当母亲的可能当时不高兴，事情过后，也就不生气了。如果几天内都生气，甚至长期生气，这就是情绪不健全的表现。

3. 情绪稳定

情绪稳定表明个人的中枢神经系统活动处于相对的平衡状况，反映了中枢神经系统活动的协调。一个人的情绪经常很不稳定，变幻莫测，是情绪不健康的表现。

4. 心情愉快

心情愉快是情绪健康的另一个重要标志。愉快表示人的身心活动的和谐与满意。愉快表示一个人的身心处于积极的健康状态。一个人经常情绪低落，总是愁眉苦脸，心情又苦闷，则可能是心理不健康的表现。一个人在生活的道路上难免遇到挫折或不幸，例如亲友的病故，情绪悲哀，这当然是正常的情绪反应。

二、情绪的种类和状态

人们的情绪是复杂的、各种各样的，其类型难以有一个统一的划分方法。下面介绍几种常用的情绪分类方法。

（一）“七情”之分

喜、怒、哀、乐是最为普遍的情绪反应。在我国，自古以来人们通常将情绪按其表现分为“喜、怒、哀、惧、爱、恶、欲”，人们称之为“七情”。

喜，即喜悦，是人在其需求得到充分满足时产生的一种满意、愉快和欢乐的情绪体验。喜悦会使人感到轻松、舒畅和满足。

怒，是指愤怒，往往是因为当事者的愿望和需求不能得到满足或是为此而进行的活动受到阻碍时而产生的一种不满和恼怒的情绪体验。愤怒的情绪会使人产生紧张、压抑甚至狂躁的感觉。

哀，即悲哀，常由于当事者的期望或愿望不能得到实现和满足，或是遭遇重大的变故而引起的一种悲凉和哀伤的内心感受。悲哀的情绪会使人产生一种失落、无奈、痛苦的心理感受。

惧，是指惧怕、恐惧，是当一个人面对危险境地或是巨大灾难时产生的一种极度的恐慌和畏惧感。恐惧的情绪会使人感到呼吸急促、紧张、心悸、全身战栗，甚至使人本能地产生想逃离的心理。

除此之外，情绪还有喜爱、憎恶、渴望、害羞等表现，而且许多时候一个人的情绪状态会表现为复合情绪反应。例如，一个人做了错事后会有一种内疚感，它包含了对自己的责备、悔恨等方面的内心体验；当一个人经过了多年的努力，终于取得了学位，会产生百感交集的情绪状态，它包含着酸甜苦辣各种心境。

（二）基本情绪和社会情绪（情感）

从情绪形成与发展的角度，可将情绪分为基本情绪和社会情绪（情感）。

基本情绪主要是指与人的生理需要相联系的内心体验，例如人的恐惧、焦虑、满足、悲哀等。人的基本情绪在人的幼年时期就已经形成了，更带有先天遗传的因素。

社会情绪（情感）是指与人的社会性需要相联系的情绪反应，表现为一种较为复杂而又稳定的态度体验。例如，一个人的善恶感、责任感、羞耻感、内疚感、荣誉感、美感、幸福感等，是后天随着人的成长而逐步形成和发展的。社会情绪是在基本情绪之上形成和发展起来的，同时又通过基本情绪表现出来。

（三）情绪的“三维理论”

1896 年，德国心理学家冯特第一次提出了情绪的“三维理论”，他认为情绪是由愉快—不愉快、兴奋—抑制、紧张—松弛三个不同的维度所表现出来的，每种具体情绪都处在这三个维度的两极之间的不同位置上。这一理论后来被美国心理学家普拉奇克（Plutchik）所发展，1962 年他提出了“普拉奇克三维理论”，并编制了情绪多维量表。他从生物学的角度，提出了情绪的强度、相似性和两极性的三维性特点，即情绪不仅具有两极性，情绪与情绪之间还具有相似性，同时还具有强弱性。例如，喜悦的情绪，从兴奋程度上可表现为舒畅、愉悦、快乐、欢喜、狂喜等不同的心理体验层次；而愤怒的情绪，从紧张度上也可分为不满、气恼、愤懑、恼怒、愤怒、大怒、狂怒等不同层次；悲哀的情绪从程度上则可分为忧虑、忧愁、忧郁、哀伤、悲伤、悲痛、痛不欲生；恐惧情绪可分为担心、不安、害怕、恐惧、惊恐、极度惊恐等。

（四）心境、激情与应激

情绪依据其发生的强度、持续性、紧张度不同，可分为心境、激情与应激三种状态。

1. 心境

心境是指比较微弱、持久地影响人的整个精神活动的情绪状态，具有弥散性的特点。“忧者见之而忧，喜者见之而喜”就是心境的表现。心境有消极和积极之分。它不是关于某一事物的特定体验，而是由一定情境唤起后在一段时间里影响主体对事物态度的体验。处于某种心境的人，往往以同样的情绪状态看待一切事物。比如，当一个人心情舒畅时，他看什么都会觉得乐观积极；而当一个人郁郁寡欢时，则对许多事都会感到没有兴趣。生活中，不同的人或是每个人在不同的阶段，都会有不同的心境，对人的生活有很大的影响。积极良好的心境有助于提高效率，克服困难；消极不良的心境使人厌烦、消沉。因此，对自己或他人心境的感知，有助于克服消极心境。

2. 激情

激情是一种强烈的、短暂的、有爆发性的情绪状态，如狂喜、愤怒、绝望等都属于这种情绪状态。在激情状态下，人的理解力、自制力等都有可能降低。激情也有积极和消极之分，积极的激情能增强人的探索欲和魄力，激励人们克服艰险，攻克难关；消极的激情则会导致理智的暂时丧失，情绪和行为的失控。激情往往由重大的事件所引起，如成功后的狂喜、失败后的沮丧和绝望、亲人去世后的极度悲伤等，都是激情状态。另外，对立意向的冲突或过分抑制也很容易引起激情。激情的特点是强烈的冲动性和爆发性，情绪作用时间短，往往会随着时过境迁而弱化或消失。

3. 应激

应激是指在出乎意料的紧迫情况下所引起的高度紧张的情绪状态。人们在遇到突如其来的紧急事故（如地震、火灾、创伤、疾病等）时就会出现应激状态。在应激状态下，人的身体处于充分的动员状态，心律、血压、呼吸和肌肉紧张度等发生显著的变化，从而增强身体的应变能力。应激往往有两种极端的表现：一种是惊慌失措、目瞪口呆；另一种是急中生智、力量剧增。在应激状态下，人们往往能做出平时难以做到的事，使人尽快地转危为安。但是应激也有很大的消极作用，人在紧急情境中的应激状态下，会导致知觉狭窄，行动刻板，注意力被局限；过于强烈的应激情绪，会导致人的临时性休克甚至死亡。一个人长期或频繁地处于应激状态中，会导致身心疾病和心理障碍。

三、情绪的发生机制和功能

（一）情绪的发生机制

我们每天的活动都伴随着一定的情绪，有时轻松，有时焦虑，有时欢乐，有时忧愁。那么，是什么在左右着我们的情绪？情绪发生的机制是什么？

1. 情绪与情境

人的情绪不会无缘无故地产生，必然有其发生的情境。正如人们所说，人逢喜事精神爽，当人们学业成功、身处优美的环境时，随之产生愉快的心情；反之，人际的冲突、学习的压力、生活中的挫折，甚至恶劣的气候，都会使人感到烦躁和抑郁。除了外在的环境和事件会直接引起情绪变化外，人自身的生理和心理反应也会引起情绪的变化。例如，人在青春期时，由于身体上的急剧变化，引起内分泌的紊乱，并由此造成情绪上的躁动。

2. 情绪与需要

情绪的产生与变化，实际反映着人们的需要。例如，当得到他人的称赞时，满足了自己的自尊和成就的需要，从而感到一种荣誉和喜悦感；相反，当自己受到他人的冷落时，就会产生失落和孤独感，因为自己被接纳和对亲情的需要没有得到满足。大学的学习和生活过程，也是大学生追求和实现自身各种需要的过程。大学生的需要是多样化的，如完成学业、培养能力、发展自我、追求爱情，还有娱乐、健康、实现兴趣的需要等。这些需要是多层次的，有些是眼前的需要，有些是长远的需要，需要之间还相互矛盾。实现和满足这些需要，会受到各种条件的局限与制约，必然会引起情绪上的波动。在现实环境中，对他人、对自己、对事物期望值太高，势必难以满足需要而产生失望、绝望、不满等不良情绪。因此，要学会把期望值调整到适当的水平，要能够在一定范围内懂得知足。只要对人对事不苛求十全十美，并能够对自己拥有的一切心怀感激，就可以减少烦恼，保持良好的心境。

3. 情绪与认知

通常人们会认为诱发事件 A 直接导致了人的情绪 B 和行为结果 C，发生了什么事就引起了什么情绪体验。然而，同样一件事，对不同的人会引起不同的情绪体验。比如，在沙漠里迷路的两个人只剩下了半壶水，一个人想：沙漠这么大，我只剩下半壶水，肯定要命丧沙漠了；另一个人却想：太好了，竟然还有半壶水。这样一来，前者可能觉得绝望，甚至轻易地放弃了；而后者可能充满了信心，最终走出沙漠。同一门考试中，成绩刚刚及格的学生对此可能有着不同的感受，有的人庆幸，好歹及格了；有的人惋惜，怎么没考得更好一些；有的人会感到无地自容，因为他从小到大从没得过这么低的分。有人会因为受不了上司的严厉而跳槽走人，也有人因“严师出高徒”而使自己能胜任更复杂的工作，最后不断晋升到更高的职位。为什么会如此呢？这都是因为认知的作用。心理学研究表明，人们只有通过认知客观事物与需要的满足情况，并做出判断与评价，才会产生相关联的情绪反应。认知改变了，情绪也相应地发生了变化。

资料窗

艾利斯的情绪 ABC 理论

美国临床心理学家艾利斯已经把中国的俗语“想得开”上升到科学理论的高度，他在 20 世纪 50 年代提出情绪 ABC 理论，也称晴雨 ABC 理论。

所谓 ABC，A 指诱发事件（Activating Event）；B 指信念（Belief），也称为非理性信念，是指个体在遇到诱发事后相应产生的信念，即对该事件的想法、解释和评价；C 是个体产生的情绪和行为后果（Consequence）。通常人们会认为，人的情绪是直接由诱发性事件 A 引起，即 A→C。ABC 理论则指出，诱发性事件 A 只是引起情绪的间接原因，而人们对诱发性事件所持的信念、看法和解释才是引起情绪更为直接的原因，即 A→B→C。

如图 4-1 中，A（Antecedent）指事情的前因，C（Consequence）指事情的后果，有前因必有后果，但是有同样的前因 A，产生了不一样的后果 C1 和 C2。这是因为从前因到结果之间，一定会透过一座桥梁 B（Belief），这座桥梁就是信念和我们对情境的评价与解释。又因为，在同一情境之下（A），不同的人的理念以及评价与解释不同（B1 和 B2），所以会得到不同的结果（C1 和 C2）。因此，事情发生的一切根源缘于我们的信念、评价与解释。情绪 ABC 理论的创始者艾利斯认为：正是由于我们常有的一些不合理的信念才使我们产生情绪困扰。久而久之，这些不合理的信念还会引起情绪障碍。

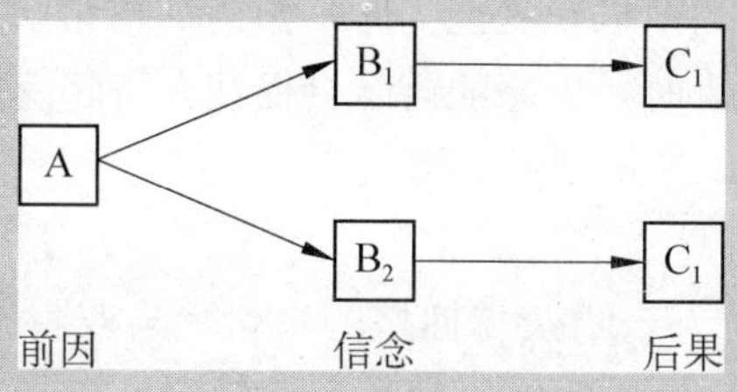

图 4-1 情绪 ABC 理论概念结构图

古希腊哲学家埃皮克迪特斯有一句名言：“人不是被事情本身所困扰，而是被其对事情的看法所困扰。”德国 19 世纪著名哲学家叔本华也曾经说过：“事物本身并不影响人，人们只受对事物看法的影响。”

想必大家都听过这样一个故事：一个老太太有两个女儿都做生意，大女儿是卖扇子的，小女儿是卖雨伞的。天晴时，老太太就为小女儿担忧，担心雨伞卖不出去；天阴时，老太太就为大女儿忧虑，担心扇子卖不出去。如此一来，老太太的日子过得很忧郁。邻居问她为何总是满脸忧伤。老太太说明情况。邻居笑着说：“老太太，你真好福气呀！天晴时，你的大女儿生意很好；天阴时，你的小女儿生意兴隆。”老太太听了，顿时豁然开朗，转忧为喜。

这其中蕴含怎样的道理呢？同样一件事，从不一样的角度去想，心情就会很不一样，人生的境界也会很不一样！

4. 情绪与行为

行为是人的情绪的重要表现形式，一个人的情绪状态会使人产生或消除导致行为的动机，并直接影响到人的行为模式、过程和效果。例如，一个学生因取得优异的成绩而产生的成就感，使得他对学习更加努力；而一个学生过度的焦虑情绪会使他感到心烦意乱，而无法专心学习。对考试的过度恐惧感，也会使人在考试中发挥失常。情绪对行为起着一定的调节作用，当人在做能满足自己需要的一些行为时，就会有一种欣慰和充满热情的情绪感受，它会使自己的行为得到加强；而当人的某一行为破坏或阻碍了自己的某一种需要时，就会产生厌烦、排斥的情绪感受，它同样会使人减少或停止自己的行为。可见，情绪与行为是相互影响的。

（二）情绪的功能

情绪对大学生具有重要的功能，概括起来，主要有以下几方面。

1. 自我保护的功能

每种情绪对人都是有保护功能的，负性情绪并非一定是不良情绪，因为伴随着一定紧张状态的愤怒、憎恨、忧愁、恐惧、痛苦等负性情绪的产生，是人们适应环境的一种必要的反应，它们可以激起人的内在潜能，使之改变或脱离造成这种不良心态的环境。比如，当人处于危险的境地时，恐惧的情绪反应能促使人在行为上更快地脱离险境；当人在工作或学习中承担的负荷超出了自身的承受能力时，疲惫的情绪状态会使人不得不放弃一些工作，而获得休息；在面对伤害时，愤怒的情绪会促使人奋起反抗，自我保护。

2. 人际沟通的功能

人际交往不仅是为了信息上的交流和工作中的协调，更是心理、情绪上的需求与满足。曾有一名大学生面对着人声嘈杂和拥挤的宿舍，自叹特别孤独，引来周围同学的诧异，有同学问："这么拥挤的生活环境，想找个清静的地方都难，你怎么还感到孤独？"这位同学自嘲地说："我就像是被关在一个透明的玻璃瓶中，尽管周围有很多人，可对于我而言，只是看得见而摸不着啊！"其实这名同学所感到的孤独，正是缺少情绪上的沟通和对情感交流的一种渴望。情绪在人际沟通中起着非常重要的调节作用，如微笑、轻松、热情、喜悦、宽容和善意的情绪表达，会促进人际的沟通和理解；而冷漠、猜疑、排斥、偏执、嫉妒、轻视的情绪反应，则会构成人际交往中的障碍。

3. 信息传递的功能

情绪还能起到信息传递的功能。例如，情人之间的一个眼神、一个微笑，就可以表达爱意；知己之间的一个动作、一个表情，就能使对方心领神会；考场中，监考教师威严的目光，就足以使那些想投机取巧的人望而却步。情绪还可以相互影响和传播。当一个人在兴高采烈时，他（她）的这种情绪会感染周围的人；而当一个人在沮丧、愤怒时，也会使这种情绪在周围传播开来，将这些负性情绪迁移到他人身上。

（三）情绪对大学生的影响

1. 对学业方面的影响

情绪状态对大学生的学业有着举足轻重的影响。不少大学生都有这样的体验，当自己的情绪积极乐观时，学习的效率倍增，而当自己的情绪处于低迷、忧郁或烦躁不安时，学习往往也是一团糟。一个人再聪明，但如果没有一个好的心态，他的能力也是无法发挥的。而一个良好的心态，正是一个人最大限度地发挥自己的能力的基础和前提。

2. 对身心健康的影响

良好的情绪状态不仅有利于大学生的学习，而且也有益于身心健康。世界卫生组织认为，每个人的健康长寿，10%取决于社会因素，8%取决于医疗条件，7%取决于气候因素，60%取决于自己。而在这60%当中有35%是取决于个人的情绪因素。这种影响作用相应地表现在正反两个方面：不良情绪压抑过久或某种情绪表现过激都会影响人的身心健康；合理控制情绪的变化，巧妙地运用情绪调节人体的生理指标，又会增进人的身心健康。现代医学研究证明，人们在患生理疾病时，70%的患者同时伴有心理上的病因，尤其是现代社会中的高血压、心脏病、癌症等直接威胁人类健康的重要病症，都与人的情绪状态有直接的关系。在大学生中，长期的学习压力造成一些学生的失眠、神经性头痛、消化系统疾病等，大多是因为情绪状态没能得到很好的调整。学生中存在的抑郁症、恐惧症、强迫症等心理障碍和疾病，也大多与不良情绪密切相关。因此，保持良好的情绪状态，是学生心理健康的重要标志。

资料窗

情绪实验

古代阿拉伯学者阿维森纳曾把一胎所生的两只羊羔放于不同的外界环境中生活。一只小羊羔随羊群在草地上快乐地生活；而另一只羊羔旁边拴了一只狼。后者总是看到自己面前那只狼的威胁，在极度惊恐的状态下，根本吃不下东西，不久就因恐慌而死去。医学心理学家还用狗做实验。把一只饥饿的狗关在一个铁笼子里，让笼子外面的另一只狗当着它的面吃肉吃骨头，笼内的狗在急躁、气愤和嫉妒的负性情绪状态下产生了神经症性的病态反应。实验告诉我们，长期被恐惧、焦虑、抑郁、嫉妒、敌意、冲动等负性情绪困扰，就会导致身心疾病的发生。

3. 促进自身成长的作用

情绪不仅对大学生的身心健康至关重要，而且对大学生的人格的形成与发展具有同样的重要作用。弗洛伊德精神分析理论和埃里克森的心理社会发展阶段理论中，都强调了情绪在人格的形成和发展中的核心作用。良好的情绪有助于增强学习兴趣，提高学习效率，促进潜能开发，并有助于人的自信心的建立。培养积极健康的情绪，是大学生心理素质的重要内容。

四、大学生情绪特点

大学生正处于青年期，在生理发育趋向成熟的同时，知识经验和思维水平不断提高，心理也发生着急剧的变化，这种变化尤其反映在情绪上。大学生特有的年龄阶段和心理特点使得他们的情绪表现出自己的特色。

（一）丰富性和阶段性

随着大学生生理和自我意识的不断成熟和发展，自尊、交往、爱与被爱以及自我发展的需要更加强烈。他们对自己的能力特长、性格特征、身份地位、道德水平等有了更深刻的自我认识和评价，专业兴趣、恋爱、人际交往、就业等新问题不可避免地摆在了大学生的面前，这些需要和问题相应地产生了多种多样的情绪体验，使大学生的情绪日益丰富而深刻。

大学生这些丰富的情绪还表现出阶段性的特点。大学期间，大学生情绪的发展有一个由不稳定到稳定、由不成熟到成熟的渐进过程。大一的学生刚进大学，面对新的环境，他们充满了美丽的幻想和高度的期望，凡事都很积极热情，兴趣广泛。同时，这个时期大学生也面临着学习方法、生活环境、人际交往等方面的适应问题。多数学生都能很快适应大学生活，但也有一些学生适应较慢，遇到问题时，情绪波动较大，容易出现孤独感、失落感。大二的学生对大学生活一般都已经基本适应，他们既没有新生的那种兴奋和轻松，也没有高年级学生那种面临毕业的紧张和忧虑，情绪一般较稳定。大二后的学生临近毕业，随着个人知识经验的增多，社交范围的扩大，更多地思考人生与社会，对就业、择偶、家庭等问题的想法和打算变得越来越迫切，越来越现实。他们的情绪开始呈现出矛盾性、复杂性的一面，情绪的丰富性、含蓄性明显增强。

（二）稳定性与波动性并存

由于大学生知识经验的积累和认识水平的提高，他们的自我监控能力相对中小学生而言有了较大的发展，能够对自己的情绪和行为进行较客观的认识和评价，并进行自我调节和控制，情绪趋于稳定。但是，大学生的情绪仍带有明显的波动性，他们会因为生活、学习、感情、人际交往中的偶然事件而引起情绪的波动。例如一次考试成功了，这种成功的体验带给他的满足会使他情绪高涨。但是，突然的失恋所带来的挫折感又会使他的情绪一落千丈，消极颓废。

（三）外显性与内隐性并存

大学生热情而坦诚，情绪表现直接、活跃。爱憎分明，喜怒哀乐常形于色，表现出外显性的特点，但由于自制力的逐渐增强，以及思维的独立性和自尊心的发展，大学生情绪的外在表现和内心体验并不总是一致的。在某些场合和特定的问题上，有些大学生会文饰、隐藏或抑制自己的真实情绪和情感，表现出内隐、含蓄的特点。例如，明明对某个异性有爱慕之情，但是却故意与他（她）保持距离，不予理睬，给人以冷漠之感。

（四）冲动性与理智性并存

处于青年期的大学生，自尊心强，对外界事物较为敏感，年轻气盛。在许多情况下其情绪容易被激发，表现出强烈性、爆发性的特点，情绪激动起来犹如暴风骤雨般强烈。处于这个时期的大学生容易冲动，感情用事。大学生之间打架斗殴事件大多是由于一些小事，甚至不经意的玩笑激起的冲动情绪而引发，有的还因此造成了严重的后果。虽然，大学生情绪有冲动性的特点，但随着年龄的增长，大学生自我监控能力得到较高水平的发展，理智感也随之增强。多数情况下，他们常常能够对冲动的情绪进行自我调适，理性地思考和面对问题，使情绪和行为的反应趋于理智。

（五）情绪体验的延续性和心境化

大学生的情绪有时还表现出延续性和心境化的特点。心境是一种持久的情绪状态，短则几小时、几天，长则几周、几个月甚至更长的时间。心境具有弥漫性，它不是关于某一事物的特定体验，而是以同样的态度体验对待一切事物。在大学生活中，学习上的成败、感情生活是否顺意、人际关系是否融洽、个人的健康状况、环境的变化等，都可能成为引起某种心境的原因。例如，一个学生拿到了奖学金，这个事件带给他的快乐情绪会在一段很长的时间内使他处于积极、愉快的心境中；而一次挫折或失败引起的不快或苦恼的情绪也会延续较长的时间而成为消极的、闷闷不乐的不良心境。大学生的许多不良情绪，如抑郁、焦虑、自卑等都具有这种心境化的特点。这种不良心境如果延续较长时间，一方面会影响人际关系；另一方面，对大学生自身的心理健康也会产生严重的影响。

第二节　大学生常见的情绪困扰及调节

情绪对一个人的心理成长和发展有着极大的影响。对于在校大学生来讲，管理情绪、调节情绪、驾驭情绪、做情绪的主人，不仅是维护身心健康的需要，而且也是自我发展和人格成熟的条件。

情商

情商（EQ）又称情绪智力，是近年来心理学家们提出的与智商相对应的概念。它主要是指人在情绪、情感、意志、耐受挫折等方面的品质。总的来讲，人与人之间的情商并无明显的先天差别，更多与后天的培养息息相关。美国心理学家认为，情商包括以下几个方面的内容：一是认识自身的情绪，因为只有认识自己，才能成为自己生活的主宰；二是能妥善管理自己的情绪，即能调控自己；三是自我激励，它能够使人走出生命中的低潮，重新出发；四是认知他人的情绪，这是与他人正常交往，实现顺利沟通的基础；五是人际关系的管理，即领导和管理能力。

情商的水平不像智力水平那样可用测验分数较准确地表示出来，它只能根据个人的综合表现进行判断。心理学家们认为，情商水平高的人具有如下的特点：社交能力强，外向而愉快，不易陷入恐惧或伤感；对事业较投入，为人正直，富于同情心；情感生活较丰富但不逾矩，无论是独处还是与许多人在一起时都能怡然自得。专家们还认为，一个人是否具有较高的情商，和童年时期的教育和培养有着密切的关系。因此，培养情商应从小开始。

一、大学生常见的情绪困扰

（一）自卑

自卑是自我情绪体验的一种形式，在心理学上又称“自我否定”，主要表现为对自己的能力、学识、品质等自身因素评价过低。由于学习环境、生活环境的改变，部分大学生由高中时期的“佼佼者”变成大学校园中的“普通一员”，这种“地位”的改变是造成部分大学生自卑的重要原因，还有一些学生由于家庭条件差或自身某些不足而自卑。有自卑感的学生由于自我评价过低，导致行为畏缩、瞻前顾后、多愁善感，自尊心极强，过于敏感，严重影响各方面的正常发展。

（二）焦虑

焦虑是一种比较复杂的消极情绪现象，是人们对即将发生的某种事件或情境感到担忧和不安，又无法采取有效的措施加以预防和解决时产生的情绪体验。过分的焦虑使人处于一种无所适从的状态，总是担心将要发生的事情，坐立不安，注意力分散，办事效率低下。引起学生焦虑的主要原因有：入学适应困难、学习问题（如考试焦虑）、人际交往（如社交恐惧引起的焦虑）、求职就业问题等。

（三）抑郁

抑郁也是极为复杂的情绪障碍，是正常人以温和方式体验到的、已经作为日常生活一部分的、持久的一种情绪状态。当个体感到无法面对外界压力时常常会产生这种消极情绪。一部分大学生由于不喜欢所学专业，感到前途渺茫，或是由于人际关系处理不当，失恋等问题而过早“看破红尘”，导致情绪抑郁，他们的主要表现是：情绪低落、思维迟缓、郁郁寡欢、闷闷不乐、兴趣丧失，体验不到生活、学习的快乐，并伴有食欲减退、失眠等。

（四）易怒

心理学的研究表明，在一般情况下，情绪反应都是由大脑皮层决定的。但是美国纽约大学的莱克杜斯通过研究表明，并不是所有情绪的发生都要经过大脑皮层的加工整合与评估，他认为“除了情绪通道之外，另有一小络神经元直接自丘脑连接到杏仁核，通过这些狭小通道，杏仁核可直接在大脑皮层尚未做出评价之前抢先做出反应导致有机体的一时冲动。”处于青春期的大学生内分泌系统处于空前活跃时期，大脑神经过程的抑制和兴奋发展不平衡，内制力较差，容易冲动。易怒是大学生常见的一种消极激情，有的大学生因为一件小事或一句话激动得暴跳如雷，或出口伤人，甚至动拳脚伤人。

小贴士

心理快乐六法

（1）精神胜利法。这是一种有益身心健康的心理防御机制。在你的事业、爱情、婚姻不尽如人意时，在你因经济上得不到合理的对待而伤感时，在你无端遭到人身攻击或不公正的评价而气恼时，在你因生理缺陷遭到嘲笑而寡欢时，你不妨用阿Q的精神调适一下你失衡的心理，营造一个祥和、豁达、坦然的心理氛围。

（2）难得糊涂法。这是心理环境免遭侵蚀的保护膜，在一些非原则的问题上“糊涂”一下，无疑能提高心理承受的能力，避免不必要的精神痛苦和心理困惑。有这层保护膜，会使你处变不惊，遇烦恼不忧，以恬淡平和的心境对待各种生活的紧张事件。

（3）随遇而安法。这是心理防卫机制中一种心理的合理反应，培养自己适应各种环境的能力。古人云："吃亏是福"……生老病死，天灾人祸都会不期而至，用随遇而安的心境去对待生活，你将拥有一片宁静清新的心灵天地。

（4）幽默人生法。这是心理环境的"空调器"，当你受到挫折或处于尴尬紧张的境况时，可用幽默化解困境，维持心态平衡。幽默是人际关系的润滑剂，它能使沉重的心境变得豁达、开朗。

（5）宣泄积郁法。心理学家认为，宣泄是人的一种正常的心理和生理需要。你悲伤忧郁时不妨与异性朋友倾诉；也可以进行一项你所喜爱的运动；或在空旷的原野上大声喊叫，既能呼吸新鲜空气，又能宣泄积郁。

（6）音乐冥想法。当你出现焦虑、忧郁、紧张等不良心理情绪时不妨试着做一次心理"按摩"——如维瓦尔第的音乐帮助消化，巴赫的音乐安神助眠，海顿的音乐可以止痛，莫扎特的音乐被许多人称为音乐治疗万灵丹，贝多芬的音乐用来振奋精神，舒曼和勃拉姆斯的音乐可让左脑休息，拉赫玛尼诺夫的音乐可以再造灵感、平衡身心……

二、大学生不良情绪调节的方法

（一）正确认识自我

正确认识自我，包括心理方面，如气质、性格、智力、兴趣爱好等，是情绪调节与控制的基础。心理健康的标准之一就是个体能正确地认识自我并悦纳自我。心理学认为，自我指对自己存在的观察，即认识自己的一切，包括自己的生理、心理特征以及自己与他人的关系。对自我充分、全面、正确的了解，有利于对自我情绪的有效控制和调整。如气质属于急躁类型的大学生，如果意识到了这一点，有针对性地去暗示或控制自己要保持一颗平和的心，这样对做事就会有很大的益处。

（二）正确地对不良情绪进行归因

对不良情绪进行归因即从主观和客观两个方面进行归因。在遇到不顺心的事情时，或是遇到困难和挫折时，既要从自己本身出发找原因，又要从周边环境的客观世界中寻找原因。如较内向的大学生由于内省较深，比较敏感，在别人看来没有什么的事，但是对于内向的学生却能引起他不必要的猜疑、沉思。情绪的不良是由于自己过去的经验和社会交往阅历缺少等导致的。如自己总是在父母或他人的保护包办之下去面对困难，而导致现在手足无措，情绪低落。客观方面的原因是周边的环境条件，如天气、气候、自然地形和社会文化等因素，都是我们每个人无法控制的，是不以我们的主观愿望而改变的。这些客观存在的困难是每个人都会有的，所以我们没有必要去为它忧伤、烦恼。只有正视现实，充分地利用客观现实积极的一面，这样大学生才能够妥善地、合理地处理好现实的困难和挫折。

（三）自我激励法

自我激励是人的精神生活的动力源泉之一，主要指用生活中的哲理、榜样的事迹或明智的思想观念来激励自己，同各种不良情绪进行斗争。古人云：知足者常乐，大学生不要总为没有得到的东西而烦恼，相反，要经常想到自己是幸福而充足的，相信凭借自己的意志、能力和奋斗精神，这些没能得到的东西总有一天一定会得到。这样，便能增强自信心，驱除自卑感，保持心情舒畅，从而增加获得成功的可能性。

（四）转移调节法

心理学的研究表明，在发生情绪反应时，大脑皮层上会出现一个强烈的兴奋中心，这时，如果另找一些新颖的刺激，引起新的兴奋中心，便可以抵消或冲淡原来的兴奋中心。因此，当某种情绪激动起来时，为了使它不至于立即爆发，可以有意识地通过转移问题或做点别的事情来分散和转移自己的不良情绪。采取行动是转移注意力、驱散烦恼的一种有效的精神疗法，一旦出现烦恼情绪的征兆，便激励自己多做有意思的工作、学习、劳动或娱乐，把时间表尽可能排得满一些、紧凑些，或者为别人做事，这样不仅可以使自己忘却烦恼，还可以体验到自己存在的价值，更可获得珍贵的友谊。

（五）换位思考法

从积极的角度，重新认识引发不良情绪的事件，从而得到新的结论，使自己的情绪得到平衡。例如，当你在生活中遇到麻烦时，可以换一个角度考虑，告诉自己“破财免灾”“就当是交学费”“坏运很快就会过去”等，这样心情就会轻松，情绪就会稳定下来。

（六）行为补偿法

行为补偿法即把某些情绪化为行动的力量，它具有修复和补偿功能。倘若其貌不扬，便把精力集中到学习和科研上，从事业的成就中求得补偿，保持心理平衡。有的同学在情绪压抑时喜欢到外面走走，或踏青，或赏景，这也是一个简便有效的调节方法，大自然的风光能够旷达胸怀，欢娱身心，对于调节人的心理活动有很好的效果。

（七）宣泄不良情绪

利用情绪表达适当宣泄，找心理咨询师或心理医生进行心理咨询。心理学家们认为，人的情绪处在压抑状态时，要有有节制地发泄，即使是畅快地哭一场，也有利于调节机体平衡。如能把闷在心里的苦恼倾吐出来，求得别人的疏导和指点，往往更能使矛盾迎刃而解。咨询的对象可以是父母、教师、好友等。如果是心理方面的问题，有专门的心理医生咨询当然更好。

调节情绪的十把钥匙

（1）学会放松：放松神经和肌肉，在内心构想美好的画面。

（2）陶冶性情：琴棋书画、唱歌跳舞、集邮摄影等能陶冶情操。

（3）着眼当前：集中精力做好当前的工作，不要花时间追忆过去。

（4）坚持运动：生命在于运动，运动使人精力充沛，活力旺盛。

（5）尽情发泄：心中的烦恼、忧虑不要积在心中，应设法及时宣泄。

（6）勇担责任：遇到困难不要退缩，不要逃避，知难而进，勇于战胜它。

（7）知足常乐：期望值不要太高，应量力而行，立足现实。

（8）调换环境：因环境不适造成心理压力过大，可及时更换一个新的环境。

（9）休假旅游：投入大自然中可忘却一切不愉快，有助于减轻心理压力，使人身心愉快。

（10）学会幽默：幽默是精神健康的调节剂，学会幽默，以良好的心境应付周围的一切。

课外拓展

一、拓展训练

快乐动物园

情绪有正性与负性之分。有些正性情绪，如兴奋、好玩、幽默可以激发人的创造力，而许多负性情绪，如痛苦、焦虑、恐惧则会阻碍人的创造力发挥。我们每个人都有因成功或失败而导致情绪波动的经历。下面这个游戏可以让你体验情绪在问题解决中的强大作用，更可以训练你的幽默和乐观的情绪。

这个游戏要求你和一些朋友一同做，而且要求偏离你一贯的社会行为。游戏的内容是要你学动物园里动物的叫声。

下面的表格决定你要学的动物是什么：

你姓氏汉语拼音的第一个字母	动 物 名 称
A～F	狮子
G～L	海豹
M～R	猩猩
S～Z	热带鸟

现在选择一个伙伴（最好在这些朋友中挑一位不太熟悉的人作为伙伴）。彼此盯着看，目光不能转移，同时用嘴大声学动物叫，至少10秒钟。

点评：

在这个简单的游戏中，你的感觉如何？你是否感到既幽默有趣又有些尴尬？这个游戏尽管开始时会感到不舒服，但结束时已是笑声满堂。也许不管你模仿的动物是什么，最后你的表现都是一头“傻驴”。

你是否注意到好玩和幽默的情绪会有助于你在这个游戏中创造性地发挥，你可能会灵机一动，模仿出种种令人意外的叫声，获得满堂喝彩，或者逗得大家捧腹大笑。而在游戏中，尴尬的心理却会使你羞于开口，假如你有幽默感，学动物叫就更容易开口。

正性乐观的情绪是创造力的催化剂。因此，在最困难的时候不要忘记幽默可以使你保持乐观。

二、心理测试

焦虑自评量表 SAS

请注意：

1. 请根据你一周来的实际感觉在适当的数字上画“√”表示，请不要漏评任何一个项目，也不要在相同的一个项目上重复地评定。

2. 量表中有部分反向（即从焦虑反向状态）评分的题，请在填分、算分、评分时注意。

序号	题目	偶或无	有时	经常	持续
1	我觉得比平常容易紧张和着急	1	2	3	4
2	我无缘无故地感到害怕	1	2	3	4
3	我容易心里烦乱或觉得惊恐	1	2	3	4
4	我觉得我可能将要发疯	1	2	3	4
5	我觉得一切都很好，也不会发生什么不幸	4	3	2	1
6	我手脚发抖打战	1	2	3	4
7	我因为头痛、颈痛和背痛而苦恼	1	2	3	4
8	我感觉容易衰弱和疲乏	1	2	3	4
9	我觉得心平气和，并且容易安静坐着	4	3	2	1
10	我觉得心跳很快	1	2	3	4
11	我因为一阵阵头晕而苦恼	1	2	3	4
12	我有晕倒发作或觉得要晕倒似的	1	2	3	4
13	我呼气和吸气都感到很容易	4	3	2	1
14	我手脚麻木和刺痛	1	2	3	4
15	我因为胃痛和消化不良而苦恼	1	2	3	4
16	我常常要小便	1	2	3	4
17	我的手常常是干燥温暖的	4	3	2	1

续表

序号	题目	偶或无	有时	经常	持续
18	我脸红发热	1	2	3	4
19	我容易入睡并且一夜睡得很好	4	3	2	1
20	我做噩梦	1	2	3	4
总分统计					

评分方法：

上面 20 个条目中有 15 项是用负性词陈述的，按上述 1～4 的得分顺序评分，其余 5 项（第 5、9、13、17、19）是用正性词陈述的，按 4～1 的得分顺序反向计分。将 20 个项目的各个得分相加，即得总分；用总分乘以 1.25 以后取整数部分，就得到标准分。

按照中国常模结果，SAS 标准分的分界值为 50 分，其中 50～59 分为轻度焦虑，60～69 分为中度焦虑，70 分以上为重度焦虑。

三、推荐阅读

1. 《走出抑郁》——Paul Gilbert

当你的情绪陷入低潮、被抑郁所控制而无法自拔时，遵循本书所提供的科学步骤，你将迅速从抑郁的旋涡中摆脱出来，使生命重新焕发活力，再现人生光彩。

本书从以下三个方面指导你完全走出抑郁：认清自身的抑郁状况，了解抑郁的成因及表现形式，为全面挑战抑郁树立良好信心。确定困扰你的心理因素，以认知疗法为基础，为你全面克服抑郁提供最直接、最有效的技术和心理支持。针对你的心理状况，设计科学的自助方法。每天坚持实施既定计划，你定能成功地改变消极的思维模式，塑造完美的心理品质。

本书将帮助你进行心灵会诊，消除心理迷雾，摆脱抑郁阴霾，走向健康人生！

2. 《别为小事抓狂》——理查德·卡尔森

《别为小事抓狂》来自我们的日常生活，是人们在安身立命时都会面临的思考。理查德当然也是凡人，只是他观察与谈论人生时，对于那些阻挡我们快乐的事物有着非凡的透彻体悟。他告诉我们拥有快乐与正面的人生态度并不难做到，只要你愿意为自己的人生负责。人生的方向在于你能保持开放，一点一点调整心态，这样你就能从内心逐渐坚强起来。在全世界，每一天，每一个角落，都有人因读了此书而改变生活的态度，进而改变了一生。生而为人，我们都在同样的小事中挣扎过活，即便面临生命的尽头，人生课题也是大同小异。

四、小故事　大道理

渔夫的人生

从前有个渔夫，靠打鱼为生。一天，渔夫躺在自己的小船上晒太阳，一个商人看见了，便问渔夫："你为什么不去打鱼，而在这里晒太阳呢？"渔夫说："我早晨已经出海打过一船鱼了，这些鱼已经足够我们一家人一天的生活所需。"商人说："那你为什么不多打一些鱼呢？”渔夫问：“为什么要多打鱼呢？”商人说：“多打一些鱼，你可以多卖一些钱，这样，你就可以造一条更大的船。”渔夫问：“为什么要造更大的船？”商人说：“有了更大的船，你就可以打更多的鱼。”渔夫问：“然后呢？”商人说：“然后，你就有了很多的钱，这样，你就可以开一家大公司，成立一个船队，并从事渔业加工，你又可以赚很多的钱。”渔夫又问：“然后呢？”商人说：“然后你就可以悠闲地躺在自己的船上晒太阳了。”渔夫顿了顿，说：“我现在不是已经在悠闲地晒太阳了吗？”

有时候，我们的追求很盲目，其实，快乐往往就在我们的身边，只不过我们没有发现，经过一番辛苦和努力之后，发现终点就是起点。简单的快乐往往就隐藏在简单的生活之中。

第五章

直面生活的挑战——大学生挫折心理与调适

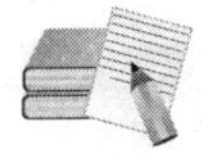

导人案例

【他的问题】

“刚进大学时，我对大学生活充满了期待，觉得大学是一个锻炼和展示的舞台，我很积极也很认真地对待，也有很多计划。但是第一学期就有一门课程不及格了，我觉得那简直是对我的当头一棒！我觉得我也很认真学了，但不知道为什么就是学不好，我现在觉得自己好失败，对我的大学生活好迷惘，我不知道怎么办才好，我对大学的一切计划和憧憬一下子变得好迷茫……”

【情景回放】

小钱是个做事比较认真的学生，他一进大学就积极参加学校学生会活动，同时他学习也很刻苦，从来不逃课，上课认真听讲，也按时完成作业，当同寝室的同学在上网玩游戏或聊天的时候他仍然拿出书来复习功课。但是小钱在大一期末时数学没有及格，而寝室其他人却及格了。大学里的第一次考试对小钱打击很大，他不知道为什么自己的付出却换来这样的结果，而且面对寝室其他人有意无意地说起这件事，小钱总觉得自己好失败、好委屈，觉得大家都在嘲笑他：“这么认真，成绩还不如别人好。”数学的不及格让小钱对自己本来充满憧憬的大学生活失去了信心，对今后很迷茫，不知如何是好。

【分析点评】

大学是一个锻炼和展示自我的舞台，但同时与机遇并存的是挑战，当我们遇到挑战时受到挫折是一件很平常的事，也是人生必要的经历，我们需要做的是如何面对挫折。

小钱感到强烈的挫折感及其带来的问题主要是由以下几方面造成的。

首先，小钱对自己的定位不够明确，要求过高，对未来太过理想化，追求完美，这就导致他的抗挫折能力降低。在别人看来一门课程不及格并不是太严重，但他觉得这却是一个很大的打击，感到强烈的挫折感。

其次，小钱面对挫折时缺乏积极的态度和正确的处理方式。他看到自己的数学不及格后并没有冷静地分析思考自己失败的原因，而是一味地沉浸在沮丧的情绪中，甚至对自己的未来失去了信心。

最后，小钱对掌握与适应大学的学习方法也存在一定问题，不合理的学习方法可能在一定程度上导致了他在学习上的付出与收获不成正比。

挫折是人生的一种历练，人生最重要的不是你所站的位置，而是你所朝的方向。正确的方向能造就成功的人生，而错误的方向就只能演变为失败的人生，当经受挫折的时候，不妨冷静地思考失败的原因以及解决方法，而不是沉溺在沮丧中一蹶不振。

俗语云："天有不测风云，人有旦夕祸福"，就是说人生在世，挫折和失败是难免的，每个人都不可避免地会遇到这样或那样的挫折。挫折可以使人振奋精神，发掘自身潜能，战胜困难，创造辉煌；挫折也可以使人灰心丧气，一蹶不振，甚至精神崩溃，行为失常。正像大文豪巴尔扎克所说："苦难对于天才是一块垫脚石，对于能干的人是一笔财富，对于弱者是一个万丈深渊。"所以，研究挫折心理，充分发挥挫折的积极作用，有效克服挫折的消极作用，对于维护大学生心理健康、促进大学生全面发展具有十分重要的意义。

第一节　挫折及挫折反应

一、挫折的含义

挫折是指个体在实现自身愿望和计划的过程中，由于遭遇阻力或障碍，致使愿望无法顺利达成，个人需要无法获得满足而产生的紧张状态和情绪反应。

大学生作为有理想、有追求的青年人，往往对生活充满幻想与期待——希望自己在专业学习和未来的事业发展中一帆风顺、有所成就；在社会交往中得到别人的认可与尊重，收获友谊与爱情；在生活上能够富足、安逸，物质条件优越等。为实现这些目标，许多人会为之付出种种努力。但当这种努力付出不能换来梦寐以求的结果，使需要不能得到满足或只能部分地得到满足时，就产生了挫折。当人连续遭遇挫折或遭遇重大挫折的时候，就会出现焦虑、沮丧、忧郁、苦闷等紧张心理状态和情绪反应，心理学上称之为挫折感或挫折心理。作为复杂的多层次的心理结构的重要组成部分，挫折心理是每个人都会遇到甚至经常出现的一种心理状态。

挫折一般包括三个方面的要素。一是挫折情境，即人们在有目的的活动中使需要不能获得满足的内外障碍或干扰的情境状态或情境条件，构成刺激情境的可能是人或物，也可能是各种自然、社会环境。二是挫折认知，即对挫折情境的知觉、认识和评价。挫折认知既可以是对实际遭遇到的挫折情境的认知，也可以是对想象中可能出现的挫折情境的认知。不同的人对相同的挫折情境所产生的主观心理压力也不尽相同，个人的认知结构也会影响其对挫折情境的知觉判断。三是挫折反应，即指主体伴随着挫折认知，对于自己的需要不能得到满足而产生的情绪和行为反应，如愤怒、紧张、焦躁、躲避或攻击等负面心理感受，即挫折感。其中，挫折认知是核心因素，挫折反应的性质及程度主要取决于挫折认知。一般来说，挫折情境越严重，挫折反应就会越强烈。反之，挫折反应就会较轻微，但如果个体主观上将严重的挫折情境认知评价为不严重，其反应就会比较轻微；反之，如果将并不严重的挫折情境认知评价为严重事件，那么也会引起强烈的情绪反应。

二、挫折的种类

按照不同的标准，挫折有不同的种类。

（1）根据挫折是否符合客观现实，可把挫折分为两类。

想象性挫折，是指没有挫折情境，仅仅由于主观想象的作用而产生的挫折。例如，有的学生看到几个同学在寝室里正小声讨论，他会想象成是在议论他的坏话，由此在心理上产生强烈的挫折感受，引起焦虑、担忧甚至痛苦等情绪反应。想象性挫折往往不被他人理解，一般也就比较难以得到他人有效的帮助。

实质性挫折，是由现实性的挫折情境而引起的挫折，由于实质性挫折有实际的情境表现，当事人可以做出有效的处理，他人也可以做出有效的帮助。

（2）根据挫折的严重程度，可把挫折分为两类。

一般性挫折，是指日常生活中在一些常见的不太重要的事情上遇到的小挫折，如同寝室的同学发生口角，偶尔身体不舒服，小考出现失误，乘车进城遇到堵车，这些日常琐事虽然也会引起心情不快，但很快就能过去，对人的影响一般比较小。

重大性挫折，指在某些与自己关系密切，或意义重大的问题上遭受的挫折，如高考落榜，亲人亡故，触犯刑法等，这些事件对人的内心产生的震动较大，引起的情绪反应也非常强烈。

（3）根据挫折的来源，可把挫折分为三大类。

缺乏性挫折，主要是指当无法拥有自己认为非常重要的东西时所引起的挫折，如由于物资缺乏、能力缺乏、生理缺乏、经验缺乏和感情缺乏等带来的挫折，都属于缺乏性挫折。大学生中常见的由于缺乏知心朋友而产生的孤独感就是缺乏性挫折。

损失性挫折，主要是指失去了原来拥有的而引起的心理挫折，如亲人去世、失恋等都是严重的损失性挫折。

阻碍性挫折，主要是指那些在需求和目标之间出现阻碍或障碍时所引起的挫折。这种阻碍可能是客观的或物质性的，也可能是观念性的，如大学新生入学初期由于饮食习惯、气候等与家乡不同，不适应新环境所引起的挫折就属于阻碍性挫折。

（4）根据挫折持续的时间，可把挫折分为两类。

短暂性挫折，是指挫折持续时间较短，是暂时性的。这种挫折即使比较严重，也会随着时间的推移而自然消失，如一次考试没有取得好名次、高龄老人的自然死亡等。

持续性挫折，是一种长期的挫折状态，既可是持续的，也可能是接二连三的。由于导致挫折的条件和情境具有相对的稳定性，往往使我们长时期、持续地处于紧张状态和挫折感之中。持续性挫折使人所产生的情绪反应往往会改变人的性格，而且多为焦虑不安、压抑、回避、萎靡不振，有时也会有攻击、粗暴等表现。

三、挫折的情绪反应和行为反应

（一）挫折后的积极行为反应

当个体遭遇挫折和失败时，都会有一种摆脱困境、减轻不安、稳定情绪、重新达到心理平衡的倾向，这种倾向称为心理自我防御机制。每个人在处理挫折和紧张情绪时，都会自觉或不自觉地运用心理防御机制。但是，每个人使用的防御机制又是有差异的，其中有些是积极的，有些是消极的，也有些是妥协的。

大学生受挫后积极的行为表现是指不失常态的、有控制的、转向摆脱挫折情境为目标的理智性行为。主要有以下几种形式。

1. 升华

什么叫升华？升华是指将那些因受种种因素制约而无法实现的目标或不能为社会所接受的行为目标加以逐步改变，用另外一种高尚的、富有创造性和社会价值的目标取而代之，从而减轻挫折带来的精神痛苦，这就是升华。升华不仅需要一个人具备良好的思想素质、理性思考的能力，而且需要坚强的意志品质和宽广的胸怀。如司马迁遭受凌辱，身陷囹圄，却撰写出了影响整个历史的《史记》；歌德在失恋中得到灵感与激情，写出脍炙人口的世界文学名著——《少年维特之烦恼》。正如别林斯基所说：“不幸是一所最好的大学。”许多自学成才的青年、事业上有成就的杰出人才，都是从这所大学毕业的。

2. 补偿

当在实现既定目标的过程中因主、客观条件的限制而无法实现时，设法以新的目标替代原来的目标，以现在的成功体验去弥补原有失败的痛苦，以找回失去的自尊和所有，达到“失之东隅，收之桑榆”的目的，这就是补偿。这个概念包括两层含义：一是适时改变策略和行为方式。当目标无法实现时，应该及时调整策略，寻求一种新的行为方式去实现既定目标，即所谓的“迂回战术”，也就是一种策略上的替代。二是目标的改变，比如降低现在的目标和重新选择目标等。当既定目标需要付出的代价过大或无法实现时，可以修改或降低目标的要求，这是一种明智的做法，这就是补偿作用。

这里的“升华”和“补偿”都有一个共同特点就是设法用一种新的目标取代原来的目标，所以在心理学上通常又把两者合称为替代作用。大量的社会生活实践表明，替代对人生和社会都有积极意义，因为“升华”表示人能主动调节个人的欲望与社会要求之间的矛盾，表示能对主、客观条件进行重新估计，这就为避免再次遭受挫折创造了条件。而“补偿”，从广义上讲，是个体通过自身努力，扬长避短，以成功的做法替代失败的行动，这是潜在力量的发挥，是一种较好的适应生活环境的方式。

当然，补偿也有可能带来消极作用。因为人的目标有高尚和庸俗之分，如果受挫者用一种庸俗、低级的目标来代替原来的目标，那就会对社会、对自己带来危害。如高校中有这类的学生——经常考试不及格、受到老师的批评，在学校过得不顺心，于是就沉溺于网吧或到校外结交一些行为不良的朋友，这就是消极意义上的补偿。

3. 幽默

当遭遇挫折、身处逆境或面临尴尬局面时，可以使用比喻、夸张、寓意、双关语、谐音、谐意等手段，以机智、婉转、风趣的方式来表达自己的意图或意见，从而达到化解困境、摆脱失衡状态的目的，这就是幽默。使用幽默的基本目的就是把原本棘手或难办的事情大事化小、小事化了，从而渡过难关，把损失降到最低程度。幽默作用的发挥能体现出一个人的智慧、思想境界以及人格的完善程度，它是值得称道的对付挫折的一种积极行为反应。

（二）挫折后消极的行为反应

消极的行为表现是指失常的、失控的、没有正确目标导向的，甚至对自己、他人和社会造成一定程度危害的情绪性行为。主要有以下几种形式。

1. 攻击

当个体受到挫折后，常常会引起异常愤怒的情绪、在态度上产生敌视心理，为了将心中的愤怒情绪发泄出去，便有可能出现攻击行为。根据受挫者攻击的对象不同，攻击行为一般分为以下两种。

（1）直接攻击。即个体受到挫折后，对使自己产生挫折的人或事物直接进行攻击，以发泄愤怒的情绪，求得心理平衡。直接攻击常常表现为怒目而视、反唇相讥、谩骂或拳脚相加等，大学校园里偶尔发生的情杀、突发事件引起的打架斗殴等就是一种极端的攻击行为。研究表明，那些对自己的容貌、才能、权力等各方面充满自信，自我感觉良好，自我评价偏高，以及鲁莽、简单、冲动性大、较缺乏生活经验的大学生容易将愤怒的情绪向外发泄，采取直接攻击行为。

（2）转向攻击。转向攻击是不直接攻击使自己造成挫折的对象，而是转向攻击与造成挫折无关的人或事物。它一般在下列三种情况下表现出来：①对自己缺乏信心，有悲观情绪的人，易把攻击的对象转向自己，责备自己。如少数大学生受挫后把自己关起来，长时间不吃饭、不睡觉，极为严重的就会出现自杀。②当个体觉察到引起挫折的真正对象不能或不应该直接攻击时，如对象是自己的上司、重要顾客或亲朋好友等，就会把愤怒的情绪发泄到与挫折无关的人或事物上去。③挫折来源不明或者是日常生活中许多小挫折的积累，或者是个人内部的因素，如内分泌失调或疾病等，在此情况下，个人找不到明显的对象可以攻击，于是将闷闷不乐的情绪发泄到与真正引起挫折不相干的人或事物上面。虽然直接攻击和转向攻击都在一定程度上暂时发泄心中的愤懑和不快，但由此带来的后果很可能难以消除原有的挫折感，还会引起新的、更大的挫折，同时还会危害他人和社会，造成很坏的社会影响。可见，攻击是一种非常消极的挫折行为表现，应加以引导和控制。

2. 逃避

当个体不敢或没有能力应对可能发生的挫折情境而逃离现场或现实的行为，就是逃避。它主要有两类情况：一是个体不敢面对自己预感的挫折情境的到来，逃向自认为比较安全或幻想的世界中去；二是从受挫情境中退却，压抑受挫情绪。如有些大学生感到预定目标难以实现，前途渺茫，又没有精神寄托，便逃避现实，经常酗酒、算命、信教、迷恋于电子游戏之中，以求在麻醉和幻想中获得满足。现实生活中，逃避有多种表现形式。

（1）逃向另一现实。有一部分大学生对自己所学的专业课没有兴趣，而且不愿意培养兴趣，考试经常不及格且时常受到老师的批评，于是就把大量的时间和精力花费在社交、社团、体育锻炼等方面，以求排除心中的焦虑和苦闷。

（2）逃向幻想世界。即从现实困难情境中撤退，逃向虚无缥缈的“幻想世界”，避免挫折痛苦。个体受挫后，自我封闭，躲进幻想世界，如果偶然发生，是正常现象，但如果把幻想当成逃避现实的手段，经常沉浸在虚拟的精神世界中，就是不正常现象。因为它会使人更加难以适应复杂的现实生活。

（3）孤立。少数大学生遭受挫折后，不再与亲戚朋友、同学往来，把自己封闭、隔离起来，使自己变得孤僻离群。如某高职院校一名女生因期末考试中有三门专业课程没有及格而觉得脸上无光，痛恨自己笨、傻，从此变得沉默寡言，不愿再与其他同学接触。

（4）压抑。是指个体把不为社会所接受的本能冲动、欲望、情感、过失、痛苦经验等，不知不觉地从意识中予以排除，或抑制到潜意识中去，使其不侵犯自我或使自我避免痛苦。它通常有两个方面的表现：一是将可能引起挫折的欲望以及与此相关的感情、思想等抑制下去，不让其表现出来；二是个体受挫折后用意志力强压住愤怒、焦虑情绪反应，不动声色，若无其事，谈笑风生。如果大学生经常把受挫后的情绪反应采取压抑的逃避方式，虽然可以暂时减轻忧虑，获得一定程度和时间的心理平衡，但是久而久之会超过潜意识层的负荷，变得性情暴躁或孤僻、沉默，甚至逐步形成变态心理。

3. 焦虑

大学生在受到挫折后，情感反应是非常复杂的，它包括自尊心的损伤、自信心的丧失、失败感和愧疚感的增加，最终形成一种紧张、不安、忧虑、恐惧等消极情绪所交织成的复杂的心情，这就是焦虑。焦虑是受到挫折后一种常见的行为反应。适度焦虑，如考试前适度紧张，对提高工作效率、发挥潜能有一定的积极作用，而过度焦虑是有害的，严重的会导致心理疾病，发展成焦虑症。有关调查研究表明，人际关系和学习上的挫折是引起当前大学生焦虑的主要原因。由人际关系不良所造成的过度焦虑，常使一些大学生不能适应学校的集体生活，内心常处于一种渴望理解与自我封闭的矛盾之中。有时大学生会因为在交际方面发生一两件小事，就对自己的交际能力进行否定性评价，由此加剧焦虑感。

4. 固执

固执是指在受到挫折后，不去分析原因、总结经验教训，而是盲目地重复某种无效的、一成不变的动作，其特点是行为呆板无弹性、有强制性。如果对受挫后出现了固执行为的大学生进行惩罚，其行为会表现得更加强烈。一般而言，个体受挫后会有一种灵活应变的能力来摆脱所遭遇的困境，但是一些人在重复碰到类似的挫折困境后，依旧用原来的方法，盲目地去解决已经变化了的问题，抑或是“衣带渐宽终不悔，为伊消得人憔悴”等，都是固执的较好注解。

固执行为通常容易发生在那些性格内向、倔强、看问题片面的大学生身上，以及以感情为纽带的消极的非正式团体当中。常见的现象有：老师对某些违反校纪的学生进行严肃的批评或处分，但实际纠偏效果却很差，甚至有可能他们的违纪行为越来越多，性质越来越严重，这就表明出现了固执行为。固执与正常的习惯行为是不同的，因为如果习惯行为不能满足人的需要，或者受到惩罚时，就会被抑制而改变。固执行为也不同于意志力坚强，因为意志力很强的人有很明确的目标导向，如果知道某种行为达不到目标，就会主动调整策略，重新进行尝试。而固执行为却与此相反，它不仅不会改变，反而在遇到阻碍时会更强烈。一旦学生出现固执行为，一切教诲都将受到抵制，实际教育效果将是微乎其微。

5. 反向

通常个体行为方向和他的动机方向总是一致的，即个体对其内心所希望得到的东西或所喜爱的活动，在行为上会很自然地表现出来。但在个体受挫以后，就会产生某些不符合社会规范或不为他人接受或容忍的动机，为维护自尊，或避免造成更多的挫折，于是在外表上就以一种截然相反的态度或行为表现出来，用以掩盖自己的本意，以减轻内心的压力，这种行为就是反向。比如，有的学生一直内心很自卑，但却总是以傲慢不羁、自吹自擂的形式来装扮自己；有的同学原本是非常想亲近某个异性，但害怕遭到对方拒绝或他人讽刺，便装出一副不屑一顾、毫无兴趣的样子。从本质上看，反向是因为个体内在的动机和外部的行为自相矛盾造成的，所以外在表现往往显得过分夸张、做作。它虽然能在一定程度上掩饰个体的真实动机，从而减轻因动机与行为的冲突所引起的痛苦，但是这种反向作用运用了压抑机制，如果长期使用会从根本上扭曲真实的自我意识，使动机与行为相脱节，造成心理异常，大大降低自己的社会适应能力。

6. 冷漠

大学生受到挫折后以沉默、冷淡麻木、无动于衷的方式对挫折情境做出反应，这就是冷漠。当大学生对引起挫折的对象无法攻击且没有适当替罪羊可以攻击时，便将其愤怒的情绪压抑下去，表现出一种冷漠、无动于衷的态度，失去了正常的喜怒哀乐的表情，行动上表现为茫然不知所措、妥协退让。研究表明，个体受挫后出现的冷漠与学习和强化作用有密切的联系。如果个体受挫后以攻击反应获得满足，以后就会多采用攻击方式。相反，若因攻击而招致更多的挫折，就会采取相反的方式，即逃避或冷漠的态度对待。冷漠反应包含着大学生心理上的恐惧与生理上的痛苦，通常比攻击对身心的危害性更大，它往往是个体压抑、愤懑的一种表现。所以学校、社会和家庭应对处于冷漠状态下的大学生进行热情帮助，尽快使之恢复正常情绪状态。

7. 逆反心理

当大学生受到挫折后，不去总结经验教训，而是一意孤行，根据自己的情绪，对正确的方面盲目地持反抗、抵制与排斥的态度，这种行为反应称为逆反。逆反在大学生成长过程中有多种表现。较轻的，如个别学生“不听话”，常与老师“顶牛”“对着干”；对先进人物、榜样无端怀疑，甚至根本否定；对不良倾向持认同感，大喝其彩，等等。更为严重的是，如有些大学生把学校的规章制度根本不放在眼里，纪律观念淡薄，上课经常迟到、早退甚至旷课；有的考试作弊，考试多门功课不及格，等等。

逆反作为一种反常心理，已带有变态心理的某些特征，其后果是严重的，它会导致大学生出现对人、对事多疑、偏执、冷漠、不合群的病态性格，以致信念动摇、理想泯灭、意志衰退、生活萎靡，甚至转化为犯罪等病态心理。

8. 轻生

轻生是个体受到挫折后所表现出最为消极的行为反应。当个体在遭遇挫折后，自我意识的烦恼和苦闷发展到一定程度时，对事态产生恐惧，对生活失去信心，对现实感到绝望而采取的唯一的、最无奈的“自我保护”的手段。也可以说，当个体内部不快乐因素或外界环境冲突因素达到令人无法忍受时，就会发生自杀行为。

当然，以上的各种消极反应不是同时发生的，也不是在一个人身上集中发生的。根据个人的心理素质、心理承受能力不同而呈不同表现形式。这里我们要强调的是，这些消极反应也是可以克服和避免的。

资料窗

什么是AQ

除了智商、情商外，近年来又流行一个新概念：AQ——挫折商（逆商）。IQ、EQ、AQ并称3Q，成为人们获取成功必备的不二法宝。有专家甚至断言，100%的成功=20%的IQ+80%的EQ和AQ。

AQ来自英文Adversity Quotient，全称逆境商数，是美国职业培训师保罗·史托兹提出的概念。它是指人们面对逆境时的反应方式，即面对挫折、摆脱困境和超越困难的能力。据研究，一个人AQ愈高，愈能以弹性面对逆境，积极乐观，接受困难的挑战，发挥创意，找出解决方案，因此能不屈不挠，愈挫愈勇，而终究表现卓越。大量资料显示，在市场经济日趋激烈的今日，大学生创业成功与否，不仅取决于其是否有强烈的创业意识、娴熟的专业技能和卓越的管理才华，而且在更大程度上取决于其面对挫折、摆脱困境和超越困难的能力。

AQ不只是衡量一个人超越工作挫折的能力，它还是衡量一个人超越任何挫折的能力。同样的打击，AQ高的人产生的挫折感低，而AQ低的人就会产生强烈的挫折感。

第二节　锤炼挫折承受力

要使心理素质健康发展，就应不断地锤炼挫折的承受力。只有了解挫折对心理的影响，形成对挫折的正确态度，培养良好的意志品质，有效运用心理防御机制，才能不断提高自身的挫折承受力。

一、形成对待挫折的正确态度

心理研究表明：一个人越是能够获得与挫折事件相关的信息，就越能够有效地处理它，越是参加到他怕面对的挫折情境中去，就越能够有效地对付这种情境。可见，个体对挫折的反应和承受能力不仅取决于挫折情境本身，更重要的是取决于其对挫折的认知。既然挫折是社会生活的组成部分，是不可避免的人生经历，大学生应该正确地认识挫折、战胜挫折，并把挫折作为成功的阶梯。

（一）充分认识挫折承受力的必要性与重要性

正确地认识挫折首先应该认识到挫折的两重性，即挫折一方面对人有消极的影响，如挫折会影响个体实现目标的积极性，降低个体的创造性思维水平，损害个体的身心健康；另一方面也有积极的作用，如挫折能增强个体情绪反应的力量，增强个体的容忍力，提高个体对挫折的认识水平。因此，辩证地看待挫折的两面性，就能够变不利因素为有利因素，化消极因素为积极因素，促使挫折向积极方面转化。同时，大学生还应学会对客观事物、挫折情境的正确认识。如有的学生因一次考试不及格就悲观失望，甚至自暴自弃。这种表现是由于他的错误认知导致的。人生的道路总是崎岖不平的，一次的失败并不能够代表他的全部，人生成才的道路、成功的机会有很多的，只要自己努力，就会有一个崭新的未来。

“人生未遇苦难者，只能算是半个人。”在人生的道路上没有平坦的、笔直的路可走，只有那些在布满荆棘的弯弯曲曲的羊肠小路上不畏艰难困苦、一次次跌倒又一次次顽强站起来并善于总结经验、勇于进取的人，才能创造人生的辉煌。那些经不起挫折考验的人必然被淘汰。

（二）建立“失败”的正确观念

大学生初涉社会，对“失败”比较敏感，害怕失败，害怕挫折。因此，大学生首先应对“失败”有科学认识，建立“失败”的正确观念。在实际生活中，人们把没有成功或没有达到目标都看作是失败，这已成为习惯，但实际上这种看法并不科学。因为人们的许多工作并不可能一蹴而就、圆满完成，常常是经过多次的尝试、失败后的不断努力，才能有机会获得尽善尽美的境界。其中每一次失败都使人们获取了更多的知识与经验，使其在下一次努力时，更进一步地接近成功。这也是毛泽东所说的："错误和挫折教训了我们，使我们变得聪明起来，我们的事情就办得好一些。"可以说，没有失败，就没有成功，因此，在这个意义上说，失败也是成功。大学生面对挫折、失败之时，应坦然面对，泰然处之，没有必要过分担心、害怕。

作为一个现代人，应具有迎接失败的心理准备。世界充满了成功的机遇，也充满了失败的可能。所以要不断提高自我应付挫折与干扰的能力，调整自己，增强社会适应力，坚信失败乃成功之母。若每次失败之后都能有所"领悟"，把每一次失败当作成功的前奏，那么就能化消极为积极，变自卑为自信。

（三）树立"失败也是我所需要的"思想

"失败也是我所需要的。"这是爱迪生一生奋斗的经验总结。爱迪生一生有 1 328 项发明，其中每项发明都不是一帆风顺的。例如，他研制蓄电池，从 1900 年一直到 1909 年，历经 10 年，共失败 100 296 次，最终研制成功，其艰辛与挫折可想而知。然而正是从 10 万多次的失败与挫折中迎来成功，因此，爱迪生的事例对不愿面对失败与挫折的大学生有很大的启发作用。

其一，在现实生活中，一切事情绝不会是一帆风顺的，而是充满各种困难与艰辛，成功者的成才之路只能是脚踏一个又一个失败与挫折去夺取胜利。换句话说，成功者"需要"一个接一个地战胜挫折，才能取得成功。这正如法国著名作家巴尔扎克所说的："不幸，是天才的晋身之阶，信徒的洗礼之水，能人的无价之宝，弱者的无底之渊。"

其二，挫折是一种心理预报系统。它要求人们坚强，面对现实，探明受挫折的根源，找出失败的原因，根据具体情况继续努力奋斗。倘若由于判断失误，确实所遇的是不可克服的障碍，那就应当承认事实，躬身自退，转移目标；倘若"不可克服的障碍"并非"不可克服"，则应鼓起勇气，面对现实，下定决心，排除障碍，转败为胜。一个人是强者还是弱者，如何对待挫折便是一面镜子。大学生在自己的人生道路上，这样的"心理预报"是必需的，这样的"心理预报"引导大学生在人生道路上正确认识，锻炼意志，不断发展自己。

其三，挫折是人生的催熟剂。在现实生活中，那些担心挫折、害怕失败的人，总是把自己沉溺于万事如意的想象之中，不敢面对复杂的现实社会，更不能搏击人生，稍遇挫折就意志消沉、一蹶不振，甚至痛不欲生。大学生们应该记住贝多芬留下的一句话："卓越的人有一大优点，就是在不利与艰难的遭遇里百折不挠。"大学生要成为卓越的人，应当投身社会，历经磨难，不断克服困难，战胜困难。经历挫折、忍受挫折是人生修养所必需的一门课程，挫折是人生的催熟剂。

人生没有放弃努力的借口

有个人，在他的一生中遭受过两次惨痛的意外事故。

第一次不幸发生在他46岁时，一次飞机意外事故，使他身上65%以上的皮肤都被烧坏了，在16次手术中，他的脸因植皮而变成了一块彩色板，他的手指没有了，双腿特别细小，而且无法行动，只能瘫在轮椅上。

谁能想到，6个月后，他亲自驾驶着飞机飞上了蓝天！

4年后，命运再一次把不幸降临到他的身上，他所驾驶的飞机在起飞时突然摔回跑道，他的12块脊椎骨全部被压得粉碎，腰部以下永远瘫痪。

但他没有把这些灾难当作自己消沉的理由，他说："我瘫痪之前可以做1万种事，现在我只能做9 000种，我还可以把注意力和目光放在能做的9 000种事上。我的人生遭受过两次重大的挫折，所以，我只能选择不把挫折拿来当成自己放弃努力的借口。"

这位生活的强者，就是米切尔。正因为他永不放弃努力，最终成为一位百万富翁、公众演说家、企业家，还在政坛上获得一席之地。

二、提高挫折承受力

（一）挫折承受力的含义

所谓挫折承受力，是指个体在遭遇挫折情境时，能否经得起打击和压力，有无摆脱和排解困境而使自己避免心理与行为失常的一种耐受能力，亦即个体适应挫折、抵抗和应付挫折的一种能力。

最初使用"挫折承受力"这一概念的是美国心理测验专家罗森•茨威格。他给挫折承受力下的定义是"抵抗挫折而没有不良反应的能力"，即个体适应挫折、抗御和对付挫折的能力。1977年就任世界卫生组织精神卫生部主任的萨托拉斯提出三条精神健康标准，其中一条就是能够经受生活的挫折并及时地调适自己的情绪，不仅适应环境，而且能有效地改造环境。由此可见培养挫折承受力对精神健康的意义之大。

一般来说，挫折承受力较强的人往往挫折反应小，挫折时间短，挫折的消极影响少；而挫折承受力较弱的人容易在挫折面前不知所措，挫折的不良影响大而易受伤害，甚至导致心理和行为的失常。因此，挫折承受力的大小反映了一个人的心理素质和健康水平。许多人的心理问题就是由于遭受挫折而又不能很好地排解和调适所造成的。增强挫折承受能力，是获得对挫折的良好适应和保持心理健康的重要途径。

（二）影响挫折承受力的因素

1. 生理条件

一般而言，一个身体健康、发育正常的人比一个疾病缠身、有生理缺陷的人对挫折的承受力要高。比如，前者不怕偶尔的饥寒交迫，也可以长时间工作而不感到疲劳，因而可以经受更大的挫折。这是因为挫折会引起人的情绪及生理反应，给人的心理带来压力及紧张感，这会加重体弱多病者的身体虚弱程度和病情，甚至发生意外。国外有人研究发现，体弱多病者与身体健康者在丧偶后一年内，前者比后者发病率高 78%，死亡率高 3 倍多。看来，人们更应珍惜“健康”这一宝贵财富。

2. 现有经验

国外曾有人做过一个动物实验。他们对一组幼小的白鼠给予电击及其他挫折情境，使其产生紧张状态，然后让它们正常发育。长大以后，这组白鼠就能很好地应付挫折引起的紧张状态。而另一组没有受到这类挫折刺激的白鼠，长大后遭受电击等痛苦刺激时就显得怯懦，并发生行为异常。人类也是如此。在婴幼儿时期所受的刺激，可使成年期的行为更富于适应性和多变性。相反，极少受到挫折、一贯顺利、总受赞扬的人，就没有足够的机会学习和积累对待挫折的经验，他们的自尊心往往过于强烈，对挫折的承受力很低。

当然，任何事情都应有个“度”。如果青少年时期遭遇的挫折太多、太大，也会影响以后的发展，可能形成自卑、怯懦等个性，缺乏克服挫折的勇气。

3. 挫折频率

人们常说“福无双至，祸不单行”“屋漏偏逢连夜雨，船迟又遇打头风”。有的学生刚刚失恋不久，考试又未通过，没几天又把手机弄丢了，这时的心理往往更沮丧、抑郁。接连遭受挫折，频率过高，挫折承受力往往大大降低。

4. 认知因素

根据艾利斯的合理情绪理论，挫折刺激通过人的认知作用于情绪，进而产生这样或那样的心理行为反应。由于认知不同，同样的挫折情境，对每个人造成的打击和心理压力是不同的。

一般认为，虚荣心强的人对挫折的知觉感受性高，承受力低。因为虚荣心强的人通常将名利作为支配自己行为的内在动力，一旦受挫，目标没有达到，就会因为虚荣心没得到满足而难以忍受。

5. 人格因素

人格是一个人所具有的人格倾向性和较稳定的心理特征的总和。一个人的性格特征、个人兴趣、世界观都对挫折承受力有重要作用。

性格开朗、乐观、坚强、自信的人，挫折承受力强；性格孤僻、懦弱、内向、心胸狭窄的人，挫折承受力弱。当人们对某样东西有浓厚的兴趣，一心钻研时，在别人看来很苦的事，他们却乐在其中，挫折承受力就强。诺贝尔在研究炸药的过程中，多次发生爆炸事故，弟弟炸死，父亲重伤，自己几次面临生命危险，挫折不可谓不大，却终获成功。可见，个人兴趣也是应付挫折不可忽视的因素。

6. 社会支持

人们常说，一个痛苦两人分担，痛苦就减轻了一半。当一个人感到有可以依赖的人在关心、爱护和尊重自己时，就会减轻挫折反应的强度，增强挫折的承受力。

（三）提高挫折承受力的方法

1. 自我暗示法

自我暗示是指用含蓄、间接的方式，对自己的心理和行为产生积极影响。运用积极的心理暗示可以振作精神，增强信心。当一个人遭遇挫折、受到打击时，要提醒自己：我要振作，我要成功，我一定能做到，我要下定成功的决心，失败就永远不会把我击垮。

2. 正确归因法

面对挫折时，正确归因是成功应对挫折情境的必要基础。正确归因也就是对挫折原因进行实事求是的分析，弄清楚问题的真正原因。造成挫折的原因不外乎两类：外在客观因素和内在主观因素。根据心理学的归因理论，人对原因的归结可分为两类：外归因和内归因。倾向于外归因的人，惯常认为自己的行为结果是受外部力量（如运气、机会、他人权力等无法预料和支配的因素）控制的。倾向于内归因的人，则认为行为结果是受本身的能力、自己的努力程度等内部力量控制的。两种归因方式各有利弊。外归因的人，面对挫折时常感到无能为力、束手无策，从而不能尽自身的最大努力克服困难；内归因的人，把成败结果统统归结于自身，过多自责，同样影响问题解决。正确的归因方式应该是以冷静的态度分析遭受挫折的主、客观原因，及时找出失败的真正原因，从而从现实出发，以切实行动改变挫折情境。

3. 目标调整法

挫折毁灭了自己的原有目标，因此，受挫后就要重新寻找方向，调整期望值，重新确立更切合实际的新目标。目标调整法既能抑制和阻止不符合目标的心理和行动，又能引发和推动人们从事达到目标所必需的行动，从而战胜挫折。作为一名大学生，当个体在通向目标的道路上受阻时，如经分析追求的目标是现实的，就不要放弃，应战胜困难，努力实现目标。当采取某种行为达不到目标时，可以变换行为方式，通过其他途径和方法实现目标，或改变行为方向，就可能获得成功，达到目标。当个体由于自身条件或社会因素的限制，经多次努力达不到目标时，可调整目标或降低要求，改变行为方向，缓解心理上的冲突，增强勇气和信心。

4. 反向思维法

这是指换个角度，或从积极光明的角度去看问题。“塞翁失马，焉知非福”，大学生遇到挫折时，应从积极方面去思考问题，努力从不利因素中找到有利因素，化不利因素为有利因素，从而调整受挫后的情绪。面对挫折时，要冷静分析，应从自然、社会、个体等方面找出受挫原因，采取补救措施。学会用自我宽慰去平衡自己的心理，要能容忍挫折，情绪乐观，奋发向上，去争取成功。

5. 合理宣泄法

大学生受挫后会产生压抑、焦虑、愤怒和不安等消极情绪，如不及时化解，会对社会和学生个体带来不良后果。因此，应采取合乎社会规范的方式，选择适宜的场合和形式宣泄受挫后的情绪，从而恢复理智和心理平衡。宣泄的方式有倾诉、哭喊、运动、转移等。不论采取何种方式，都要遵循不损害他人和集体、社会的利益，合乎社会规范，不激化矛盾等原则。

6. 社会求助法

大学生遭受挫折时，应积极寻求社会支持。对受挫的大学生来说，心理咨询是寻求社会支持的有效方式。心理咨询是一种以面谈形式解决心理障碍的科学方法。对受挫学生来说，就是在专业老师的指导和帮助下，克服消极、悲观情绪，解除心理困惑，减轻心理压力，达到心理平衡。

大学生挫折教育的重点是帮助大学生树立一种自信乐观的人生观。既然生活中挫折无处不在，逆境无时不有，当大学生在学习生活中遇到挫折时，就要敢于正视现实，不逃避，不畏惧，认真总结失败的经验教训；要学会自我宽慰，心怀坦荡，情绪乐观，做到失败不失志；面对挫折更加坚定信心，顽强拼搏，最终战胜挫折，取得胜利。

小贴士

A～Z减压26式

A	Appreciation	接纳自己接纳人，避免挑剔免伤神
B	Balance	学习娱乐巧安排，平衡生活最适宜
C	Cry	伤心之际放声哭，释放抑郁舒愁怀
D	Detour	碰壁时候要变通，无须撞到南墙头
E	Entertainment	看看电影听听歌，松弛精神选择多
F	Fear Not	正直无惧莫退缩，哪怕背后小人戳
G	Give	自我中心限制大，关心他人展胸怀
H	Humor	戴副墨镜瞧一瞧，苦中寻乐自有福
I	Imperfect	世上谁人能完美，尽力而为心坦然
J	Jogging	跑跑步来爬爬山，真是赛过食仙丹
K	Knowledge	知多识多头脑清，无谓担心自减轻
L	Laugh	每天都会笑哈哈，压力面前不会垮
M	Management	不怕多却只会乱，时间管理很重要
N	No	适当时候要讲不，不是样样你都行
O	Optimistic	凡是要向好处看，无须吓得一头汗
P	Priority	先后轻重细掂量，取舍方向不难求
Q	Quiet	心乱如麻自然乱，心静如水自然安
R	Reward	日忙夜忙身心倦，爱惜自己要牢记
S	Slow Down	做下停下喘口气，不必做到脑麻痹
T	Talk	找人聊聊有人听，被人理解好开心
U	Unique	人比人气死人，自我突破最要紧
V	Vacation	放放假或充充电，活力充沛展笑脸
W	Wear	穿着打扮用心点，精神焕发心情好
X	X-ray	探寻压力的源头，对症下药有计谋
Y	Yes, I can	相信自己有潜力，勇往直前步青云
Z	Zero	从零开始向前看，每日都是新起点

三、积极应对挫折

（一）改善或创造条件，重新实现理想

某大三学生说："高考之前父母去世，进了大学之后没有任何经济来源，我便做家教送报纸，最初的日子里甚至还曾去桥头的劳务市场做小时工。起初的一切似乎都很艰难，现在情况好多了，奖学金加上自己的稿费和平时的打工所得基本够生活所需了。想想走过的路，最大的感触就是自己不能被自己打倒。我开始的时候总是想：为什么自己会这么不幸？但是后来我逐渐明白光想这些是没有用的，一点实际问题也解决不了，现实就是现实。我于是不断给自己打气，告诉自己能行，一定要走下去。信念和毅力给了我莫大的勇气，我总是告诉自己：生活交给自己难题的时候，抱怨和退缩都是不行的，既然让自己遇上了，坦然面对好了。这对自己的心智是一个很好的锻炼。我不但要面对经济上的困窘，还要承受心理上的思亲之痛。尤其是过年的时候，孤独、寂寞，还有很多难以言说的心绪就会铺天盖地地'砸'来。开始的时候我有些茫然不知所措，后来我学会了在为自己的前途而奋斗中排遣无助的心情。我把自己的时间排得满满的，一想到自己如果能有一个好的将来是对父母最大的慰藉，一切无助和无奈就都没了。"

（二）接受已经发生的事实

对不可抗拒的因素、无法挽回的局面，以一种豁达、超然的态度去对待。为了说明这个道理，曾经有一位心理学老师做过这样的实验：一天，老师走进教室，走上讲台，把一只精美绝伦的瓷花瓶摆在桌上。讲课开始几分钟了，就在他不经意转身时，碰翻了花瓶，"啪"的一声掉在地上摔得粉碎。台下同学发出一片惊呼声。老师看了看地上的碎片，几秒钟后立即恢复了常态，好像什么也没有发生似的继续他的演讲，直到结束。他最后说了几句让学生永远不会忘记的话："你们似乎还在为一小时前的花瓶而惋惜，然而事件已经发生，再也无法挽回，就像地上的碎片再也不能组合成原来的花瓶。你们的感叹、可惜、追悔又有什么用呢？该做什么就做什么，不要让那些不能改变的事来影响你。这就是今天的课真正要告诉大家的。"

（三）调节抱负水平

抱负水平是指个体在从事活动前对自己所要达到的目标或成就的期望标准。它是人们进行活动的动力，而能否成功则决定于抱负水平的高低是否符合个体的能力或条件。抱负水平过低或过高都不利于增强个体的自信心和自尊心。

国外心理学研究者做过一个有趣的投掷实验：投掷距离由被试者自己确定，距离越远，投中得分越高。结果表明，凡是抱负水平高的人多选择中等距离投掷，与自己实际水平相符。而抱负水平低者，多选择很近或很远的距离投掷。也就是说，要么他的要求很低，要么孤注一掷。距离很近，他固然容易达到目标，但这种成就感并不能给他带来满足；若目标过高，超过实际水平，他虽全力以赴，仍会力不从心，达不到希望的目标，亦

会产生失败感。所以，遇到挫折时，应审视自己的目标是否得当，所定的目标最好是既有一定的把握，又要经过一定努力才能实现的。

所以，在确定目标时，一定要全面、客观地评估一下自己所拥有的资源，如能力、智力、体力、经验、兴趣等，还有外部可以利用的资源，如老师和同学提供的物质和精神上的帮助、相关信息资源等，这样制定的目标才是切实可行的。通过一个或多个目标的不断实现，不断增强成就感和自信心。

（四）改变对事物的认知

巴尔扎克曾说过："世界上的事情永远不是绝对的，结果完全因人而异，教训对于天才是一块垫脚石，对于有才干的人是一种财富，对于弱者是万丈深渊。"不合理的认知会导致不恰当的情绪和行为反应。

有这样一个问题，假如有一天，你到公园的长凳上休息，把最心爱的一本书放在长凳上，这时候一个人径直走过来，坐在椅子上，把你的书压坏了。这时，你会怎么想？你可能会生气地想："他怎么可以直接坐到别人的书上面呢！真没礼貌！"那假如我现在告诉你，他是个盲人，你又会怎么想呢？你可能会想："哦，原来是个盲人。他肯定不知道凳子上放了东西！"那你还会对他愤怒吗？当然不会，他是不小心才压坏的嘛，盲人也很不容易的，你甚至有些同情他了。这就是同样一件事情，我们对它有不同的认知，最后却产生不同的情绪情感。其实在生活中，每天都会发生各种各样的事情，由于我们赋予它不同的含义和给予不同的看法，最终会引发我们好的或者不好的情绪。比如，在找工作面试失败后，有的人可能会认为，这次面试只是试一试，不过也没关系，下次可以再来；有的人则可能会想，我精心准备了那么长时间，竟然没过，是不是我太笨了，我还有什么用啊，人家会怎么评价我。这两类人因为对事情的认知和评价不同，他们的情绪体验也会不同。

（五）行动是摆脱沮丧最好的办法

哪怕是最微不足道的行动都是治疗心理创伤最好的办法，情绪无法被理智说服，但却往往被行动所改变。激发潜能，自己拯救自己，充分地汲取潜能的力量。

一个小故事说："一头猪的腰部脱臼，在那里费力地爬着，孙子要去帮猪按摩，爷爷喊住了他。爷爷拿起一个土块向那头猪扔去，那猪吓得挣扎着跑起来，爷爷在后面追赶它，只见那猪跑着跑着腰部便上去了，恢复了正常。"人遭受挫折就好像小猪脱臼，真正能帮助你的不是别人而是你自己。有时，我们在挫折的伤痛中忽视了自己的潜能和改正错误的勇气，一味地等待外力的帮助，这就等于放弃了自己对自己承担的责任和义务，是一种懒惰和没有出息的做法。

（六）适当取舍，远离烦恼

放弃是一种智慧和境界，但是，面对现实的种种诱惑，又有多少人能够做到这一点呢？很多人原本也曾从容、平和地生活着，可一旦被太多的诱惑和欲望牵扯，便烦恼丛生。有的时候，我们将奋斗的目标定得过高；有的时候，我们将奋斗的目标定得过多——

这是我们遭受挫折的重要原因。聪明的办法是学会取舍，不必事事争第一，“塞翁失马，焉知非福？”明智地取舍，并学会放弃，才能摆脱无谓的烦恼，拥有自在的生活。

第三节　生命不能承受之轻——自杀

尽管自杀现象可以追溯到人类诞生以来，但真正把自杀作为一种社会现象和心理危机来研究则始于19世纪。1897年，法国社会学家德克海姆（Emile Durkheim）出版的《自杀：一项社会学研究》，被认为是系统化的自杀研究的开始。目前，自杀已经成为一个世界范围内的重大公共卫生问题，同时，也是一个社会问题和医学问题。自杀已成为大学生非正常死亡的重要原因之一。

一、自杀的概念

自杀是指一个人以自己的意愿与手段结束自己的生命。它是一种人类生理、心理、家庭、社会关系及精神等各种因素混杂而产生的偏差社会行为；也是一种沟通方式，有人借它来传达情绪、控制人、换取某种利益（精神或物质的），更有可能是借以逃避内心深处的罪恶感及无价值感。

因此各类学派的学者对自杀的定义也都有各自的解释，比较著名的也颇受认同的有：希普尔和希姆鲍里克（Hippie&Cimbolic，1979）把自杀行为定义为一个人有清楚意图要以某种方式结束自己的生命（非意外事件），并成功地达到目的；德克海姆定义自杀为受害人以直接或间接的积极或消极行动来达到他预期死亡结果的一切情形。简言之，可归纳为，自杀是一种个人因精神、人际及社会等因素而产生的一种生气、敌意或混乱的反应，是自愿并主动结束自己生命的行为。

二、大学生自杀的原因

大学生选择自杀的原因，已经有很多专家学者做出过分析，归纳起来，主要有以下四个方面。

（一）不适应大学的学习环境，人际交往困难是比较突出的问题

很多学生在相当长一段时间，不能适应角色，不能很快融入大学生活。有的学生感觉大学里人与人之间的关系不像高中时那样单纯，功利色彩多一点，有了心里话不知和谁讲，就闷在心里；有的学生希望与人有交往活动，但认为自己没有交往能力；有交往活动的学生，产生矛盾又不知如何解决，如同学总是借钱不还之类的小问题。

（二）独立性差

独立性差也是造成心理问题的一个主要原因。现在大学生多是独生子女，平时在家一切都由父母打理，一旦离开家门，生活的种种问题突然摆在他们面前，一时找不到解决的途径。有的学生甚至没有基本的生活自理能力，极有可能引起心理严重失衡。

（三）社会竞争的加剧，就业压力的加大

现在社会生活节奏加快，学生自我调节能力差，有些学生自身定位不准，感到无助、迷茫，对自己失望，缺乏安全感，不知道自己的明天在哪里。许多学生直至毕业，仍然不知道自己喜欢什么，想从事什么职业，能够从事什么职业。有的学生害怕走出校园，不愿意出去找工作，怕受到挫折。

（四）家庭经济原因

一些家庭贫困的学生在求学时四处打工赚钱，势必会牺牲更多的学习时间，造成学习上的心理压力。贫富差距越来越大，大学生看到别人过着富裕安逸的生活，而自己一无所有，加上当前社会上攀比之风盛行，也容易造成他们心理上的严重失衡。

（五）情感受挫

大学生情感受挫，也会做出过激行为。不久前，某高校一女生和男朋友发生争吵，随后跑到教学楼顶企图自杀，幸好被学校的“学生心理气象员”撞见，及时制止，才避免了悲剧的发生。

（六）对生命的意义缺乏认识

有的学生自杀，是因为对生命的意义缺乏认识，不懂得生命的价值。有人由于在现实生活中心理落差大，理想落空，从而造成世界观、人生观的扭曲。

三、大学生自杀的预防

（一）把握自杀者的心理

1. 自杀者的性格特征

自杀者的性格多表现出内向、孤僻、偏执、对自己要求甚高、情绪不稳定、心情多变等特征。而这些性格特征往往与偏颇的父母教养态度、不健全的家庭关系有关。当然也有少数自杀者性格属外向型，表现出冲动、以自我为中心、情绪变化大等特征。

2. 自杀时的心理状态

想自杀的人共同的心理特征是孤独，认为谁也帮不了自己，谁也不理解自己。因此，对生活感到绝望，想以自杀来解脱，常表现出心态矛盾、认知偏差、关系失调、行为冲动等症状。

3. 自杀前的征兆

自杀者在采取行动之前，常常处于想死又同时渴望救助的矛盾心理，从言谈举止中或多或少会流露出以下一些征兆：对自己关系亲近的人表达想死的念头，或在日记、绘画、信函中流露出来；情绪明显不同于往常，焦躁不安；常常哭泣，行为怪异；陷入抑郁状态，食欲不良，沉默寡言，失眠；回避与他人接触，不想见人；性格行为突然改变；无缘无故收拾东西，向人道谢、告别、赠纪念品等。这些征兆为自杀预防提供了线索。

（二）自杀预防的措施和方法

通过以上关于自杀者的心理分析，我们可以发现，如果学校能进行一些自杀预防的教育，如果自杀者自杀前的征兆能够及时地被细心的人发现，如果他们一旦有了自杀念头就能有倾诉、交流的途径和方式，如果他们能够得到温暖、理解和关爱，一般都不会将冲动上升为自杀。这就是现在社会上要进行自杀预防及其研究的重要原因。

目前关于自杀预防的措施和方法，一般有以下几种。

（1）开展预防教育，培养健康的人生观。自杀者走上自杀的不归路固然有一定的客观原因，但不健康的人生观是自杀者最终走向极端的极为重要的内部因素。有些学生认为生命属于自己，自己有权利不受限制地支配自我，但他们忘了每个人都是社会人，无论家庭、学校、社会与他们都有着千丝万缕的联系，每个人在做任何行动之前，都应该考虑别人特别是亲人的感受，考虑自己应承担的责任，而不应该做一个绝对自私、解脱了自己却伤害了亲人和朋友的人。生命不仅属于自己，而且属于亲人、朋友、社会甚至国家。我们既然有勇气自杀，为什么没有勇气去努力承受一切呢？

（2）开展调查研究，鉴别有危险者。关于自杀的心理学调查研究，目前比较多地集中在自杀类型、自杀原因、性别差异、职业差异、年龄差异等方面。在进行有关自杀的调查研究方面，用得最多的就是运用一些心理测验表进行自杀危险性的临床评定。目前，国外的一些学者已经专门设计出了自杀可能性问卷（SPS）和自杀调查（SIQ），以用于自杀倾向的早期发现，并从中鉴别有自杀可能的危险者。

（3）完善心理咨询，开展救助服务。生命对于每个人都只有一次，所以，自杀者在自杀之前总会有一点眷恋不舍之情和渴望救助之心。因此，我们既要善于发现苗头做好劝导工作，又要进一步完善心理咨询，从而为那些有自杀念头而又不想放弃生命的人提供有效的咨询服务。现在，有些高校已经通过电话、网络开通了专门的生命热线，成立了专门的预防自杀的救助门诊，并由相关专业人士专门从事这一工作，从而为预防自杀发挥了极其重要的作用。

心理医生解读防止自杀的8种方法

（1）自杀干预，年龄越小进行越有效。有意自杀的人年龄越大，死亡的危险性也越大，这与年龄较大已形成了较牢固的思维定式有关。只要找对“源头”，对青少年的“自杀干预”相对来说是比较容易成功的。心理危机干预在国外已进行了三四十年，从国际经验看，自杀干预的有效性接近90%。在心理干预的同时，对有自杀企图的患者要采取切实措施加以防范，以免功亏一篑。

（2）要警惕自杀的“传染性”。一个人的自杀往往会给周围一些人带来负面的心理暗示，特别是对心理未成熟的青少年。例如，一个已自杀死亡的学生在遗书中说自己自杀是为了摆脱学习压力，周围的同学知道后很容易被感染，也认为自杀是可以用来摆脱学习压力的，心理一旦“存放”了这种想法就很危险；还有因配偶自杀，自己也选择自杀的。所以，建议与自杀者有较多接触、关系较密切的人，找专业的心理咨询师做心理咨询与辅导，积极做好心理预防工作。

（3）自杀者不需要批评，而需要赞美。有非心理学的专家、学者批评自杀者对社会不负责任，这句话对那些想自杀的人来说没有作用。我们应该更多地关怀这类人群，要多找到他们身上的“闪光点”，帮助他们找到被自己蒙蔽了的“阳光”。

（4）不要把十字路口变成单行道。如果学校、家庭、整个社会都让学生以为只有读好书才是唯一的出路，那读书成绩差的学生自杀，在我看来就是相当正常的事情。如果每个人都去挤读好书这条路，那么这条路将成为“交通事故”最多发的一条路。要引导学生多方面的发展能力。事实证明，做自己感兴趣的事情比较容易成功：李安考了两次都考不上大学，2006年却得到了全世界导演的最高荣誉——奥斯卡最佳导演。

（5）快乐来源不能只有一项。如果一个人以为全世界只有某个爱人才能理解他、才能给他快乐，一旦这个爱人与他分手了，这时就有很大的可能会有自杀危机。一个人要更多、更积极地去了解世界，要多发现这个世界本来就具有的美好的事物。

（6）为自杀者建立社会支持系统。自杀者之所以自杀，往往就是感觉得不到足够的爱、理解与关怀。有自杀者说：“这个社会人情淡薄，感觉人活着没有什么意义”“如果没有心理咨询师的倾听和理解，我可能是活不下来的”，其实这些都主要是在他们周围没有一个有效的社会支持系统。如果我们能够为他们提供更多的爱、理解与关怀，就可以起到很好的社会支持作用，自杀的概率将会大大下降。

（7）幼年家庭教育不当往往是成人心理问题的根源。现在，国内出现严重的大学生寄宿适应不良现象，很多就是以前大学生在家里都是别人在适应他（骄纵、放任），以致离开家后不能接受要去“适应别人”这样一种情况。“别人要来适应我”已经成为他们的思维定式，寄宿生适应不良大多数就是缺乏了“共情”能力（了解及理解别人的情感、了解及理解别人需求的能力）、不懂得做“换位思考”的缘故。

（8）最根本的好方法：心理问题从“小”解决。小的心理问题就像一个小结，当它只是一个的时候，就很容易解开。但是当无数个小结纠缠交错在一起，成了一个大结，那就难解了。

课外拓展

一、拓展训练

走过泥泞路

目的：课堂互动活动设计通过各种情境、角色扮演活动，清醒地认识到小组成员曾经经历的挫折，其来源、反应及当时的应对是否有效，如何应对，以便今后能更好地迈向新生活。

要求：分组后，请每组成员回忆自己曾经经历过的挫折，并将当时的情境简单地表述出来，有机地结合下文提示的情境，适当地表演出来，特别是自己如何应对挫折情境的，做出了怎样的挫折反应，效果如何，等等，并和小组、大组成员共同讨论、分享。

步骤：

1. 热身活动——“汪洋中的一条船”心理游戏

（1）每组先领取一张完整的对开的白纸，假设该纸即为船，纸外即为大海。请小组成员先对折白纸，然后让每位小组成员都站在上面；在对折的基础上再次对折，仍然要让每个小组成员都站在纸上，任何人站在纸外即为落入大海。每组要想办法尽可能地将纸折成最小的面积，仍能让小组成员站在上面。

（2）请每位成员思考并讨论活动中自己和小组做了什么，效果如何，有什么体会，并在大组分享，结合其他小组的分享体会，谈谈自己的感受。

2. 展现泥泞路第一段——学习焦虑

（1）请小组成员表演新生在第一学期期末考试前处于焦虑、紧张的状态，最后导致考试不及格的挫折情境及其采取的应对方式。

（2）在部分成员表演后，展开小组讨论，并就其应对方式的有效性加以重点讨论。

3. 展现泥泞路第二段——人际关系冲突

（1）请小组成员表演如下挫折情境及应对方式：学习生活中与其他班级和年级或不同专业的同学因一件小事发生了摩擦，难以调和，最后打了起来，自己受了重伤，休息了一个多星期，耽误了学习，受到了老师的批评，自己感到很委屈，同学还取笑自己，说自己没本事。

（2）在部分成员表演后，展开小组讨论，并就其应对方式的有效性加以重点讨论。

4. 展现泥泞路第三段——生活困难

（1）请小组成员表演如下挫折情境及应对方式：特困生由于家庭经济困难或自己因家庭突遭不幸，一时经济拮据，生活难以为继，更谈不上买一些喜欢的东西，又不想找同学借钱，失去了往日的欢乐。

（2）在部分成员表演后，展开小组讨论，并就其应对方式的有效性加以重点讨论。

5. 展现泥泞路第四段——工作压力与发展

（1）请小组成员表演如下挫折情境及应对方式：一位同学因学习任务繁重，同时又有较多的社团工作，感到不知所措。

（2）在部分成员表演后，展开小组讨论，并就其应对方式的有效性加以重点讨论。

6. 展现泥泞路第五段——父母要求与自我发展

（1）请小组成员表演如下挫折情境及应对方式：一位同学因父母对其期望值较高，希望他能尽早通过专升本考试，拿一等奖学金，而他自己只想完成大专学业，早日参加工作，因而产生了心理冲突。

（2）在部分成员表演后，展开小组讨论，并就其应对方式的有效性加以重点讨论。

二、心理测试

人们承受压力的能力，是衡量心理健康与否的重要标准。心理研究表明，压力事件或压力情境会引起人体一系列不良的生理反应，并降低人体的免疫机能，从而容易引发一些疾病。因此，承受压力的能力与每个人的身心健康息息相关。只有那些变压力为动力的人，才能在各种情境中应对自如、游刃有余。

下面的测验包含了10种生活和工作中的情景。请针对每一种情景，从以下4个选项中选出你的反应，并将该选项所对应的数字填在每个题目后面的括号里。

1. 非常紧张，不知所措　　2. 比较紧张

3. 比较镇静　　4. 非常镇静，从容应对

测试题：

1. 在饭店请朋友吃饭，埋单时发现自己身上带的钱不够。（　　）

2. 单位领导派你去某公司接洽一项业务，你按指定时间前往，但等了一个小时，仍无人接待。（　　）

3. 在一个宴会上，突然有人请你上台演讲。（　　）

4. 半路上，你的自行车后胎突然爆了，而附近又没有修车的。（　　）

5. 下班到家，你发现厨房里洗菜池的水龙头是开着的，厨房里早已汪洋一片。（　　）

6. 轮到自己口试时，你听到主考官用生硬的、不和善的声音叫你的名字。（　　）

7. 同事聚会，你给一位同事倒酒时，不小心用力太猛，酒溢出了杯子。（　　）

8. 乘电梯时，电梯突然停在楼层中间。（　　）

9. 公司的讨论会上，同事们认为你的观点丝毫没有新意。（　　）

10. 朋友来家做客，你5岁的孩子随口将你不愿让别人知道的私事说了出来。你虽然竭力找话搪塞、掩饰，对方还是发觉了。（　　）

评分与解释：

所选的10个数字相加之和便是你的分数。请对照下面的解释看看你承受压力的能力如何。

40～34分：非常强。你承受压力的能力非常强。除了事态严重时难以保持平静之外，你都能够从容地面对压力，并积极应对。

33～26分：比较强。在同龄人当中，你承受压力的能力比较强，比较而言，你不容

易惊慌失措。

25～18 分：中等。你承受压力的能力居于平均水平（承受住压力与承受不住压力的概率大致相同）。

17～11 分：稍弱。你承受压力的能力低于平均水平，面对压力情境，往往无法保持镇定，遭受失败时，会出现十分焦躁不安的情形。

10 分以下：很弱。你很容易感到不安，稍有压力便手忙脚乱。希望你对一些轻微的压力能以轻松的心态来面对，努力保持心情平静。

三、推荐阅读

1.《黄金法则》——拿破仑·希尔

认真读本书，它将改变你的一生。

本书是历史上众多成功励志读本的思想起源。尽管这些文字是在将近一个世纪之前写就的，但其中所包含的智慧即使在今天也毫不过时。这个世界上的简单真理之所以深入人心，是因为它们从不逼迫屈从和强力灌输，而是对每个心灵的唤醒。这也是本书的真正意义。如果你觉得这些概念似曾相识，那你的确是对的。几十年来，无数成功学书籍的作者都是以这些概念为基础来演绎他们自己的著作。

2.《世界因你而不同——李开复自传》——李开复

这是李开复唯一的一本自传，字里行间，是岁月流逝中沉淀下来的宝贵的人生智慧和职场经验。捣蛋的“小皇帝”，11 岁的“留学生”，奥巴马的大学同学，26 岁的副教授，33 岁的苹果副总裁，谷歌中国的创始人，他有着太多传奇的经历，为了他，两家最大的 IT 公司对簿公堂。而他的每一次人生选择，都是一次成功的自我超越。

透过这本自传，李开复真诚讲述了他鲜为人知的成长史、风雨兼程的成功史和烛照人生的心灵史，也首次全面披露了他亲历的苹果、微软、谷歌等 IT 巨头风云变幻的内幕。娓娓道来，字字珠玑。

抓住一切去探寻生命的意义，总有一天，世界将因你而不同。

四、小故事 大道理

生活中的痛苦

有一位禅学大师，他带了很多的弟子，其中有一个弟子老是爱抱怨。有一天，大师派这个弟子去集市买了一袋盐。弟子回来后，大师吩咐他抓一把盐放入一杯水中，然后喝一口。

“味道如何？”大师问道。

“咸得发苦。”弟子皱着眉头答道。

随后，大师又带着弟子来到湖边，吩咐他把剩下的盐撒进湖里，然后说道：“再尝尝湖水。”

弟子弯腰捧起湖水尝了尝。

大师问道:“什么味道?”

“纯净甜美。”弟子答道。

“尝到咸味了吗?”大师又问。

“没有。”弟子答道。

大师点了点头,微笑着对弟子说道:“生活中的痛苦是盐,它的咸淡取决于盛它的容器。”

生活中常常会遇到痛苦的事情,面对挫折和失败,或者是别人的错误,我们应该用更宽广的胸怀去包容,这样,痛苦就会小一点。你愿做一杯水,还是一片湖?

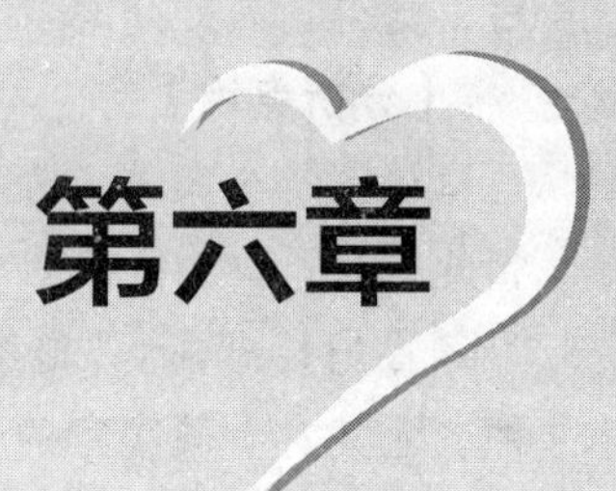

第六章

达成和谐的沟通——大学生的人际交往与调适

导入案例

【他的问题】

“都说男生寝室的同学都是好哥们，可是我寝室的那几个男生跟我就像陌生人。平时他们都能玩到一起，一起玩游戏，一起打球。其实我也很喜欢玩游戏、打球，可他们就把我当作另一个星球的人一样，从来都不会跟我走到一块去。我有些纳闷，我不知道是自己的问题，还是他们的问题。我没有朋友，我好累。我该怎么办？”

【情景回放】

学生王某出生在一个条件非常优越的家庭。爸爸妈妈都是大老板，由于各自业务的需要不得不分居两地。双方由于平时工作十分繁忙，对于王某的照料少之又少，除了能满足他的物质需求外，在家庭的关爱方面给予得非常少。在这种环境下，王某从小就养成了一种自我做主的习惯，做什么事都不会想到别人，自己觉得对的就去做。

大学的校园生活是那么美好，处处都存在着机会，对于王某而言，在大学里有一番好的作为便成了他的生活目标。他非常积极地参加各种社团活动，不顾一切地为了自己的目标去奋斗。但是，他逐渐地发现身边最亲密的室友却经常冷落他。“他从来都只交对自己有利用价值的朋友”，这是同寝室同学对他的评价。原来，从刚进大学的那一刻起，他的雄心壮志便表现得一览无余。“不会交对自己没有利用价值的朋友”，也是他从父母那里得到的金科玉律。即便是在寝室里，他也会经常命令同寝室的人做各种事情，自己定的寝室规矩从来不允许寝室的人进行破坏。因此，寝室的同学都开始对他敬而远之。

于是，当他寂寞想找人倾诉的时候，也只能跟自己对话。最近他做什么事都心不在焉，觉得别人处处与自己作对，睡眠质量也急剧下降。

【分析点评】

寝室是小集体、大社会，同寝室的室友对于大学生来说是人生的一笔宝贵财富。同学相处中有不少为人处世的道理。

首先是志向。“道不同，不相为谋”，志向的一致是促进不同的人走到一起的先决条件。尤其对于同寝室的同学来说，每个人都渴望获得他人的认可来认知自我价值。王某却从来不会以欣赏的眼光审视他人，而是企图从不同人群中获得不同利益，这样就已经违背了交友的初衷。

其次是个人价值观。“不跟没有利用价值的人交朋友”，很显然，王某对朋友的认知方面存在很大的问题，歪曲的价值观使得他与同学格格不入。

再次是个人对事的态度。一切以自我为中心，不考虑别人就不可能交到知心朋友。王某由于对朋友的定位不准确，忽视了彼此间交往的情感需要，功利心重、自私、自负。因此，如何调整自己扭曲的观念和处事方法成为解决王某人际关系问题的首要任务。

“朋友多了路好走”，话是没错，但这需要彼此真心的付出。曾子曰：“吾日三省吾身：为人谋而不忠乎？与朋友交而不信乎？传不习乎？”正确的人生态度、良好的个性品质是交朋友和拥有良好人际关系的关键。在看到别人问题的同时首先应该反省自己，通过反省，才能获得人生的大智慧。

在大学里，每个同学都有强烈的人际交往欲望，但因为缺乏人际交往的技巧和人际交往经验，或因性格内向以及对人际交往的认知有偏差等原因，一部分同学又常常感到人际交往很困难，导致人际关系的紧张，存在不敢交往、不愿交往、不善交往、不懂交往等现象。那么，你了解自己的人际关系吗？你是一个受人欢迎的人吗？如何建立良好的人际关系？如何处理与宿舍同学的关系？你的人际魅力在哪里？不妨带着这些问题阅读本章。

第一节　人际交往纵横谈

人是社会性动物，正如马克思所说：“人的本质并不是单个人所固有的抽象物，在其现实性上，它是一切社会关系的总和。”进入大学后，同学们面临着新的环境、新的群体，重新整合各种关系，处理好与交往对象的关系便成为同学们新的生活内容。良好的人际关系不仅是同学们心理健康水平、社会适应能力的重要指标，也是同学们今后事业发展与人生幸福的基石。

一、什么是人际交往

（一）人际交往的定义及其心理因素

人际交往也称人际关系，是人与人之间心理上的关系。人际关系就是人们在生产或生活中所建立的一种社会关系，属于社会学的范畴。中文常指人与人交往关系的总称，也被称为“人际交往”，包括亲属关系、朋友关系、学友（同学）关系、师生关系、雇佣关系、战友关系、同事及领导与被领导关系等。人是社会动物，每个个体均有其独特之思想、背景、态度、个性、行为模式及价值观，然而人际关系对每个人的情绪、生活、工作有很大的影响，甚至对组织气氛、组织沟通、组织运作、组织效率及个人与组织的关系均有极大的影响。

人际交往表现为人与人之间的心理距离，反映着人们寻求满足需要的心理状态。从动态讲，人际交往是指人与人之间一切直接或间接的相互作用，但都超不出信息沟通与物质交换的范围；从静态讲，是指人与人之间通过动态的相互作用所形成的情感联系。据估计，大学生每天除了睡眠外，其余时间中有70%左右用于人际交往。有的人对成功人士进行分析，得出的结论为85%的成功人士与良好的人际关系有关。因此，人际交往对大学生起着重要的作用。

人际交往的心理因素包括认知、动机、情感、态度与行为等。认知是个体对人际关系的知觉状态，是人际关系的前提。人与人的交往首先是从感知、识别、理解开始的，彼此之间不相识、不相知，就不可能建立人际关系。认知包括个体对自己与他人、他人与自己关系的了解与把握，它使个体能够在交往中更好地、有针对性地调节与他人的关系。动机在人际关系中有着引发、指向和强化功能。人与人的交往总是缘于某种需要、愿望与诱因。情感是人际关系的重要调节因素，人们在交往过程中总是伴随着一定的情感体验，如满意与不满意、喜爱与厌恶等，人们正是根据自身情感体验不断调整人际关系。情感直接关系着交往双方在情感需要方面的满足程度，即心理距离。可以说，情感是人际关系中最重要的部分，它往往被当作判断人际关系状态的决定性指标。态度是人际交往的重要变量，人每时每刻都在表现某种态度，因此，态度直接影响着人际关系的建立、形成与发展。例如，态度与偏见、歧视的相关直接影响着人们的人际交往。

（二）人际关系的重要意义

人的成长、发展、成功、幸福都与人际关系密切相关。没有人与人之间的关系，就没有生活基础。对任何人而言，正常的人际交往和良好的人际关系都是其心理正常发展、个性保持健康和生活具有幸福感的必要前提。

1. 交往与个性发展

心理学的研究结果表明，儿童与其照看者之间通过积极的交往所形成的稳定的亲密关系，是其心理乃至身体正常发展不可缺少的条件。与此同时，如果儿童缺乏与成人的正常交往及由此建立起来的亲密关系，不仅性格发展会出现问题，连智力也会出现明显障碍。

交往是个性发展与人格健全的必经之路。个体只有通过与其他个体发生联系，只有通过学习社会知识、技能与文化，才能取得社会生活的资格。离开社会的交往环境，离开与他人的合作，个体是无法成为一个合格的社会人的。狼孩由于失去了与他人交往的最佳时期，失去了其作为“人”的成长的环境，因而即使后来被发现后，也已经很难成为一个正常的“人”了。“物以类聚，人以群分”，人有交往的需要，有合群的倾向。人生在世，就必须需要与他人、社会交流信息、沟通情感。在遇到困难时，他人一句温暖的话语、一个真诚的关怀，会令你倍感亲切、慰藉；在获得成功时，与他人分享你的快乐与喜悦亦会令你开心、畅快。

2. 交往与心理健康

新精神分析学家霍妮认为，神经症是人际关系紊乱的表现。人类的心理病态，主要是由于人际关系失调而来的。也就是说，人际关系紧张的人，不但事业会受阻，而且心情不好，陷入极大的痛苦之中。

研究表明，如果一个人长期缺乏与别人的积极交往，缺乏稳定的良好人际关系，那么这个人往往有明显的性格缺陷。在心理健康教育实践中，我们也注意到，绝大多数大学生的心理危机与缺乏正常的人际交往和良好的人际关系有关。在同宿舍里，同伴之间的心理交往状况往往决定了一个大学生是否对大学生活感到满意。那些生活在没有形成友好、合作、融洽的人际关系的宿舍中的大学生，常常显示压抑、敏感、自我防卫、难于合作的特点，情绪的满意程度低。在融洽的宿舍里生活的大学生，则以欢乐、注重学习与成就、乐于与人交往和帮助别人为主流，可见，人的心态与性格状况直接受到与别人交往和关系状况的影响。

心理学家曾从不同的角度做过大量研究，结果表明：健康的个性总是与健康的人际交往相伴随的。心理健康水平越高，与别人的交往就越积极，越符合社会的期望，与别人的关系也越深刻。心理学家奥尔波特发现，个性成熟的人都同别人有良好的交往与融洽的关系，他们可以很好地理解别人，容忍别人的不足和缺陷，能够对别人表示同情，具有给人以温暖、关怀、亲密和爱的能力。人本主义心理学家亚伯拉罕·马斯洛发现高水平的“自我实现者”，对别人有更强烈、更深刻的友谊与更崇高的爱。

有的研究结果还表明，那些高心理健康水平的优秀者往往来自于人际关系良好的家庭，这也从一个侧面提供了人际交往状况影响个体心理健康的佐证。

3. 交往与成才

21 世纪是人才竞争的时代，但对于一个事业成功的佼佼者来说，他若想在人才竞争中脱颖而出，靠的不仅仅是出众的才华，而且更在于有良好的适应社会生活的能力、良好的人际协调的能力。在科技日新月异的年代，知识的更新换代极为频繁，每个人都需要不断地进行知识的补充与更新。但是，单个人的能力是有限的，光靠书本上的知识很难适应社会发展的实际需要，而积极的人际沟通与交往，是他获取新知识的有效途径。“独学而无友，孤陋而寡闻”。彼此间的畅所欲言、互通有无，将会使人们在思想碰撞中产生新的火花，增长他们对事业、人生、成功的积极看法。纵观科学发展史，不难发现：科学家间的彼此合作很有可能出现科学的奇迹。控制论之父维纳，在建立控制论早期，曾组织过一个科学方法讨论班，参加的人有数学家、物理学家、工程师、医生等。他们分别从不同角度对新理论进行发难、质疑、补充、完善，结果使原来许多问题得以澄清。在现代社会，各门学科间的相互渗透越来越强，单靠一门学科的知识很难有大的成就。所以，应该学会与不同学科的人才进行交流的能力，从而在心灵上相互沟通、行为上相互协调，共同促进、共同提高。

资料窗

卡内基的成功

卡内基曾经一贫如洗，但他靠个人的努力，一举成为美国的钢铁大王，在他成为亿万富翁的同时，造就了成百上千个百万富翁，但作为钢铁大王的卡内基对钢铁却全然不懂，他只是雇用了千百个钢铁专家为他工作。当谈及成功的秘诀时，这位钢铁大王认为，在他的成功因素中，个人条件占15%，机遇占20%，交往能力占65%，可见一个成功的人士离不开身边一大群志同道合的人的辅佐。“一个篱笆三个桩，一个好汉三个帮”，再伟大的人物如果离开了成千上万的群众，也将一事无成。培根说：“只要你想想一个人一生中有多少事务是不能靠自己去做，就可以知道友谊有多少益处了。”

二、大学生的人际交往

（一）大学生人际交往的基本特点

1. 平等意识强

随着自我意识的发展，大学生独立和自尊的要求日益增强，于是产生强烈的“成人感”，对交往的平等性的要求越来越高。他们既对他人平等相待，又希望他人对自己也一视同仁。所以大学生更多地选择与同辈交往而远离父母，经常回避居高临下的教训，渴望平等交往。而那些傲慢无礼，不尊重他人，操纵欲、支配欲、嫉妒、报复心强的人常常不受欢迎。

2. 情感色彩浓

大学生普遍希望通过交往获得友谊。对友谊的珍惜与渴求，以及青年人情感丰富的心理特点，使大学生在人际交往中十分注重感情的交流，讲求情投意合和心灵深处的共鸣。但是大学生情感不稳定，起伏比较大，表现为时而欢欣鼓舞，时而焦虑悲观，也经常容易用感情代替理智。

3. 富于理想化

大学生的人际交往具有浓厚的理想色彩，比较重思想，纯洁真诚。无论是对朋友，还是对师长，都希望不掺任何杂质，以理想标准要求对方，一旦发现对方某些不好的品质就深感失望。与其他人群相比，大学生人际交往的挫折感较强，致使大学生中出现渴望交往和自我封闭的双重性。

4. 独立性

由于大学生之间个性差异很大，每个人的交往都可能不同于他人，因此大学生的交往活动呈现出多彩的个性色彩。但是，无论活泼好动的大学生，还是孤僻好静的大学生，在交往中都表现出一种自主性。首先，大学生的交往是积极主动的，他们是互为主体、互相影响的交往伙伴，所以，在生理上存在着较强的独立感。其次，大学生的交往大多是兴趣所致、意愿所使，所以，与个人的兴奋点相吻合。最后，大学生外在约束力不强，绝大多数社会活动甚至集体活动参与与否可由个人选择，强迫或被动的成分很少。

5. 开放性趋势

大学生的交往意识很强，一般不拒绝交往，交往范围较宽。在校内，无论班级、年级，还是专业、性别等，都不会成为大学生交往的障碍，大学生正努力地把自己的交往领域扩大到校外乃至社会。与大学生交往诉求的去层次、多侧面相对应的，是他们交往方式的丰富多彩，比如各种社团以及网络交往的方式的兴起。

（二）大学生中常见的人际关系类型

1. 同学关系

同学是大学生人际交往的主要对象，同学关系是大学生人际关系的主要内容。大学校园里的同学关系总的来说是和谐、友好的，同学之间的关系有亲情化、家庭化的趋势，即在日常生活、学习中创造一种如同亲属一般和谐稳固的同学关系。

（1）同学关系亲情化。在大学校园里，常常可以看到三三两两的大学生结伴而行，有的女同学之间还手挽着手，显得十分亲密。几个同学会经常一起逛街、逛公园、吃饭、看电影、下棋、打牌。大学生十分重视同学之间的情谊，希望感受彼此之间相互帮助、相互照顾、相互倾诉的学友情谊。即使有些同学之间出现了某种隔阂和矛盾，大家也会注意着眼长远，而有意识地去弥补。

（2）宿舍生活家庭化。很多大学生寝室都按年龄大小进行了排行，同寝室的几个同学就像一个家庭中的孩子，大哥、小弟，大姐、小妹，称呼十分亲昵，有利于促进同学之间的交流。

（3）称呼亲切化。大学同学之间的称呼亲切化倾向，反映出大学生对良好人际交往的渴望，更侧重个人亲情性交往的倾向。例如，几个关系亲近的同学可以用“哥们儿”“姐们儿”相互称呼；在学生活动中，为了让大家多参与、多配合，组织者常用“兄弟们多帮忙”之类的话来调动大家的积极性，这时同学之间的互相配合不仅仅是“组织”层面的，更是个人感情层面的；同学之间产生内部矛盾时，大家可以用“大家都是朋友嘛”来化解。

2. 师生关系

老师与学生是大学校园里两大基本群体，师生关系也是学生人际关系的重要内容。师生间的主要人际交往集中在教与学这两个相互渗透又相互独立的过程中。

据调查，目前，学生对大学的师生关系不是很满意，师生之间交往、交流都不多，关系并不密切。学生只有遇到“功课问题”“学业问题”才会寻求老师的帮助，至于其他个人的心理、情绪、家庭、交友及恋爱问题等，则很少会去找老师帮助。

良好师生关系的表现是：学识渊博、多才多艺、工作能力强的教师容易使学生接受他的观点；工作认真负责、关心并尊重学生、性格开朗、果断的教师往往能赢得学生的喜爱。

3. 大学校园里的学生交际圈

在大学校园里，大学生根据各自兴趣、爱好、性格等的不同，结成一个个或松散或紧密的交际圈。在一个个或明或暗的交际圈中，有“亲疏”之分，有好朋友还是一般朋友之别。大致可以分为以下类型。

（1）学习圈。在这个圈子里的大学生有一个共同的理想，就是学习。比如因考研、考托、考律师或者考其他某种证书而形成的一个个学习圈。

（2）娱乐圈。在这个圈子里的大学生都爱好某种娱乐活动，如体育运动、文艺活动、休闲娱乐等。学习之余经常在一起活动，力求把圈子的活动搞得丰富多彩。

（3）社团圈。学生社团是大学校园里一道亮丽的风景线，是校园文化的重要组成部分。许多大学生通过社团走出校园，将自己和社会融为一体，培养能力，增长才干，使得各项能力都有了很大的提高。

4. 网络人际关系

网络人际交往是人们在网络空间里进行的一种新型人际互动方式。大学生作为易感人群，网络人际交往给他们的生活方式、价值观带来的挑战和改变是前所未有的。据第35次中国互联网发展状况统计调查，手机网民占比86%，学生占网民总数的23.8%，是上网用户比例最大的一个群体，其中高校学生达90%。网络人际交往的主要特点如下。

（1）交往角色的虚拟性。用户只要随便填写一下E-mail或注册一个用户名就可以获得一个相应的身份，并以这个身份在网络世界里进行人际交往。这种虚拟的角色，使交往双方都没有任何心理负担，为学生提供了一个畅所欲言、宽松自由的空间。

（2）交往主体的平等性。因特网的发明者宣称，网络是一个“自由、平等”的世界。无论你在现实生活中的身份是何等显赫，但到了网上，你只不过是一个网民而已，同其他任何人一样无任何特权，大家都是平等的。

（3）交往心理的隐秘性。网上人际交往虽然可以通过文字来传情达意，但这种文字交流大多是经过刻意加工的信息，交往的心理也是经过包装的，这种“网交”无论持续多长时间，网友之间也很难明白对方的“真心真意”。

（4）交往过程的弱社会性和弱规范性。在现实人际交往中十分看重的身份、职业、金钱、容貌、家世等交际主体的社会特征和社会地位，在网上的人际交往中可以全然不顾；在现实交往中要遵守的一些社会规范，在网络交往中也不必遵守，只要按照网络技术要求去操作，就可顺利地完成网上人际交往。这种弱社会性、弱规范性的网络人际交往，容易使一些人暂时摆脱现实社会诸多人伦关系的束缚和行为的约束，甚至放纵自己的道德行为规范，从而造成非人性化的倾向。

（5）交往动机的多样性。异性间的情感交往是大学生网上交往的“主旋律”。异性效应在网上交往中不仅存在，而且表现得很明显。不少人上网聊天、浏览的潜在动机在于寻找异性，在追求休闲娱乐和心理享受的同时，也有很多人抱有伺机觅友和调情的不良目的。

第二节　人际关系的形成与发展

一、人际关系的发展过程

奥尔特曼和泰勒对人际关系进行系统研究后提出，良好的人际关系的形成和发展一般要经过以下四个阶段。

（一）定向阶段

在这个阶段，主要是初步确定要交往并建立关系的对象，包含对交往对象的注意、抉择和初步沟通等。人们对人际关系具有高度的选择性。生活中，人自然而然地特别关注那些在某些方面能够吸引自己兴趣的人，但究竟把谁作为自己人际关系的对象，常常还要根据自己的价值观做理性的抉择。选定交往对象后，就会利用各种机会和途径去接触对方，了解对方，通过初步沟通，人们可以明确双方进一步交往并建立关系的可能与方向。定向阶段通常是个渐进的过程，但也不缺乏戏剧性的发展。比如两个邂逅却一见如故的人，其关系的定向阶段一次就完成了。

（二）情感探索阶段

在这个阶段，双方主要是探索彼此在哪些方面可以建立真实的情感联系。尽管已经有了一定的情感投入，但还是避免触及私密性领域，表露出的自我信息比较表面，因此仍然具有很大的正式性。

（三）情感交流阶段

在此阶段，双方的人际关系开始出现由正式交往转向非正式交往的实质性变化。表现为彼此形成了相当程度的信任感、安全感、依赖感，可以在私密性领域进行交流，能够相互提供诸如赞赏、批评、建议等真实的互动信息，情感投入较深。

（四）稳定交往阶段

这是人际关系发展的最高水平。双方在心理上高度相容，彼此允许对方进入自己绝大部分的私密性的领域，分享自己的生活，成为“生死之交”。但是实际上，能够达到这一层次的人际关系的人很少，人们与自己的亲朋好友的关系大多都处于第三阶段的水平上。

二、人际吸引的条件

人际交往的过程实质上是人与人之间的情感、信息和物资交换的过程，在这一过程中，人际吸引是人与人之间建立交往关系的基础。人际吸引（Interpersonal Attraction）是人与人之间的相互接纳和喜欢。人为什么喜欢别人或为别人所喜欢呢？心理学家阿伦森通过调查得出以下几点：一是信仰和利益与自己相同，二是有技术，有能力，有成就；三是具有令人愉快或崇敬的品质；四是自我悦纳。心理学家通过广泛研究后认为，人际吸引的条件主要是熟悉、吸引人的个人特征、相似与互补、喜欢与爱情等。

（一）熟悉

在日常生活中，人们更多地将喜欢的情感投向周围与自己有直接交往的对象，并在其中选择交往或合作的伙伴，自然而然地相互接触，彼此之间存在交往的可能性，这就成了人际吸引的前提条件。人际关系的由浅入深，也正是由相互接触与初步交往形成的。心理学研究结果表明，熟悉引起喜欢。熟悉本身就可以增加一个人对某个对象的喜欢。

大学生进入大学后，最初的人际关系都是从宿舍与老乡开始的，相比之下，由于安排在一个屋檐下，彼此的熟悉程度显然高于非本宿舍成员，大学生最好的朋友往往都在同一宿舍；而老乡由于地缘关系，在陌生环境会产生心理上的亲近感。

另外一点是熟悉对象的性质与喜欢程度。熟悉不是引起喜欢的唯一变量，但熟悉可以增加人们对积极和中性对象的喜欢程度。熟悉使人们更容易辨认事物，学习过程本身改变了人们辨认事物和对其进行分类的能力，这种改变使人变得更为积极。

（二）个人特征

1. 才能

人对有能力的人的态度往往出乎意料。表面上，似乎在其他条件相等的情况下，一个人能力越高、越完善，就越能受到欢迎。研究结果表明，实际上在一个群体中最有能力、最能出好主意的人往往不是最受喜爱的人。在工作实践中，我们常常遇到这样的学生，因为他的出类拔萃反而失去了同学的喜欢与信任，这是因为，一方面每人都希望自己周围的人有才能，有一个令人愉快的人际关系圈，但如果别人的才能使人们可望而不可即，则会产生心理压力。这也是中国人所讲的“木秀于林，风必摧之”。显然，才能与被人喜欢的程度在一定范围内成正比，超出这个范围，可能会产生逃避或拒绝，任何一个人都不愿意选择一个总是贬显自己无能和低劣的对象去喜欢。

因此，一个才能出众但偶尔有点小错误的人在一定程度上比没有错误的人更受欢迎。

2. 外貌的辐射作用

大量的研究表明，外貌魅力会引发明显的“辐射效应”（Radiating Effect），使人们对高魅力者的判断具有明显的倾向性。大学生组织的集体活动中，那些最先受到关注的学生总是在同等条件下具有外貌吸引力的人。但值得重视的是，人们对美貌的人的其他方面会给予积极评价，但如果人们感到有魅力的人在滥用自己的美貌时，反过来倾向于对其实施严厉制裁。

对于外貌美的标准，人们通常有大体一致的看法，但也存在文化差异、时代差异、个体差异与关系差异。

研究表明，外貌美的人有很强的刻板印象。即“美就是好”，戴恩（K. Dion）及其同事在实验室向被试大学生出示三张外表吸引力不同的照片，并请他们对照片上的三个人在27项特质上打分，并预测未来的幸福程度。结果表明，大多数被试大学生对外貌好的给予较高的评价与预测，人们一般觉得外貌好的人聪明、有趣、独立、会交际、能干等。

3. 个性品质

美国心理学家安德森在1968年做的一项调查中得出结论：排在序列最前面、受喜爱程度最高的六个个性品质中，包括真诚、诚实、理解、忠诚、真实、可信等都或多或少、间接或直接与真诚有关。而排在序列最后的、受喜欢程度低的几个品质，如说谎、装假、不诚实、不真实等都与真诚有关，真诚受人欢迎，虚伪令人讨厌。一个人要想赢得别人，与别人保持良好的交往，真诚是必须有的品质。因此，建立学生良好的人际关系，真诚是必不可少的。

（三）相似与互补

相似有着重要的意义，在日常生活中，共同的态度、信仰、价值观与兴趣，共同的语言、种族、国籍、出生地；共同的文化、宗教背景；共同的教育水平、年龄、职业、社会阶层；乃至共同的遭遇、共同的疾病等都能在一定条件下，不同程度地增加人们的相互吸引。

与相似相对应的是互补。当交往双方的需要和满足途径正好成为互补关系时，双方之间的喜欢程度也会增加。大学生中，外向型性格的人喜欢与内倾型性格的人友好相处，相互欣赏；家庭经济条件优越的学生会欣赏那些克服困难求学的学生，依赖性强的人更愿意与独立性强的人交朋友等。还有一种情况是补偿作用（Compensation），如一个看重成绩而自己成绩又很不理想的学生，更看重成绩优秀的学生。

从表面上看，相似与互补是矛盾的，但实际上，二者是协同的。建立在态度与价值观上一致性的相似与互补有着重要意义；在互补涉及人际吸引中关键因素和社会角色相互对应时，互补比相似更重要。

为什么相似导致吸引呢？至少有三方面的原因。

第一，人们愿意与自己相似的人交往，即物以类聚，人以群分。相似使人们更加相互理解，有共同语言。大学新生中的老乡之间的亲近感，相同家庭背景的学生多一些共同语言。

第二，相似的人可以为我们的信仰和态度提供支持，使我们感到自己不是孤立的，而是有社会支持的。在大学，共同的兴趣爱好往往成为学生交往的重要因素，而志同道合更容易成为知己；相反，对于那些在重要问题上与我们意见不合的人，我们可能会对其人格做出负面推断。

第三，人们以为与自己相似的人会喜欢自己。因为人们倾向于喜欢与自己相似的人，因此想当然地认为人同此心，心同此理，觉得他们也会喜欢自己，这样形成了良性循环。

三、人际交往的理论

（一）人际关系的三维理论

美国学者舒茨以人际需要为主线提出人际关系的三维理论，他称自己的理论是基本人际关系取向（FIRO）理论，其要点如下。

（1）个体都有三种基本的人际需要。包容需要：与他人接触、交往、相容的需要；支配需要：控制他人或被他人控制的需要；感情需要：爱他人和被他人爱的需要。

（2）人际关系需要决定个体与其社会情境的联系，如不能满足可能会导致心理障碍及其他严重问题，如精神崩溃。

（3）对于这三种基本的人际需要，人们有主动表现和被动表现两种形式，二者互补。

（4）三种需要与两种表现方式结合形成六种人际关系取向。

主动包容式：主动交往，积极参与社会生活。

被动包容式：期待他人吸纳、往往退缩、孤独。

主动支配式：控制他人、运用权力。

被动支配式：期待他人引导、愿意追随他人。

主动感情式：表现为对他人喜爱、友善、同情和亲密。

被动感情式：对他人冷淡，但期待他人对自己亲密。

（5）童年期的人际需要是否得以满足以及由此形成的行为方式，对其成年后的人际关系有决定性影响。

在包容需要方面，如果儿童与双亲交往少，会出现低社会行为，如倾向内部言语，与他人保持距离，不愿参加群体活动等；如儿童对双亲过分依赖则会形成高社会行为，如总是寻求接触，表现忙乱，要求给予注意；如果儿童与父母适宜地沟通、融合，则形成理想的社会行为，无论群居或独处都会有满足感，并能根据情境选择自己的行为方式，人际关系较好。在支配需要方面，如果双亲对儿童既有要求又给他们一定自由，使之有某种自主权，会使儿童形成民主式的行为方式；双亲如果过分控制，则易于形成专制式的行为方式，如儿童倾向于控制他人，易独断专行；或者形成拒绝式行为方式，表现顺从，不愿负责，拒绝支配他人；或者儿童焦虑过重，防御行为明显。在感情需要方面，如果儿童在小时候得不到双亲的爱，经常面对冷淡与训斥，长大后会出现低个人行为，如表面友好但情感距离大，常常担心不受欢迎，不被喜爱，从而避免有亲切关系；如果儿童生活在溺爱关系中，长大后会表现出超个人行为，如强烈寻求爱，希望与人建立亲密的情绪联系；如果儿童能获得适当的关心、爱护，就会形成理想的个人行为，长大后既不会受宠若惊，也没有爱的缺失感，能恰当地对待自己。

（二）社会交换理论

社会学家霍曼斯（G. C. Homans）采用经济学的概念来解释人的社会行为，提出了社会交换理论，他认为人和动物都有寻求奖赏、快乐并尽少付出代价的倾向，在社会互动过程中，人的社会行为实际上就是一种商品交换。人们所付出的行为肯定是为了获得某种收获，或者逃避某种惩罚，希望能够以最小的代价来获得最大的收益。人的行为服从社会交换规律，如果某一特定行为获得的奖赏越多，他就越会表现这种行为，而某一行为付出的代价很大，获得的收益又不大的话，个体就不会继续从事这种行为，这就是社会交换。

霍曼斯指出，社会交换不仅是物质的交换，而且还包括了赞许、荣誉、地位、声望等非物质的交换，以及心理财富的交换。个体在进行社会交换时，付出的是代价，得到的是报偿，利润就是报偿与代价的差值。个体在社会交往中，如果给予别人的多，他就会试图从双方的交往中多得到回报，以达到平衡。如果他付出了很多，但得到的却很少，他就会产生不公平感，就会终止这种社会交往。相反，如果一个人在社会交往中，总是付出的少，得到的却多，他就会希望这种社会交往继续保持，但同时也会产生内疚感。只有当个体感到自己的付出与收益达到平衡时，或者自己在与他人进行社会交往时，自己的报偿与代价之比相对于对方的报偿与代价之比是同等的时候，个体才会产生满意感，并希望双方的社会交往继续保持下去。

当然，个体在进行社会交往时，他们对报偿和代价的认识并不是固定不变的，也不一定是根据物质的绝对价值来估计的，这完全是一个与心理效价有关的问题，所以，当个体对自己的报偿与代价之比的认识大于他人的报偿与代价之比时，也许会被别人不理解或不认可。这就是为什么在人们的社会交往过程中，有时会出现在有些人看来根本不值得做的事情，却被当事人做得很有趣，而有些时候在别人看来是值得做的事情，却被另一些人所不齿。可见，社会交换过程中，包含了深层的心理估价的问题。

（三）交往分析理论（PAC 理论）

交往分析理论又叫 PAC 理论，最初是由心理学家伯恩（Berne, T. A.）提出的。他认为，每个人的个性中都包括三种成分，就好像一个人身上的三个小我：父母、成人与孩童。

父母（Parents，简称 P）身份以权威和优越感为标志。通常表现为统治人、训斥人等权威式的作风。这种状态学自父母与其他权威人物。当一个人的人格结构中 P 成分占优势时，他的行为表现为：凭主观印象办事，独断专行，滥用权威。这种人讲起话来总是："你应该……""你不能……""你必须……"

成人（Adult，简称 A）身份表现了客观与理智。其行为表现为：待人接物冷静、慎思明断、对自己负责、对他人尊重。其语言特征："我个人认为……""我的想法是……"

孩童（Child，简称 C）身份像婴儿的冲动，表现为服从和任人摆布，喜怒无常，感情用事，一会儿天真可爱，一会儿乱发脾气，让人讨厌。他的表现都是即兴的、不负责任、追求享乐、玩世不恭、遇事无主见、逃避退缩、自我中心、不管他人。这种人讲起话来总是“我是……”“我想……”“我不知道……”“我不管……”等。

在 P、A、C 三种成分中，P、C 具有盲目性、被动性与两面性，而 A 具有自觉性、客观性与探索性，致力于弄清事物真相、事物间的关系与变化规律，能够站在别人的角度审视自己，具有反省能力。根据 PAC 理论，不同的心态可以构成不同的交往组合。当交往双方的相互作用构成一种平行关系时，交往就是可持续的，对话可无限制地继续下去。这种交往有六种具体形式：P-P、A-A、C-C、C-P、A-P、C-A。在这六种交往形式中，P-P 双方都自以为是，这不顺眼，那也不好，双方谈得很投机，但都在指责别人。这样的两个人，一直在一起交往，久而久之，会互相助长偏激苛求的性格。C-C 交往则有些同流合污的味道，两人一拍即合，但都不负责任。C-P、A-P、C-A 均属于互补型的交往，我期望对方的，刚好是对方回应的。这种交往因为互补，所以能够持续，但却潜藏着不平等与依赖，长此以往，也不利于交往双方的发展。只有 A-A 交往是最健康的，大家都本着负责与尊重的原则，力图合情合理地解决问题，因此，A-A 交往是最成功的。

（四）自我表露理论

广义地来说，社会交换过程也包含情感的交流，而情感交流是与自我表露（Self-disclosure）分不开的。所谓自我表露就是我们常说的“敞开心扉”，即把有关自我的信息、自己内心的思想和情感暴露给对方。良好的人际关系是在交往双方的自我表露逐渐增加的过程中发展起来的。

自我表露可以增加他人对你的喜欢。自我表露本身具有很强的象征性，它给对方一个强有力的信号：你对他（她）相当信任，愿意有进一步的交往。而且，对他人的自我表露可以引发他人做自我表露，由此可以增进相互理解，相互信任。

布里格斯认为，自我表露对他人的益处包括五方面。

一是他们知道彼此相似与不同点在何处，还能了解相似与不同的程度；二是准确地向他人表露自我，是健康人格的体现；三是自我表露增强了自我觉察的能力；四是分享体验帮助个体发现这不是他们唯一存在的问题；五是自我表露可以从他人获得反馈，减少不必要的行为。

当然，自我表露也必须注意分寸，过分的表露会让人不舒服。一般来说，表露的范围和深度是随着关系的发展而逐步增加的，对于不同的关系对象，在不同的发展阶段，自我表露的广度和深度明显不同。在非常亲密的朋友中，自我表露往往十分深入，达到所谓无话不说的地步。但是，需要注意的是，无论关系多么亲密，人们都可能存在不愿意暴露的领域，这就是所谓的“隐私”问题。前几年，隐私曾经成为中国社会的一个热门话题，不少人对它还有一些误解与偏见，需要加以澄清。布里格斯（2001）也认为，自我表露也存在风险，主要包括：最实质的风险包括来自不同目标的人的攻击、嘲笑、拒绝与不关心等；个人表露可能会受到听者的伤害；不适当的自我表露，可能会引起他人的退缩或拒绝，对不适宜的人或在不适当的时间过分表露的人，被认为是社会化不良的标志。

在人际交往中，个人往往将部分隐私袒露给自己信任的亲友。除了隐私需要，人还有沟通的需求，需要向“知己”说一些知心话。亲密关系本身也要求人们坦诚相待。但是，这并不意味着关系亲密的人之间就不应该有任何隐私。只有隐私需求和沟通需求之间保持适度的平衡，亲密关系才能正常发展。

第三节　如何增进人际和谐

一、人际关系的原则

（一）互益原则

人际关系，实际上是人与人之间心理上的关系，反映了个人或群体寻求满足其社会需要的心理状态。因此，人际关系的变化与发展决定于双方的社会需要的满足程度。如果双方在相互交往中都获得了各自的社会需要的满足，相互之间才能发生并保持接近的心理关系，表现为友好的情感，反之就可能彼此疏远。不同层次的人际关系反映了人和人之间相互需要的吸引程度。

（二）诚信原则

以诚待人、讲求信义是人际交往得以延续和深化的保证。在交往中，只有彼此抱着心诚意善的动机和态度，才能相互理解、接纳、信任，感情上引起共鸣，使交往关系巩固和发展。

（三）尊重原则

尽管由于主、客观因素影响，人与人在气质、性格、能力、知识等方面存在差异，但在人格上是平等的。只有尊重自己和尊重他人，才能保持人际交往各方的平等地位。有位同学家中遇到不幸，断了经济来源，班上一位同学得知消息，立即在大庭广众之下给他一百元，结果那位同学非但不感激，而且很生气。如果热心助人者能体谅同学的自尊心，换一种帮助的方式，如以无息借予或互通有无等方式，情况或许会好得多。

（四）宽容原则

宽容表现在对非原则问题上不斤斤计较，能够宽以待人，求同存异，以德报怨。宽容有助于扩大交往空间，维持人际关系，消除人际紧张和矛盾。在人际交往中，由于个体差异或不可预见的阴差阳错，因误会、不理解而产生矛盾不可避免。如果有人刺着你或伤着你，你就耿耿于怀，以牙还牙，必然导致恶性循环。反之，如果你相信人的感情是可以诱导的，绝大多数人都可以良心发现，虚怀若谷，宽容别人，若“投之以木桃”，则他人迟早也会礼尚往来而“报之以琼瑶”的。

（五）适度原则

交往的时间要适度。大学生的主要任务是学习，要防止因过于强调交往的重要性而投入太多的时间和精力。交往的距离要适度。朋友之间保持一定的距离是很必要的，只是不同程度的朋友，其距离的大小可以有区别。交往的频度要适度。有的同学交往，关系好时，形影不离，一朝不和，即互相攻击，老死不相往来，这对双方的心理健康和人际关系发展都不利。人际交往，应该疏密有度。

人际交往的七种惹人厌心理

人在社会就必然要参与社会交往，社交的范围与每个人的职业、爱好、生活方式及地理位置有很大关系。现实生活中，有些人在社交中总交不上朋友，或者是交了朋友没多久，朋友又离他而去，平时和同事的关系也不融洽。究其原因，社交中的不良心理状态阻碍了人际关系的正常发展，也就是心理医生所谈到的社交病态心理。较常见的有以下几种，应努力避免。

1. 自卑心理

有些人容易产生自卑感，甚至自己瞧不起自己，缺乏自信，办事无胆量，畏首畏尾，随声附和，没有自己的主见。这种心理如不克服，会磨损人的独特个性。

2. 怯懦心理

怯懦心理主要见于涉世不深、阅历较浅、性格内向、不善言辞的人，由于怯懦，在社交中即使自己认为正确的事，经过深思熟虑之后，也不敢表达出来。这种心理别人也能观察出来，结果别人对自己产生看法，不愿成为好朋友。

3. 猜疑心理

有些人在社交中或是托朋友办事时，往往爱用不信任的目光审视对方，无端猜疑，捕风捉影，说三道四，如有些人托朋友办事，却又向其他人打听朋友办事时说了些什么，结果影响了朋友之间的关系。

4. 逆反心理

有些人总爱与别人抬杠，以说明自己标新立异，对任何一件事情，不管是非曲直，你说好，我就认为坏；你说对，我就说它错，使别人对自己产生反感。

5. 做戏心理

有的人把交朋友当作逢场作戏，朝秦暮楚，见异思迁，处处应付，爱吹牛，爱说漂亮话，与某人见过一面，就会说与某人交往有多深。这种人与人的交往只是做表面文章，因而没有感情深厚的朋友。

6. 贪财心理

有的人认为交朋友的目的就是为了“互相利用”，见到对自己有用、能给自己带来好处的朋友才交往，而且常是“过河拆桥”。这种贪图财利，沾别人光的不良心理，会使自己的人格受到损害。

7. 冷漠心理

有些人对各种与己无关的事情，冷漠看待，不闻不问，或者错误地认为言语尖刻、态度孤傲，就是“人格”，致使别人不敢接近自己，从而失去一些朋友。

二、建立良好人际关系的途径

建立良好的人际关系，是一个人事业成功的基础，左右逢源，游刃有余，需要一颗宽容的心，需要真诚，需要积极交往的主动性，塑造很好的个人形象，善用各种交际手段，克服社会知觉中的偏见。

（一）克服社会知觉中的偏差

1. 首因效应与近因效应

我们通常所说的印象实际上指第一印象或最初印象，在社会心理学中，由于第一印象的形成是最初获得的信息比后来获得的信息影响更大的现象，因而也被称为首因效应（Primary Effect）。与首因效应相比，在总的印象形成上，新近获得的信息比原来获得的信息影响更大的现象，被称为近因效应（Recent Effect）或称为最近效应。

第一印象一经建立，它对于后来获得信息的理解和组织有着强烈的定向作用。由于人的认知平衡和心理平衡的作用，人们必须使后来获得信息的意义与已经建立起来的观念保持一致。如一位刚入大学的大学生出色的自我介绍在同学的头脑中留下强有力的第一印象，即使以后他的表现不如以前，学生们认为不是能力问题，而是不够尽力；相反，有的同学在寻求职业时留下很不称职的第一印象，那么要转变这种印象需要很长时间。

最初获得的信息及由此信息形成的第一印象在总的印象形成过程中作用更大，因为我们在最初接触陌生人的时候，注意的投入完全而充分，此时印象最为鲜明、强烈，而后继信息的输入，我们的注意会游离，从而使其对我们的影响在下降。人们已习惯于用先入为主的最初印象轨道解释一些心理问题。

近因效应不如首因效应突出，它的产生往往是由于在形成印象过程中不断有足够引人注意的新信息提供，或者是原来的印象已经随时间推移而淡忘。近因效应还与个性有关，一个心理上开放、灵活的人倾向于产生近因效应，而一个高度一致、稳定倾向的人，他的自我一致和自我肯定会产生首因效应。

建立良好第一印象的方法是善于表现自己，给别人留下良好、深刻的印象。社会心理学家艾根 1977 年根据研究得出同陌生人相遇时，按照 SOLER 模式表现自己，可以明显地增加别人对我们的接纳性。S 表示坐或站要面对别人；0 表示姿势要自然放开；L 表示身体微微前倾；E 表示目光接触；R 表示放松。

从描述中我们可以得出“我很尊重你，对你很有兴趣，我内心是接纳你的，请随便”

等轻松良好的第一印象。

卡内基在其编著的《怎样赢得朋友，怎样影响别人》一书中，总结了给人留下良好第一印象的六条途径，即真诚地对别人感兴趣和微笑，多提别人的名字，做一个耐心的听者，鼓励别人谈自己，谈符合别人兴趣的话题，以真诚的方式让别人感到自己很重要。

2. 晕轮效应

人们将从已知的特征推知其他特征的普遍倾向概括为晕轮效应。其正面效应是通过某一方面建立有关别人的印象，帮助人们尽快适应多变的外部世界；其消极的一面在于以偏概全，使人们对别人的印象与本来面目相去甚远。人们习惯于按照自己对一个人的一种品质的存在推断出他还具有一些品质是一种普遍的倾向，如知道某人是正直的，则容易把这人想象成刚直不阿、真诚可信、办事认真、可信赖等，甚至爱屋及乌。外表的吸引力有着明显的晕轮效应（Halo Effect），当一个人的外表充满魅力时，其与外表无关的特征，也会得到更好的评价。

晕轮效应是快速认识他人的一种策略、方式，但有时却可能会产生有害的结果。

3. 刻板效应

有些人习惯于机械地将交往对象归于某一类人，不管他是否表现出该类人的特征，都认为他是该类人的代表，而总是将对该类人的评价强加于他，从而影响正确认知，特别是当这类评价带有偏见时，会损害人际关系。如有的大学生认为南方人小气、自私；家庭社会地位高的学生傲气、不好相处等，这种刻板印象容易形成先入为主的定势效应，妨碍大学生正常人际关系的形成。

刻板印象的形成途径主要有两类：亲身经验和社会学习。当人们第一次与一个群体接触时，他们与其成员的互动就成了刻板印象形成的基础。一个群体中特殊的成员对刻板印象的形成有着重要作用，一个群体的行为对我们的知觉起到很大作用，群体的社会角色往往限制了我们所看到的行为，即一个群体所承担的社会角色，所要完成的工作往往决定了他们如何做。刻板印象还从父母、老师、同学、书本及大众媒体习得而来，如西方影视作品中仆人都是黑人，这种形成的刻板印象便是明显的例证。

刻板印象的好处是能快速地了解一个陌生或不太熟悉的人或群体的特征，但刻板印象也有其弊端：一是它夸大了群体内成员间的相似性，从而对个体的知觉产生先入为主、以偏概全的偏差；二是夸大了群体间的差异性，容易产生偏见与歧视。

4. 定势效应

定势效应是指人们头脑中存在的某种固定化的意识，影响着人们对人和事物的认知和评价。当我们与他人接触时，常常会不自觉地产生一种有准备的心理状态，用一种固定了的观念或倾向进行评判，如成语中“邻人偷斧”是定势效应的例子。再如大学里对学生的评价：好学生与差学生，这些评价往往是单纯的学业成绩的评价而非对学生全面的评价。同样，我们对陌生人人际交往的开始，往往要借助于定势效应，将我们准备的心理状态用于对待人与事上。

5. 投射效应

人际关系中的投射效应，即“以小人之心，度君子之腹”，指与人交往时把自己具有的某些不讨人喜欢、不为人接受的观念、性格、态度或欲望转移到别人身上，认为别人也是如此，以掩盖自己不受人欢迎的特征。如自私的人总认为别人也很自私，而那些慷慨大方的人认为别人对自己也应不小气。由于投射作用的影响，人际交往中很容易产生误解。

（二）塑造良好的个人形象

社会交往中，个体的知识水平与涵养直接影响着交往的效果，良好的个人形象应从点滴开始，从善如流，“勿以善小而不为，勿以恶小而为之”，优化个人的社交形象。

1. 提高心理素质

人与人之间的交往是思想、能力、知识及心理的整体作用，哪一方面的欠缺都会影响人际关系的质量。有的学生在人际交往中存在着社交恐惧、胆怯、羞怯、自卑、冷漠、孤独、封闭、猜疑、自傲、嫉妒等不良心理，这些都不易建立良好的人际关系。因此，大学生应加强自我训练，提高自身的心理素质，以积极的态度进行交往。

2. 提高自身的人际魅力

应该说，每个个体都有其内在的人际魅力。人际魅力是一个人综合素质在社交生活中的体现，这就要求在校大学生丰富自己的内心世界，从仪表到谈吐，从形象到学识，多方位提高自己。心理学研究表明，在初次交往中，良好的社交形象会给对方留下深刻的印象，而随着交往的深入，学识更占主导地位。大学生应特别注重个性培养，并不断拓展自己的内涵。

（三）善用交际技巧

1. 换位思考

换位思考对建立良好的人际关系很重要。如我们经常用这种方式思考，如果我在他的位置上，我会怎样处理？经常站在对方的角度去理解和处理问题，一切就会变得简单多了。一般而言，善于交往的人往往善于发现他人的价值，懂得尊重他人，愿意信任他人，对人宽容，能容忍他人有不同的观点和行为，不斤斤计较他人的过失，在可能的范围内帮助他人而不是指责他人。他懂得“你要别人怎样对待你，你就得怎样对待别人”；懂得“己所不欲，勿施于人”；懂得“得到朋友的最好办法是使自己成为别人的朋友”；懂得别人是别人而不是自己，因而不能强求，与朋友相处时应存大同、求小异。

2. 善用赞扬和批评

心理学家认为，赞扬能释放一个人身上的能量，调动人的积极性。“赞扬能使羸弱的身体变得强壮，能给恐怖的内心以平静与依赖，能让受伤的神经得到休息和力量，能给身处逆境的人以务求成功的决心”。据报道，一位欧洲妇女出门旅行，她学会了用数国语言讲“谢谢你”“你真好”“你真是太棒了”等，所到之处都受到热情接待。真心真意，适时适度地表示你对别人的赞扬，赞扬要对人也对事，能够增进彼此的吸引力。

要善于落落大方地说谢谢。我们经常认为特别亲近的人不需要说谢谢，太小的事不需要说谢谢，我们在生活中不太愿意直接表达我们的感谢，而是愿意记在心中。事实上，真诚的、发自内心的感谢闪烁着人性的光辉。

与赞扬相对的是批评。一般情况下，应多用赞扬，少用批评，批评是负性刺激。通常只有当用意善良、符合事实、方法得当时，才有可能产生积极的效果，才能促进对方的进步。批评时应注意场合与环境，应对事不对人，不能对一个人产生全盘否定，这样会挫伤对方的积极性与自尊心，应就现在的一件事而不是将以前的事重新翻出来，措辞与态度应是友好的、真诚的。

3. 主动交往

对一个风华正茂的大学生来说，需要有丰富的人际关系世界，并在这个世界里帮助与被帮助、同情与被同情、爱与被爱、共享欢乐与承受痛苦。在社会交往中，那些主动发起交往活动，主动去接纳别人的人，在人际关系上较为自信。主动交往的稀少来源于两方面的原因：一是缺乏自信，担心遭到拒绝，担心别人不会像自己期望的那样理解、应答，从而使自己处于窘迫的局面，伤害了自己的自尊。事实上，问题远没有我们想象的那么严重，因为人际关系中，双方都需要适应，需要人际关系支持陌生情境。二是人们在人际关系方面有许多误解，如先同别人打招呼，在别人看来低人一等，“那些善于交往的人左右逢源，都有些世故，有些圆滑”“我如此麻烦别人，别人会认为我无能，会讨厌我”，等等。大学生的主动交往也很重要，特别是当面临人际危机时，主动解释，消除误解，重新建立良好的人际关系非常重要。

4. 移情

人际关系的本质是人与人之间情感的联系与沟通，情感的沟通越充分，双方共同拥有的心理领域就越大，人际关系就越亲密。移情不是同情，而是交往双方内心情感的共通与同一。人是经验主义者，对别人的理解高度依赖于自己的直接经验，因此，自我经验的丰富，是理解与移情的必要前提。

5. 帮助别人

心理学家们发现，以帮助与相互帮助为开端的人际关系，不仅良好的第一印象容易确立，而且人与人之间的心理距离可以迅速缩短，能使良好的人际关系迅速建立起来。日常生活中的患难之交正说明这点，即所谓“雪中送炭”的心理效应。

人际交往小技术

人际交往是一门艺术，社会心理学家总结了一些有趣的人际交往技术。

1.“登门槛”效应与技术

“登门槛”效应原意指推销员只要能把脚踏进人家的大门，最后就能成功地让人家买他的东西，实现推销的目的。社会心理学家则用“登门槛”效应泛指在提出一个较大要求之前，先提出一个小的要求，从而使别人对较大要求的接受性增大的现象。

2. 低球技术

低球技术与“登门槛”技术相类似，也同样是诱发态度改变的方法。低球技术的具体做法是，先提出一个小的要求，别人接受这个小的要求后马上提出一个别人要付出更大代价的要求，这要比直接提出较大要求更易于为人们所接受。

日常生活中，如果你请别人帮助时开始就提出较大要求，很容易遭到拒绝，而先提出较小要求，别人同意后再增加要求的分量，则更容易达到目标。

3. 留面子效应

留面子效应正好是与“登门槛”效应和低球作用相对立的现象，它是指人们拒绝了一个很大的要求之后，对较小的要求接受性出现增加的现象，相应地，为了使人更好地接受一个较小的要求，提高人接受较小要求可能性的方法，就称作“留面子”技术。由于人际相互作用，当人们拒绝了别人的一个要求之后，会愿意做出一点让步，给别人一个面子，使别人获得满足。

课外拓展

一、拓展训练

1. 题目：“变形虫”

目的：通过心理游戏“变形虫”，让学生体验沟通的必要性。

通过小组交流，让学生感悟人际交往中理解、合作、认同的重要性。

在体验和分享中学习人际交往技巧，提高人际交往的能力。

时间：大约需要20分钟。

道具：13米的长绳2～3根、5个眼罩为一套，需要若干套。

场地：以室外场地为宜。

程序：主持人先把13米长的绳子两头相结系成一个大绳圈，这样的大绳圈准备2～3个。全班学生分成若干个组，每组5人。2～3组同时进行游戏比赛。5名同学分别戴上眼罩，主持人把事先准备好的大绳圈分别交给他们。根据主持人发出变形指令，如正三角形、正四边形、正五边形……5名参与者通过合作完成，用时最少的组为胜。在合作变形的过程中，不允许用语言交流。

注意事项：长绳的长度以比5个人伸直双臂的总长度多5米为宜，不要太短，也不能太长，否则都会影响游戏的难度。一般以2～3个小组同时开展竞赛为宜，这样可以节省时间。在“变形”过程中，要求绳子充分展开，不可以收缩部分绳子，缩短边长，降低难度。

活动点评：当五个人之间的角色关系确定后，对主持人提出的变形要求可做出规律性的变化。明确一个人可以是一个点，一只手也可以是一个点，一个人也可以代表两个点。两个点可以形成一条线，所以一个人也可以成一条边。假如要变出一个正三角形，五个人中只需要三个点，必然出现两组两人重叠的情况。假如要变出一个六边形，需要四个人每人一个点，一人出两个点，共六个点构成，调整六条边为等长即可。

由于整个游戏要求参与者不能用语言交流，所以一个组要顺利完成变形过程，需要产生“领导者”。通过自发产生的“领导者”进行统一管理，才能从无序逐步到有序。在游戏中存在“领导”与“服从”两种角色，学生之间需要有一个协调、服从、合作的过程，主持人需要有充分的耐心等待“变形”过程的完成。周边同学也要保持安静，不要大声提醒和暗示，当“变形”成功时，集体鼓掌给予激励。

2. 题目：我说你画

目的：让学生学会全局思维、清晰表述、准确回应；学生学会多角度找原因，主动承担责任；体验有效的信息沟通要素，包括准确表达、用心聆听、思考质疑、澄清确定等。

时间：需要10～15分钟。

道具：两张样图，每人一张16开白纸和一支笔。

场地：室内为宜。

程序：第一轮请一名志愿者上台担任“传达者”，其余人员都作为“倾听者”，“传达者”看样图一两分钟，背对全体“倾听者”，下达画图指令；“倾听者”们根据“传达者”的指令画出样图上的图形，“倾听者”不许提问；根据“倾听者”的图，“传达者”和“倾听者”谈自己的感受；第二轮再请一位志愿者上台，看着样图二，面对“倾听者”们传达画图指令，其中允许“倾听者”不断提问，看看这一轮的结果如何？请“传达者”和“倾听者”谈自己的感受，并比较两轮过程与结果的差异。

注意事项：第一轮与第二轮两张样图构成的基本图形一致，但位置关系有所区别；两轮中的“传达者”可以为同一人，也可以为不同人；邀请“倾听者”谈感受时要选择有代表性的，如画得较准确的和特别离谱的，这样便于分析出造成不同结果的多种因素，从而找到改进的方法。

活动点评：主持人把游戏的大致过程与要求解说完后，就有不少志愿者要求担任“传达者”，特别是当“传达者”两分钟看完样图一后，都觉得比较简单。主持人问：“你能够准确地把信息传达给全体‘倾听者’吗？”“没问题！”“传达者”总是自信地回答。当“传达者”一个个指令发出后，教室里渐渐地开始不安起来，可以听到越来越多的议论声、抱怨声、责备声，甚至有人说：“自己都搞不清楚，还说什么，越说越糊涂了。”也有的人干脆放下笔拒绝接受指令了。“传达者”自己也明白为什么会如此表达不清楚，很少有人能够画出与样图一完全相同的图形。通过“传达者”与“倾听者”的交流，发现理解、表述、质疑、回应都是有效沟通的基本要素。第二轮中“传达者”与“倾听者”尝试和体验了有效沟通，“倾听者”们画出的图形与样图二基本相同，结果令双方满意。

二、心理测试

大学生人际关系的自我测量与诊断

这是一份大学生人际关系行为困扰的诊断量表，一共有28个问题，请你根据自己的实际情况，逐一对每个问题做“是”或“否”的回答。为了保证测验的准确性，请你认真作答。

1. 关于自己的烦恼有口难开。

2. 和生人见面感觉不自然。
3. 过分地羡慕和嫉妒别人。
4. 与异性交往太少。
5. 对连续不断的会谈感觉困难。
6. 在社交场合感觉紧张。
7. 时常伤害别人。
8. 与异性来往感觉不自然。
9. 与一大群朋友在一起常感到孤寂和寂寞。
10. 极易受窘。
11. 与别人不能和睦相处。
12. 不知道与异性如何适可而止。
13. 当不熟悉的人对自己倾诉他（她）的生平遭遇以求同情时，自己常感到不自在。
14. 担心别人对自己有什么坏印象。
15. 总是尽力使别人欣赏自己。
16. 暗自思慕异性。
17. 时常避免表达自己的感受。
18. 对自己的仪表缺乏信心。
19. 讨厌某人或被某人讨厌。
20. 瞧不起异性。
21. 不能专注地倾听。
22. 自己的烦恼无人可倾诉。
23. 受别人排斥，感到冷漠。
24. 被异性瞧不起。
25. 不能广泛地听取各种意见和看法。
26. 自己常因受伤害而暗自伤心。
27. 常被别人谈论、愚弄。
28. 与异性交往不知如何更好地相处。

计分标准：选择“是”的加 1 分，选择“否”的是 0 分。

结果解释：如果你的总分为 0～8 分，那么说明你在朋友相处上的困扰较少。你善于交谈，性格比较开朗，主动，关心别人。你对周围的朋友都比较好，愿意和他们在一起，他们也都喜欢你，你们相处得不错。而且，你能从朋友的相处中得到许多乐趣。你的生活是比较充实而且丰富多彩的，你与异性朋友也相处得很好。一句话，你不存在或较少存在交友方面的困扰，你善于与朋友相处，人缘很好，能获得许多人的好感与赞同。

如果你的总分为 9～14 分，那么，你与朋友相处存在一定程度的困扰。你的人缘一般，换句话说，你和朋友的关系并不牢固，时好时坏，经常处在一种起伏之中。

如果你的总分为 15～28 分，那就表明你同朋友相处的行为困扰比较严重，分数超过 20 分，则表明你的人际关系行为困扰程度很严重，而且在心理上出现较为明显的障碍。

你可能不善于交谈，也可能是一个性格孤僻的人，不开朗，或者有明显的自高自大、讨人嫌的行为。

三、推荐阅读

1.《人性的弱点》——卡耐基

这是一本可以改变你命运的书，《人性的弱点》在世界各地至少已译成58种文字，全球总销量已达1.5亿余册，拥有4亿读者，除《圣经》之外，无出其右者。

《人性的弱点》是名副其实的“人际关系学”培训第一品牌书，被全世界各类企业、网络营销公司、保险公司等各种机构作为培训必读书。雄心万丈的青年企业家、业务员、家庭主妇、学者、热恋中的情侣……不管你是什么人，这都是一本让你惊喜，使你思想更成熟、举止更稳重的好书。我们相信这是一本可以改变你命运的书。

卡耐基先生以他对人性的独到洞察力，利用大量普通人不断努力获得成功的故事，唤起每个人内心蕴涵的潜能，激励一代又一代人走向成功。

卡耐基说：“我之所以受人欢迎，我之所以获得了快乐，我之所以经济收入有所增加，就是因为我懂得了处理人际关系的技巧。”

2.《迅速改善人生处境》——罗伯特·凯维

如果你每天都要面对专横跋扈的上司、难以沟通的同事、不配合你工作的下属；如果你要经常应付怒气冲冲或神情沮丧的顾客；如果你认为自己无法充分发挥潜能；如果你认为自己的付出总是无法得到应有的回报；如果你的生活和工作中有太多的烦恼与不悦……你有没有想过，其实你完全可以改变这一切！

美国著名人际关系专家罗伯特·凯维通过45 000例的调查与研究，总结出一套全方位的沟通方案。书中列举的应对116种类型人的方法，几乎囊括了你生活中能够遇到的所有情况。即使遇到再不好相处、再无理取闹的人，你也能轻松应对。

四、小故事　大道理

老青蛙与老蜘蛛的对话

有一个故事说的是老青蛙与老蜘蛛的对话。一天，一只老青蛙遇见一只老蜘蛛，便大吐苦水：“我自蝌蚪时代开始，便辛勤劳作，没有一天懈怠过，但仍然是汗流浃背，方能糊口，现我年近黄昏，正在丧失劳动力，等待我的命运只能是饥饿而死。而你，我从来没见你劳作过，却衣食丰足。就是现在老了，你仍不愁吃喝，自有投网者，送来美味佳肴。哎，不是说‘天道酬勤’吗？这世道，真不公平啊！你说这是为什么？”

老蜘蛛回答：“你说我没劳作，这不对，想当年，我刚离家独立，每天饿着体肤，熬着筋骨，一日复一日地织我这张网，好不容易生活才有了依靠。就是现在，我还随时要修复经常出现的破洞。你之所以生活艰辛、老而无靠，是因为你是靠四条腿在生活，一旦四条腿跳不动了，生活就失去了依靠。而我是靠一张网在生活，网不会因我年老而衰，虽然我年事已高，但生活不愁。如果我也像你一样靠我这几条纤细的腿来生活，我会生活得比你还惨百倍。”

青蛙与蜘蛛的对话，应该给我们以启示。我们是要做青蛙还是要做蜘蛛？答案不言而喻，但不幸的是，我们的许多人不自觉地成了“青蛙”，所以，生活得很艰辛，心灵上也很艰辛。应该怎样鉴别自己是青蛙还是蜘蛛呢？其实方法很简单。如果至今你仍然没有一张属于你自己的人际关系网络，你就是“青蛙”；如果你已经建立了一个完整的人际关系网，你可能是“蜘蛛”。之所以用“可能”一词，是因为虽然你有一个完善的人际关系网，但从未启用它，你仅是一个会织网的“青蛙”。青蛙与蜘蛛命运的差距如此之大，从理论上看，乃是本能能量与外延能量的差别。本能能量是个人所拥有的自然能量，是身体本身的能量。而外延能量是由大脑活动派生出来的、对个人能量进行补充的一切外在能量。本能能量是有限的，而外延能量是无限的。青蛙仅发挥了本能能量，所以生活艰辛，而蜘蛛除了本能能量之外，更借助了外延能量，所以生活轻松。人又何尝不是如此，靠本能能量，搏不过狮子，但倚仗外延能量，却可以把狮子关在笼子里供人观赏。人如何扩大自己的外延能量？方法很简单——织网。织一张渔网，可以捕鱼；织一张通信网，可以远距离通话；织一张互联网，可以缩短世界的距离；织一张人际关系网，可以完成个人力量无法完成的活动，可以实现个人力量无法实现的事业。个人的外延能量，来自于人际关系网。

第七章

想说爱你不容易——大学生恋爱与心理健康

导人案例

【他的问题】

“原来恋爱并没有想象中的美好。刚和我女朋友相恋的时候，她是多么温柔，多么善解人意。可是相处时间久了，就觉得她变了，变成了和恋爱前完全不同的一个人。我们经常为了一件小事情吵得天昏地暗，我觉得好累，真的好累。”

【情景回放】

小包是个学习刻苦的孩子，从小到大成绩优异，学习一直是他生活的全部。他性格内向，不太愿意接受外来事物，所以他的好朋友不多。和他最要好的是他的姐姐，两人经常互诉心事，从小到大都是如此。由此他形成了天真烂漫、单纯简单的个性，对恋爱的观点也是像童话故事中描写的一样神圣与美好。

上了大学以后，小包一度沉迷于网络游戏，除了室友，他几乎不和外人接触，更别提和异性接触了，一个学期后，网络账号被盗，小包极度悲伤，于是下定决心戒除网游。课余时间没有网游陪伴的小包开始用微信与同学聊天解闷。作为文科生的他有着不错的文采，能写一首好诗。每隔两天他就会在自己的博客上发表小诗。每当他发表一篇新的诗后，女孩小蔡总会第一时间在他的博客上进行留言和评论，字里行间无不流露出对小包的崇拜与爱慕。渐渐地，小包注意到了小蔡，并常常与小蔡聊天，小包觉得自己找到了知己，两人开始约会并确立了恋爱关系。

但是，小包恋爱的兴奋期还没有持续多久，小包与小蔡就常常闹别扭，小包为此感到十分苦恼，甚至学会了抽烟喝酒。室友也常常看到小包一个人在寝室里哭泣，小包与小蔡的恋爱已经亮起了红灯。

【分析点评】

很多人觉得，大学里的爱情是十分珍贵的，此时一个恋爱的黄金时节。可是在这个黄金时节里，我们会发现，恋爱动机的产生原因多种多样，有的是真实的内心感受，有的是深思熟虑，有的是随波逐流。

大学生已经迈入成人的门槛，有爱情的需求是十分正常的，关键在于，在以学习和为未来做准备为主的人生阶段中，恋爱该怎么去谈呢？比如小包的恋爱观就十分天真和浪漫，在他没有真正了解小蔡的人生观、价值观和性格之前，就十分迅速地和小蔡开始了恋爱关系。但是恋爱并没有想象中的美好与快乐，性格的差异与背景的不同造成了小包与小蔡的诸多分歧。

而在恋爱真正开始时，双方的相处不仅需要彼此之间关系的磨合，还要考虑到自身的主要阶段目标。小包天真的性格里缺乏了对爱情的“包容”，没有学会彼此相处的生活中随之而来的责任、沟通等维持感情的重要因素，所以小包的恋爱出现了危机，与小蔡的争吵也在所难免，也就陷入了大学恋爱的心理困境。

恋爱是另一所大学，在这所大学里，我们要学会爱，学会探究异性的秘密，并开始考虑自己的一生该如何度过。人生是不可逆的，诚愿我们每个人都拥有无悔的青春与爱情。

爱情无疑是大学生们最为关注的话题之一，而大学生恋爱也早已不再“犹抱琵琶半遮面”了，“卧谈会”上、餐厅饭桌旁、课间教室里，对此都常有兴致勃勃的谈论。一些恋人花前月下，卿卿我我，成双成对活动在校园里。爱情是那样独具魅力，拨动着大学生的心弦，令他们寻觅和神往。然而，恋爱问题恰恰也是大学生最感困扰的问题之一。因为恋爱问题处理不当，导致当事人心里痛楚、人格扭曲，甚至引发精神失常的案例在大学校园里时有发生。

第一节　大学生恋爱心理的秘密

德国著名诗人歌德曾说：“哪个少男不钟情？哪个少女不怀春？”要解决大学生的恋爱心理问题，就要对大学生的恋爱心理进行仔细分析和研究。

一、大学生恋爱动机

恋爱是指异性之间在生理、心理和环境因素交互作用下互相倾慕和培植爱情的过程。恋爱虽然是追求爱情的行为，但并不是生来就有的。一个人对爱情的追求，只有当他的生理和心理发展到一定阶段时才会产生。也就是说，恋爱是大学生生理发育和心理发展的结果。

（一）性生理的发育

性生理发育水平决定性心理和性行为的发展水平。绝大多数大学生在中学时代就完成了性成熟的关键一步。在校大学生的平均年龄在 20 岁左右，处于性生理发育的成熟期。性生理的成熟为大学生恋爱提供了生理基础。

（二）性心理的发展

科学研究表明，直接影响性生理成熟的是脑垂体前叶分泌的性激素，性激素的激活唤醒了性意识的觉醒。所谓性意识觉醒，是指个体意识到自己的性别、两性之间的关系，以及对待两性的态度和行为规范。随着年龄的增大，人的脑垂体激素的分泌量增加，特别是进入青春期后，第二特征的出现，性腺的逐渐发育成熟，性意识觉醒，青年开始关注两性关系及对待异性的态度和行为规范。

大学生追求爱情、渴望恋爱是在性生理成熟的基础上的性心理需要。然而，正如苏联教育家马卡连柯所说的那样："从动物的性本能中是培养不出人类的爱情的。恋爱的力量只有在人类的非性爱的好感中才能得到。"

（三）客观环境的影响

大学生入学前后环境的变化，对大学生恋爱有着特别的影响。入学前，男女虽有对异性的向往，但由于学业的压力和学校、家庭等因素的制约，青春的骚动被压抑着，不敢释放。入学后，学校没有禁令，家长无法直接干涉，处在自由状态下的异性，在共同的学习生活中频繁交往，相互了解，为大学生的恋爱提供了客观环境。

（四）心灵寂寞

初入大学，面对一个陌生的世界，大学生既好奇、兴奋，又忧虑、担心，在新的环境里常常会感到寂寞、空虚和孤独。面对巨大的学习压力和对未来生活的迷茫，大学生们总是需要寻找一个倾诉心事的对象，一个可以依靠的肩膀，一份共同奋斗的力量，于是，对恋爱的渴望也就自然而然地产生了。

（五）虚荣心和从众心理的驱使

大学校园里到处可见成双成对的情侣，这对于单身的大学生无疑是一种心理上的刺激，再加上普遍流传着诸如"到大三还没有女（男）朋友就太没本事了"之类的话，致使许多大学生只是为了满足自己的虚荣心而谈恋爱。他们对爱情的渴求从本质上讲只是为了赢得旁人艳羡的目光。

（六）补偿心理

有些大学生恋爱是因为小时候在家庭中得不到关爱，进入大学之后，希望能找到一个伴儿可以互相关爱，实际上是对小时候缺失爱的一种补偿。

此外，大学生的恋爱动机还有渴望自身价值得到认同，也有好奇心理、依赖心理等心理的驱使。

不同的动机导致不同的结果。依赖和补偿心理最容易导致悲剧发生。当一个女孩子抱着依赖心理谈恋爱的时候，会对男友特别依赖，对男友要求特别高。如果男友不顺她的心，就会感到非常失落，备受打击，产生悲伤、忧郁、失望等消极情绪。如果这些消极情绪得不到及时缓解，就会造成更大的心理危机。同样，补偿心理也会产生这样的后果，因为得到的爱一旦失去，就会对本来就缺失爱的当事人造成一种强烈的打击，这就容易造成当事人自暴自弃或者产生报复心理，导致悲剧的发生，而从众和排遣寂寞的心理容易造成混乱的爱情。从众很容易造成攀比和对照，这样的爱情缺乏最基本的情感基础，容易产生随便、混乱、不负责任的现象。而排解寂寞更是如此，如果谈恋爱的目的是出于让自己的生活不再寂寞，对待爱情的态度就有些玩世不恭，就很难对恋爱的对象有负责任的心理。渴望自身价值完全在对方身上得到认同的心理容易导致走向极端，它会使人迷失了自己，完全依照对方的价值评判来决定自己是否有生存价值。一旦这种恋爱关系终止，当事人极有可能在心理上崩溃，从而做出极端的事情，如自残、自杀、报复对方等。

名人的爱情观

马克思说：真正的爱情是表现在恋人对他的偶像采取含蓄、谦恭甚至羞涩的态度，而绝不是表现在随意流露热情的过早亲昵。如果你以人就是人以及人同世界的关系是一种充满人性的关系为先决条件，那你只能以爱去换取爱，以信任换取信任；如果你想欣赏艺术，你必须是一个有艺术修养的人；如果你想对他人施加影响，你必须是一个能促进和鼓舞他人的人。你同人及自然的每一种关系必须是你真正的个人生活的一种特定的、符合你的意志对象的体现，如果你在爱别人，却没唤起他人的爱，也就是你的爱作为一种爱情并不能使对方产生爱情；如果作为一个正在爱的人你不能把自己变成一个被人爱的人，那么你的爱情是软弱无力的，是一种不幸。

瓦西列夫在《情爱论》中说："爱情是作为男女关系上的一种特殊的审美感而发展起来的，爱情创造了美，使人对美的领悟能力敏锐起来，促进人对世界的艺术化认识。""爱情把人的自然本性和社会本质联结在一起，它是生物关系和社会关系、生理因素和心理因素的综合体，是物质和意识多方面的、深刻的、有生命的辩证体。"

苏霍姆林斯基说："真正的爱情，意味着不仅是欣赏美，而且要培植美、创造美。""在生活中还有别的事情的时候，爱情才会是美好的，如果没有崇高的社会目标将人们联结在一起，爱情就会变成地狱。"

别林斯基说："爱情是生活中的诗歌和太阳，但是在我们这个时代，如果想把幸福大厦仅仅建立在爱情之上，并在内心指望自己的一切意愿都得到充分满足，他将是不幸的。"

柏拉图认为，心灵像一驾马车，它由三部分组成：驭者与两匹马。驭者是理智，一匹是不驯的劣马，一匹是听话的好马。好马是意志冲动，劣马是情欲。好马“能自治，知廉耻”，是正确见解的朋友，而劣马“靠鞭打才能勉强驯服”。这匹马朝着肉欲的宴席疾驰，沉湎于享乐之中。

人本主义心理学家卡尔·罗杰斯说：“爱是深深的理解和接受。”

马斯洛认为：“爱的需要涉及给予和接受爱，我们必须懂得爱，必须能教会爱、创造爱、预测爱。”

弗洛姆认为：“爱是我们对所爱者生命与成长的主动关切，没有这种关切就没有爱。”

心理学家海德说：“爱是深度的喜爱。”

二、大学生恋爱心理的特征

当代大学生是青年群体中文化层次最高的一部分，较之其他同龄人以及过去的大学生，他们的恋爱心理有其独特的特点。

（1）重视恋爱过程，轻视恋爱结果。“不求天长地久，只求曾经拥有”成了当代大学生普遍信奉的恋爱准则。大学生的恋爱多是激情碰撞下的初恋，他们非常强调恋爱时的感觉，看重恋爱的过程，却不太注重恋爱的最后结果。他们不懂得如何培养和呵护爱情，轻易恋爱，轻易分手。一些大学生把恋爱当作一种及时行乐的情感体验，借此寻求刺激，满足精神享受；一些大学生谈恋爱是为了充实课余生活，排遣寂寞，填补空虚，把恋爱当作一种消遣文化。这种行为实质是只强调爱的权利，而否认了爱的责任，是对内心欲望驱使的本能回应，把恋爱看成是心灵空虚的疗伤妙方。这是一种比较自私的恋爱观，这样的恋爱观常常导致恋爱的最终失败。持这种恋爱观的人常常从自身利益出发，索取大于奉献，也从来没有想过爱除了是享受更是一种责任。很少有大学生考虑到婚姻，因而大多数大学生恋人在毕业后都选择了分手。

（2）恋爱重精神特质，自主性强。大学生在恋人的选择上更重视精神层面的相互认同，世俗生活中的物质交换、门当户对等观念对大学生影响比较小。在大学里，男女大学生的平等权利与平等价值观特别突出，反映在恋爱问题上，一般都是自己做主，个性特点强，并不信奉什么统一的模式。走上工作岗位的青年明确恋人关系前一般要征求家人或同事的意见，甚至第一次见面就在家里进行，明确恋人关系后，双方家长来往密切，成人指导贯穿在各个环节。大学生则不同，自己看准了就追求，甚至确定了关系连家长也不知道。

（3）主观学业第一，客观爱情至上。据一项调查显示，在对待学业与爱情的关系上，43.6%的学生认为“学业高于爱情”；6.8%的学生认为“爱情高于学业”。调查结果说明，绝大多数大学生能够正确地看待学业与爱情的关系，大都没有忘记学业，总想把学业放在首要位置，但这只是大学生主观上、思想上的愿望而已。教育实践经验表明，真正在客观上、行为上能够正确处理好学业与爱情关系的大学生虽然也有，但为数不多。更多的是一旦坠入情网就不能自拔，强烈的感情冲击着一切，学习同样受到严重影响。很多大学生在不知不觉中变得“儿女情长，英雄气短”，成就事业的热情一天天冷却，爱情逐渐成为生活的唯一追求。

（4）恋爱观念开放，传统观念淡化。虽然中国传统文化及伦理道德对大学生有一定影响，但随着对外开放的范围不断扩大，大学生的恋爱观也逐渐变得开放起来。虽然有时大学生们依然受到父母传统恋爱观念的一些压力，但这已经不能成为大学生追求自由恋爱的束缚力量，大部分大学生可以接受谈多次恋爱。恋爱观念的开放还体现在对性的看法上，许多大学生恋人在公众场合表现出亲昵行为而并不感到不自在。在回答对婚前性行为的看法时，有34%的学生表示不反对，其中17%的学生表示赞成，9%的学生认为无所谓，顺其自然就好。

（5）自控力较差，对失恋的承受能力较弱。大学生是一个还没有完全走向社会的活跃群体，对逆境带来的冲击常常难以很好地把握。许多大学生，尤其是女生，在感情挫折到来时常常会出现一段较长的心理阴暗期，对自己失去信心，放弃对爱情的追求，有的甚至走向极端。而处于热恋中的大学生，也就是通常说的处于“脑疯期”的大学生，往往不善于控制自己的情感，任感情随意放纵，缺乏理智的驾驭能力，对恋爱对象过分依赖。一旦恋爱受挫，就会情绪失控、痛苦万分，甚至难以自拔，对学习和生活造成严重的影响。

三、大学生恋爱的“功”与“过”

人在社会中始终不是孤立存在的，而在人生的不同阶段，对心理健康产生重要影响的人际关系的侧重点也是不同的。对大学生而言，曾经产生过重要影响的亲子关系、师生关系、伴群关系，正让位于两性间的恋爱关系。恋爱关系对大学生的意义，事实上已超出了这种关系本身，而成为其自我认定和自我价值判断的基础。所以，大学生恋爱是身心发展的需要，对其心理健康也有积极的促进作用，但是必须建立在真正的、健康的爱情基础之上。反之，不仅不利于心理健康，而且由于大学生的身心发展并未完全成熟，可能对其身心健康造成很大的危害。

（一）恋爱对大学生心理成熟和健全的促进作用

首先，恋爱是青年释放日益强烈的性冲动的重要途径。通过恋爱接触异性，使青年不再感觉到性的压抑与紧张。其次，性意识的发展必须经过恋爱阶段才能完善，性同一性也要通过恋爱才能建立。同时，恋爱对一些个性因素和社会情感的发展有重大意义，而且恋爱中两人的深层交往为青年提高交际能力、适应社会打下了基础。因为恋爱是两个人人格的深层接触，在此过程中，青年的自我概念受到对方的影响而发展，真正懂得了如何在保持自身独立性的前提下调整自身缺陷以适应对方。所以有些心理学家认为，恋爱是青春晚期和成年早期最重要的事件，只有经过了恋爱，人才会真正成熟起来。由此看来，大学生的恋爱并不是件坏事，它对青年的成熟很有帮助。

（二）恋爱对大学生心理发展的消极影响

恋爱的意义有积极的一面，更有消极的一面，其消极影响主要表现为会危害青年的心理健康。热恋与婚姻失去配偶等生活大事是在心理紧张量表上分值很高的事件。过度的兴奋和悲痛都会加剧心理紧张。恋爱正是使人时而高兴、时而痛苦的事，处在热恋中的青年经常会为一些小事而高兴或烦恼，造成高度的心理紧张。恋爱的进一步发展还会带来社会问题，这也是产生心理失调的重要因素，如婚前性行为的增加等，造成青年心理负担超重。

热恋中的男女虽然感觉到强烈的心理紧张，但双方的共处和抚慰、爱情的甜蜜又会降低他们的焦虑感。那些遭受恋爱挫折的人就没这么幸运了，失恋的青年会失魂落魄，觉得人生意义不复存在，生活下去只有苦难和折磨，有人甚至走向了绝路。如果没有及时有效的心理指导或较强的自我调控能力，失恋对青年的心理打击是很大的。

可见，恋爱对大学生来说是一把双刃剑，一方面它帮助大学生心理发展走向成熟，另一方面它又带来各种心理问题。这也许是人生的至理——要得到甜蜜的报偿就必须经受得住考验。

第二节　恋爱的心理问题面面观

大学生恋爱现在已是一个很普遍的现象，因为他们年龄很相近，而且很多大学生又都住校，彼此了解和交往的机会很多，产生感情也是很自然的事情。但是，由于大学生的身心发展并未完全成熟，以及一些外在因素的影响，大学生在恋爱中会出现很多问题。主要有以下几方面。

一、单恋与爱情错觉

单恋是一方的倾慕情感苦于不被对方知晓和接受而造成的一厢情愿或对恋爱的渴望，俗称单相思，它仅仅停留在个体单方面爱恋而无法发展成双方相恋的状态。大学生心理尚未完全成熟，单恋现象比较常见，且较多地出现在性格内向、敏感、富于幻想、自卑感强的人身上。爱情错觉则是指在异性间的接触往来关系中，一方错误地认为对方对自己“有意”，或者把双方正常的交往和友谊误认为是爱情的来临。爱情错觉是单相思的另一种形式，它常会使当事人想入非非，自作多情。单相思与爱情错觉都是恋爱心理的一种认知和情感的失误。深刻的单相思是一种难以矫正的心理障碍，会使人一度丧失自尊，不顾人格尊严地乞求于所恋对象，严重影响人的知觉判断和理性选择，同时也干扰了所恋对象的学习和生活。单相思者有时甚至会走向极端，以伤人的方式终结单恋。

二、自恋

自恋是指一个人只是在自我刺激或自我兴奋中寻求快感，而不需要旁人在场，同时他的性指向是他自己。关于自恋有一个古老的传说：美少年厄索斯美丽得无与伦比，他爱上了自己水中的倒影，每天顾影自怜，于是跳入水中，死后变成了水仙花。

自恋现象在婴儿时期便已存在。随着生理的逐渐成熟、性刺激的不断出现，自恋便成为一种生理和心理的需要。一般来说，人一旦进入成年期，便完成了由自恋向他恋的转移。但也有成年后仍未摆脱自恋或不能完全摆脱自恋的，这种情况因人而异。人格成熟的人会使自恋升华为他恋，成为一种精神追求，将注意力转移到有益于社会的活动中去，而人格幼稚的人会使自恋继续下去，甚至不断地加以自我强化，使自己成为孤独的自恋“公主”或“王子”。自恋是人格幼稚、害怕面对现实生活的一种内化反应，是一种情感生活适应障碍。

三、多角恋

所谓多角恋，是一个人同时被两个或两个以上的异性追求或自己同时追求两个或两个以上的异性并建立了恋爱关系。

多角恋是爱情纠纷的主要原因之一，实质上是比单恋更为复杂、更为严重的异常现象。由于恋爱具有排他性、冲动性，因此任何一种多角恋都潜伏着极大的危险性，一旦理智失控，就会给对方及社会带来恶果。

四、交不到男/女朋友

常有一些大学生为自己还没有恋人而自卑，认为自己对异性没有吸引力，认为别人瞧不起自己，不敢坦然与异性交往，更怕在异性面前失误，只好用回避与异性接触的办法保护自尊心，并极力掩盖内心深处的痛苦与失落；或者病急乱投医，更为迫切地去寻找爱情，结果一再受挫，导致心理受到严重伤害。

导致这种心理问题的原因主要有两个方面：一是自我评价出现偏差。这样的学生往往过于关注别人对自己怎么看，却从未认真考虑过如何给自己一个客观的评价。二是对恋爱吸引力缺乏科学的认知。表面上看似乎人们的择偶心理倾向于外在魅力，实际上男女大学生在选择异性对象的条件上，大多都认为性格、才能、心理相容、人品和兴趣爱好更具吸引力。

五、恋爱中的矛盾冲突

恋爱遭到父母的反对或周围人的非议，或因其他一些外在因素，恋人之间产生矛盾、误解和猜疑等。

恋爱中产生矛盾冲突在所难免，要学会用建设性的方式去解决冲突。爱需要包容、理解和体谅，需要有效地沟通，需要理智地解决矛盾和问题，伤害性的争吵或者冷战都不利于问题的解决。

六、失恋

失恋是指一方否认或中止恋爱关系后给另一方造成的一种严重的心理挫折。恋爱失败和失恋是两个不同的概念。前者指恋爱关系的否定，它表现为两种形式：一是恋爱双方都不满意，彼此同意分手；二是恋爱的一方已无情意而提出与对方分手，而另一方却仍情意绵绵，沉湎于对恋情的怀念之中。失恋就是指恋爱失败的第二种。从心理角度来看，失恋可以说是大学生最严重的挫折之一，会引起一系列的心理反应，如难堪、羞辱、失落、悲伤、孤独、虚无、绝望和报复等。这些不良情绪如果得不到及时的化解、转移，容易导致失恋者抑郁、自卑、激愤等，严重者甚至采取报复等方式来排解心中的郁结。

失恋者常见的不良心理问题有以下三种。

（一）自卑心理

感到羞愧难当，陷入自卑、心灰意冷，有的人甚至因此走上绝路。其实，失恋是恋爱生活中的正常现象，并不是一种错误，因此，不存在什么失面子的问题。

（二）报复心理

有的失恋者失去理智，产生报复心理，结果可能造成毁灭性的结局。特别是由于一方不道德而导致失恋，更容易使另一方产生报复心理。

（三）渺茫心理

有的人把恋爱看得至高无上，一旦失恋了，事业、前途也不顾了。其实，渺茫、焦虑，不但于事无补，反而可能使你在恋爱问题上更草率。

七、畸形网恋

随着网络普及，大学生上网的人数越来越多。但是，相当数量的大学生偏离上网的正确方向，把网上谈恋爱作为上网的目的之一。大学生网恋不仅具有比例高、公开化的特征，而且轻率、速成的程度更令人瞠目结舌。有些学生同网友聊过一次后，便一见钟情，相见恨晚。有些学生第一次“接触”便敢说“我要娶你”“我要爱你到天明”，并迅速在网上确立恋爱关系。不可否认，的确有一些大学生通过在网上交流学习心得、人生看法，逐渐情投意合而网恋的。但就多数人而言，则是把网恋视为一种网络游戏，一种在网上进行情感交流的方式。

大学生网恋一般很容易上瘾，而一旦上瘾就会沉湎于网上不能自拔，把网上爱情视为生活的唯一追求。调查表明，一些大学生中午、晚上不休息，在网上谈恋爱，上课时却无精打采，甚至有的大学生为了上网谈恋爱而逃课。网恋不仅严重影响学习，而且容易使他们减少与老师、同学之间的交流，不愿意参加集体活动，性格变得孤僻，甚至造成人格分裂。还有的大学生靠偷窃支付上网费用，有些大学生因为网恋失意，不得不寻求心理治疗，问题严重的甚至出现精神崩溃。网恋的欺骗性对一些大学生更是造成严重的心灵伤害，有的由于得不到及时的引导，甚至断送了一生的前程。

第三节　为爱导航

恋爱的感觉很美妙，但爱情就像玫瑰花，它给我们带来馨香的同时，有时也会刺伤脆弱的心灵。恋爱的过程时常会伴随各种矛盾冲突，这些矛盾冲突的解决有赖于人格的成熟、心理的健全，同时，矛盾冲突的解决状况又会促进或阻碍人格的发展和心理的健全。作为一名大学生，必须培养健康的恋爱心理与行为，让爱变得更加成熟、理智，尽量减少对自己和他人的伤害。

法国作家雨果曾经说过："人生有两次出生：头一次是在开始生活的那一天；第二次则是在萌发爱情的那一天。"既然爱情是人类的重生，它对于当代大学生来说无疑是无比重要的。那么，我们如何才能在获得美丽浪漫的爱情的同时，调整好自己的心态，抓好自己的学业，实现自己情感和事业上的双赢呢？大学生恋爱要把握好以下几点。

一、树立正确的恋爱观

正确的恋爱观对恋爱实践有导向作用，并能促进个体的健康成长。大学生树立正确的恋爱观应从以下几个方面着手。

首先，必须懂得恋爱不是为了虚荣，不是为了填补内心的空虚，而是一种高尚纯洁的情感。在爱的时候，我们想得更多的应该是责任，是付出，而不是要从中得到什么。在真正的恋爱中，我们常常最大限度地替对方着想而忽略自己。

其次，尽量选择与自己心理特点相配的恋人。心理学家曾经调查过大量幸福美满的家庭，得出这样的结论，爱情和谐至少需要三项保证：相互了解、地位背景相配、气质类型相投。要使恋爱生活和谐，减轻恋爱对心理健康的不良影响，选择与自己心理特点相配的恋人是很必要的。从择偶心理上说，人们容易对相同气质的人排斥，而想通过恋爱弥补自己的缺点。一般说来，胆汁质男性宜选择黏液质女性；抑郁质男性宜选择胆汁质女性；多血质和黏液质男女应相互选择。这并不是说其他的选择就一定不对，但最好不要是胆汁质的男女互配或抑郁质的男女互配，因为从气质契合的角度来说，以上两者是最不理想的搭配。选择互补气质的恋人可以使恋爱生活处于心理平衡的状态。

再次，要摆正爱情的位置，明确爱情与学业的关系。爱情在人生中占有重要地位，没有爱情的人生是不完美的，但爱情不是人生的根本宗旨，更不是人生的全部，只为爱情而活着的人生是苍白的。人生的主宰应当是事业，只有成就一番事业才对人生具有决定意义。而在上大学期间，学习始终是大学生的首要任务，它与未来的事业息息相关，是未来幸福生活的基础。那种抛开学业谈恋爱的做法，不仅有碍成就事业，也难以获得幸福的爱情，因此不仅是愚蠢的，也是可悲的。抛弃了学业，就抛弃了提升自己人格魅力的机会，甚至抛弃了被爱的理由。

最后，要懂得爱情是相互理解、相互信任，是一份责任和奉献。我们要更多地替对方着想，学会适度地付出，在恋爱中慢慢懂得去理解人、宽容人、信任人。

爱情是美妙的，它教会我们许多人生道理。当代大学生应当树立良好的爱情观，正确处理好恋爱问题，同时当遭遇恋爱困难时也应用理智合理的、能体现大学生素质的方法来解决。

二、形成健全的理智感

心理学上常用爱情三角来检验爱情是否成熟，是否经得起时间和岁月的考验。它认为，爱情有三个因素：一是生理层面的激情，也就是对彼此外在形象、身体特质的欣赏和吸引，以及生理上带来的愉悦的感觉。二是心理层面的亲密，也就是双方都感觉到对方是了解自己的人，了解自己的想法和感受，也就是我们常说的“心有灵犀一点通”的感觉。亲密还表现在心理上对方给自己带来的安全感、舒适感。三是社会层面的承诺，也可以说是责任，是对彼此的一种负责任的态度和做法，对现在的彼此负责，对未来的婚姻家庭负责。当这三个层面都具备的时候，就是一个相对来说非常成熟圆满的爱情。大学生不妨用这个爱情三角来检验自己的爱情是否成熟，这样的检验至少可以使自己对爱情有一个理性的判断和冷静的思索。

没有理智的恋爱不可能把人引向幸福。坠入情网时，有理智感的人首先不会忘记审视一下自己的感情，判断一下什么是真正的爱情，什么是一时的狂热迷恋。一时的狂热迷恋是一种要求与异性接近的热望，一种生理上的彼此需要，而真正的爱情则是充满激情的友谊，是理性思考的结果，不会轻易动摇；一时的狂热迷恋使双方毫无信任感，当一方不在身边时，就会猜疑他是否变心，而且挖空心思去证实自己的推想。真正的爱情是以相互信任为基础的，它使人平静，让人放心。

每个大学生在恋爱的过程当中，都应该多一份思考，多一份理性，让自己的爱情之花开得更加艳丽而长久。

三、发展健康的恋爱行为

恋爱要遵守恋爱道德。要相互尊重、彼此忠诚，要行为端正文明、有分寸，不可随心所欲，无视社会公德。

恋爱言谈要文雅。交谈中要诚恳、坦率、自然，不要为了显示自己而装腔作势、矫揉造作；不能出言不逊，污言秽语，举止粗鲁；要相互信任，不要无休止地盘问对方，使对方自尊心受损，伤害感情。

恋爱行为要大方。一般来说，男女双方初次恋爱，在开始时常感到羞涩与紧张，随着交往的深入会逐渐自然与大方。恋爱时期要注意行为举止的检点，注意影响，大学校园的很多地方，如图书馆、自习室不适合做出亲昵行为，应该尽力克制。

恋爱过程中要平等相待，相敬如宾。不要拿自身的优点去比较对方的不足，以此炫耀和抬高自己，戏弄和贬低对方，也不宜想方设法考验对方或摆架子，这些都可能挫伤对方的自尊心，影响双方的感情。

要善于控制感情，理智行事。恋爱中的男女常常会有性的幻想和冲动，当这种冲动到来时，大学生应该懂得克制自己，男生要清楚这是一种责任，女生要注意保护自己。恋爱中引起的性冲动，一方面要注意克制和调节，另一方面要注意转移和升华，如参加各种文娱活动，与恋人多谈谈学习和工作，把恋爱行为限制在社会规范内，使爱情沿着健康的轨道发展。

四、培养爱的能力与责任

一个人心中有了爱，在理智分析之后，要敢于表达、善于表达，这是一种爱的能力。一个没有爱心的人是自私自利的人。一个人面对别人的施爱，能及时准确地对爱做出判断，并做出接受、拒绝或再观察的选择，这也是一种爱的能力。自己不愿或不值得接受的爱应有勇气加以拒绝。

具体来说，要培养三种能力。

（一）迎接爱的能力

迎接爱的能力包括施爱的能力和接受爱的能力。大学生要具有迎接爱的能力，就应懂得爱是什么，要有健康的恋爱价值观，知道自己喜欢什么，需要什么，适合什么。应对自己、对他人、对万事保持敏感和热情，主动关爱他人。当别人向你表达爱时，能及时准确地对爱的信息做出判断，理智地做出选择。

（二）拒绝爱的能力

自己不愿或不值得接受的爱应有勇气加以拒绝。拒绝爱要注意两个方面：一是在并不希望得到的爱情到来时，要果断、勇敢地说“不”，因为爱情来不得半点勉强和将就。如果优柔寡断或屈服于对方的穷追不舍，发展下去对双方都是不利的。二是要掌握恰当的拒绝方式。虽然每个人都有拒绝爱的权力，但是珍重一份真挚的感情是对他人的尊重，也是一种自重，同时，更是对一个人道德情操的检验。不顾情面、处理方法简单轻率，甚至恶语相加，结果使对方的感情和自尊心受到伤害，这些做法是很不妥当的。

当你发现对方并非自己理想的爱人时，当然要提出中断恋爱的要求。但即使有足够的理由中断爱情，也应当讲究方式。谈恋爱时要真诚，提出中断恋爱时也要真诚。提出中断爱情的方法主要有以下三种：一是面谈。采用此方式需注意选择适当的地方，如对方性格刚烈、占有欲强，必须在不偏僻的地方。首先肯定对方在恋爱时对自己的爱护与关怀，如果采取诅咒、谩骂的方法，会激起对方的仇恨，使矛盾激化。切忌优柔寡断，给对方留有幻想，那是对对方的折磨，也会给自己留下隐患，所谓"当断不断，反受其乱"，这一点尤为重要。二是通过书信表达。此方法有更大的缓冲余地，措辞也能更冷静、得体。三是寻求中间人的帮助。采用此方式需注意：中间人宜是对方也认识、了解的，最好是对方信得过又非常尊重的人，可以顺势对其进行开导、安慰，切勿让对方觉得你在到处损害他的尊严、败坏他的名声。

（三）发展爱的能力，培养爱的责任

美国著名诗人惠特曼说："爱，不是一种单纯的行为，而是我们生活中的一种气候，一种需要我们终身学习、发现和不断前进的活动。"发展爱的能力，并不是非要具体到对某一异性的爱，可以是更广泛意义上的爱。我们的亲人、同学、朋友、祖国和人民，都值得我们去热爱。发展爱的能力，就是要培养无私的品格和奉献精神，要培养善于处理矛盾的能力，有效地化解恋爱和家庭生活中的矛盾纠纷，为恋人负责，为社会负责，这样才能创造出幸福美满的婚恋。

爱情之花是美丽而娇嫩的，人们热切地追寻它，但有时候往往不知如何去呵护它，以至于爱情之花夭折。恋爱中出现的许多问题来源于人们以被人爱代替了去爱人，求爱往往是为了摆脱孤独和空虚，建立在这种前提下的情感是短暂的。成熟的爱情以自爱为基础，知道自己需要怎样的爱，并且具有给予爱的能力和拒绝爱的能力。

五、提高恋爱挫折承受能力

大学生的恋爱受多种因素的制约，因而在追求爱情的过程中遇到各种波折是在所难免的。前面所提到的单相思、爱情错觉、失恋等恋爱心理挫折对大学生的心理承受能力就是一种考验。莎士比亚说过："爱是一种甜蜜的痛苦，真诚的爱情不是走一条平坦的道路。"爱情是生活中美好的事情，但在恋爱中遭遇挫折是常有的事。

如果承受能力较强，就能较好地应付恋爱中的挫折，否则就有可能造成不良后果。因此，提高恋爱挫折承受能力对大学生的心理健康是非常重要的。

处于恋爱中的人情感特别丰富，总有一股强大的力量驱使他去做一般人不会做的事情，容易冲动，情感波动很大。大学生应该理智地面对自己的爱情，当恋爱危机到来时，要经得住考验，乐观地面对生活，学会感恩。

当爱情受挫后，要用理智来驾驭感情，分析原因，总结经验教训，寻找解决问题的方法和途径，在新的追求中确认和实现自己的价值，从而提高自己的心理承受能力和思想水平。

失恋怎么办？

失恋的种种不良心态会严重影响青少年的身心健康，甚至会导致一系列社会问题。所以，正为失恋而痛苦缠身的不幸者必须学会自我调整、自我拯救。以下方法可供参考。

首先，冷静分析失恋的原因。冷静分析一下失恋原因，可以帮助摆脱“恋”的苦恼。

其次，及时疏导心中的郁闷。失恋者要及时疏导心中的郁闷，消除失恋带来的心理压力，及时恢复心理平衡，可以采用以下方法。

（1）倾诉。失恋者精神遭受打击，被悔恨、遗憾、愤怒、惆怅、失望、孤独等不良情绪困扰，应主动找朋友倾诉，释放心理负荷。可以用口头语言把自己的烦恼和苦闷向知心朋友毫无保留地倾诉出来，并听听他们的劝慰和评说，这样心里会平静一些；也可以用书面文字，如写日记或书信把自己的苦闷记录下来，或给自己看，或寄给朋友看，这样便能释放自己的苦恼，并寻得心理安慰和寄托。

（2）移情。及时、适当地把情感转移到失恋对象以外的人、事或物上。发展密切的朋友关系，交流思想，倾吐苦闷，陶冶性情；投身到大自然的博大胸怀中，从而得到抚慰。当然，密切自己与其他异性的交往，也不失为一个合适的途径。

（3）疏通。疏通指的是借助理智来获得解脱，用理智的“我”来提醒、暗示和战胜感情的“我”。要想想，爱情是以互爱为前提的，不可因一厢情愿而强求，应该尊重对方选择爱人的权利；也可以进行反向思维，多想对方的不足，分析自己的优势，鼓足勇气，迎接新的生活；还可以这样设想：失恋固然是失去了一次机会，然而却让你进入了另一个充满机会的世界。正如海伦·凯勒所言：“一扇幸福之门对你关闭的同时，另一扇幸福之门却在你面前洞开了。”

（4）遗忘。遗忘也是一剂医治失恋的良方。有句名言：“过去的就让它过去吧！”人是有记忆的，然而记忆什么，忘记什么，却可以选择。有些失恋者喜欢回忆失恋前的欢快生活，结果越回忆越痛苦。过去的欢乐就让它与痛苦一起遗忘吧！新的生活需要我们加紧跋涉。

最后，努力把精力投入事业、工作和学习中去。失恋者积极的态度会使“自我”得到更新和升华，全身心地投入工作中，许多失恋者因此而创造出了辉煌的成就。像歌德、贝多芬、罗曼·罗兰、诺贝尔、居里夫人、牛顿等历史名人都曾饱受失恋的痛苦。他们是用奋斗的办法更新“自我”，是积极转移失恋痛苦的楷模。德国大诗人歌德，24 岁时回故乡当律师，邂逅了一个名叫夏绿蒂的少女，歌德一见钟情，热烈求爱，不料夏绿蒂已同歌德的朋友凯士特相爱。失恋的痛苦使歌德一时不知所措，但他很快离开了夏绿蒂，埋头于写作之中，结果《少年维特之烦恼》这部千古力作得以问世。

“乐圣”贝多芬31岁时深深爱上了一位少女，恰在这时他患了耳聋症，这使贝多芬无法娶到他钟爱的姑娘，两年后姑娘出嫁了。病痛的折磨，失恋的打击，使他痛不欲生，但贝多芬并未被挫折压倒，而是更加接受生活，接受音乐事业，从音乐中找到感情的寄托。正是在这次失恋之后，贝多芬用他的天才和情感创造了著名的《第二交响曲》，这就是升华。

在处理失恋的问题上，正确的态度是做到失恋不失德，失恋不失态，失恋不失志。人对失恋的应对方式反映了一个人的心理成熟水平和恋爱观。一个人能够理智地从失恋中解脱出来，往往会使自己变得成熟起来。

第四节　“晒晒”大学生的性心理

社会的发展变革和个体生长发育的规律，为大学生性心理的发展带来了新的矛盾和问题。针对这一新情况，加强以塑造健康性心理为核心的大学生性心理健康教育，对于大学生的全面发展乃至社会的文明进步至关重要。健康性心理的塑造不仅依赖于学校教育和社会教育，更依赖于大学生的自我教育。性心理健康教育不仅是知识的教育，更是人格的教育、身心健康的教育，是现代文明人所必须接受的教育。

一、大学生性心理的基本特征

性心理，是和情感心理、道德心理相关的一种心理，它是指在性生理的基础上，与性特征、性欲望、性意识、性态度、性行为等有关的心理状况和心理过程。性心理可具体分为性感知、性思维、性情感、性意志等，它包括认识自己的性别角色，与异性交往的礼节、态度和观念，及恋爱心理、结婚心理等。

大学生从入学到毕业的年龄一般在18～23岁，正值青春期。处在青春期的大学生由于受文化层次、接受教育程度以及所处的特殊环境的影响，其性心理除了具有这一年龄阶段青年的普遍性特征外，还有以下特征。

（一）本能性和朦胧性

大学生尤其是低年级的大学生的性心理不具有深刻的社会内容，基本上还是一种由于生理上的急剧变化带来的本能心理反应，他们常常在心中用自己童年、少年时期所经历、所见过的与性有关的现象来解释性秘密；他们对异性产生浓厚的兴趣、好感和爱慕，当心理需求得不到满足时，便借助影视、图书、网络等，力图对性的问题有一个明确、系统的了解。同时，由于受传统观念和我国各级学校性教育缺乏的影响，性的问题一直被蒙上一层神秘的面纱。因此，大学生这种生理变化带来的性意识的萌动还披着一层朦胧的轻纱，在朦胧纷乱的心理变化中，性意识将逐渐强烈并日渐成熟。

（二）性意识的强烈性与表现形式上的隐蔽性和文饰性

随着性机能的成熟，处在青春期的大学生出现的性欲望和性冲动此时会表现得很强烈，这是身体发育中的正常生理和心理现象。他们希望接近异性，迫切希望与异性交往，以得到性的生物性满足。相关资料表明，看过黄色书刊和录像、浏览过黄色网站的大学生占 51.2%，希望与异性交往的大学生占 78.6%。

虽然性的生物性需求希望得到满足，但又表现得拘泥、羞涩、冷漠；心里十分想同异性交往，但表面上却表现得不屑一顾、无所谓，或者做出故意回避和清高的样子；心里特别想体验亲昵的动作，表面上却好像很讨厌。正是这种心理上的需要与行为上的矛盾表现，使他们产生了心理冲突和苦恼。

（三）动荡性和压抑性

青年期是人的一生中性能量最旺盛的时期，但由于许多大学生的性心理还不成熟，尚未形成稳固的、正确的性道德观和恋爱观，自控力较差，因而他们的性心理容易受外界的不良影响而动荡不安。一部分学生对性冲动持否定、抵制的态度，采取压抑的方式。有的由于过分性压抑，便以扭曲的方式，甚至变态的行为表现出来，如“厕所文学”、“课桌文学”、窥阴癖、恋物癖等，严重者还会导致性变态和性过错。还有一部分学生对性持无所谓和放纵的态度，采取放荡的方式，多性伴侣、一夜情等行为被部分学生接受，以致精神空虚，情趣低下，甚至发生性过失、性犯罪。

（四）性别上的差异性

大学生的性心理因性别的不同而有些差异。在对异性感情的流露上，男性表现得较为外显和热烈，女性往往表现得含蓄和深沉；在内心体验上，男性更多的是新奇、喜悦和神秘，女性更多的是惊慌、羞涩和不知所措；在表达方式上，一般是男性较为主动，女性较为被动，往往采取暗示的表达方式。此外，男性的性冲动易被唤起，而女性易在听觉、触觉刺激下引起性兴奋。

二、当前大学生的性心理问题

随着经济全球化的发展，开放的西方文化对当代大学生产生了越来越深刻的影响。“性”这个敏感话题已悄然走进了大学校园，大学生正处于性生理发育基本成熟、性心理发展日趋激烈的时期，由于性知识的匮乏、性观念的混乱，以及性教育的滞后等因素，大学生中出现了一系列性心理问题，影响了他们的正常学习和生活，甚至导致性犯罪。

当前大学生中的性心理问题，按严重程度大致可分为两类：一类是性心理困扰与偏差，包括性困惑、性敏感、性压抑、性幻想、性焦虑等；另一类是性心理障碍，包括同性恋、恋物癖、窥阴癖、异装癖等。

（一）性心理困扰与偏差

大学生常见的性心理困扰与偏差主要介绍如下。

1. 性困惑

性困惑是指对性生理的变化缺乏必要的思想准备而产生的不适现象。有些大学生对性器官的发育、第二性征的出现可能会疑虑、担忧、紧张不安甚至厌恶。

2. 性敏感

性敏感是指对性信息表现出来的一种强烈的心理反应。性敏感现象与在性意识形成过程中受到压抑有关。可以说，性敏感就是性本能的一种自我表现。

3. 性压抑

饥渴的本能可以用食物和水来解决，而性本能则不能随意发泄。从人类社会有文明记载以来，人类对性反应就一直用理智和意志力、道德规范和社会伦理来要求，并把它作为个人在社会上生存的基本能力和义务。但由于受根深蒂固的封建意识所影响，部分大学生认为只要出现性心理活动就是可耻的、不道德的，这种过度的压抑导致了羞愧、自责，甚至会造成焦虑、烦躁、紧张不安和严重的挫折感。

4. 性幻想与性梦

性幻想又称性爱的白日梦，其心理活动的基础是性吸引。性幻想的产生其实是一种常态，不仅普遍，而且也是性冲动的一种不可避免的结果。

性梦是指在睡眠中出现的带有各种性内容色彩的景象，这种情况在青春期的男女中普遍存在。一般认为，性梦与性激素达到一定水平和睡眠中性器官受到内外刺激及潜意识的性本能活动有关。性梦的自然宣泄，可以缓解性压抑，有利于性器官功能的完善和成熟。性梦作为意识控制解除下的一种潜意识行为，既无法控制，也无法预防。无论平时是多么“正人君子”的人，在性梦中都可能出现荒诞不经的性事，此时绝没有必要以清醒状态下人们普遍遵循的伦理道德去鞭挞这些“荒唐事”。性梦绝不意味着自己对恋爱对象的不忠和背叛，也不是邪恶丑陋的现象，因此不必内疚、焦虑。当然，尽管性梦是正常的心理、生理现象，但若性梦频繁也不利于自身健康。

5. 性自慰与性焦虑

性自慰，即自我性刺激，在我国多年来一直沿用“手淫”这个名称。自慰行为本身既不会导致生理上的不良反应，也不会引起心理危机。偶尔自慰不仅是无害的，而且有助于缓解性冲动，但过度自慰会引起性欲增强、性冲动加快加重，反而达不到原来的释放目的。然而，一个“淫”字，加之对性自慰的错误认识，使许多有此行为的大学生产生了负罪、羞耻、内心恐惧、自我厌恶、担忧等心理，而种种因素的积累便又成为性自慰与性焦虑的主要心理原因。

6. 性放纵

指不加节制、不受性道德规范约束的性行为。性放纵的主要原因不在于生理上的性欲亢奋，而在于心理上的贪欲、畸形的占有欲。性放纵还可导致性功能障碍，造成性病蔓延。

7. 性观念开放

随着社会的进步，性观念也正在经历一场革命，传统的婚姻观、爱情观遭遇巨大挑战。小学生出现了“性早熟”，中学生流行“早恋”，大学生开始“同居”，甚至很多人把同居当作标榜爱情胜利的宣言。据有关机构公布的大学生心理调查数据表明，70%的大学生不反对婚前同居，有婚前性行为的学生占有不小的比重，此外发生过边缘性行为的占相当大比重，几乎与谈恋爱的比重相等。

资料窗

艾滋病防治小常识

艾滋病顾名思义是由艾滋病毒引起的一种严重危害患者身体健康的传染病。艾滋病毒主要破坏人体的免疫系统，使人逐渐丧失免疫力，最后因细菌、病毒感染而致命，那么艾滋病有哪些预防常识呢?

预防艾滋病的方法：

（1）增强社会责任感，艾滋病的预防不是一个人的任务，而是社会全员的责任，大家都要积极地预防艾滋病的传播，创建和谐健康的生活环境；

（2）学习艾滋病的防治知识，知道艾滋病的传染途径及预防要点，了解艾滋病如何传染，如何杜绝传染；

（3）提高自我防范意识，生病时到正规医院输液、输血，洁身自爱，不吸食毒品；

（4）积极检测，如有不适症状要及时到正规的检测机构检测，排除传染。

艾滋病的传染途径：

（1）艾滋病毒可以通过血液途径传播，不要接触艾滋病患者的血液，更不要随便到小医院、不正规的医院打针、输血，拔牙、镶牙等都要到正规的牙科诊所进行；

（2）性接触传播，艾滋病患者是可以通过性行为传播艾滋病毒的，所以一定要洁身自爱，不乱性；

（3）母婴传播是最直接的传播方式，如果母亲患有艾滋病，婴儿在吃母乳的时候，艾滋病毒就会通过母乳传染给新生儿，艾滋病患者应拒绝哺乳。

（二）性心理障碍

性心理障碍又称性变态、性欲倒错等，是指在两性关系上心理偏离常轨，而导致性行为异常，表现为寻求性欲满足对象的歪曲与性行为方式的异常。大学生常见的性心理障碍主要有以下几方面。

1. 同性恋

同性恋指在行动或幻想中，喜欢与同性个体发生性关系的癖好，通常以同性个体作为性恋和性欲满足的对象，对异性却反感厌恶，并且满意自己的生物学性别。它是性心理障碍中最常见的一种类别。可见于各种年龄，男女均可发生，但男性多于女性。

同性恋的原因比较复杂，并且因人而异。有的可能是先天躯体或生物学的原因，而大部分则是后天心理畸形发展的结果。

从理论上说，同性恋行为或同性恋倾向，在进入青春期后，也就是中学阶段，应该已经显示出来了，只是一般都被掩盖起来了。近年来，我国已有中学生及大学生同性恋行为的报道，个别城市甚至有同性恋群体的存在。

同性恋将面对来自社会的巨大压力或者在同性恋关系不能维持时，可能会产生严重的抑郁反应，甚至出现自杀或杀人行为，这在我国已有多起报道。同性恋往往受到不同程度的社会歧视与排斥，有的甚至为此而受到行政处分。同性恋者和同性恋性行为方式，还是艾滋病（AIDS）最主要的传染源和传播途径之一，已成为全社会共同关注的问题。

2. 恋物癖

恋物癖属于性偏好上的障碍，指反复多次以与异性身体接触过的物品，特别是接触过性敏感区的物品（如乳罩、背心、内裤、袜子等）激起性幻想，获得性行为，达到性满足。还有的眷恋异性躯体的某一部分，如通过对异性的手指、耳朵、头发、足、大腿的嗅闻或抚摸，而达到性的满足，但对异性的整个身体及性器官却毫无兴趣。他们常千方百计地去偷窃所恋的物品，即使因此而受到惩罚也不能改正。目前的报道仅见于男性。恋物癖患者的心理冲突十分强烈，他们意识到自己的行为可能会受到社会的斥责和行政处罚，但又控制不了自己的行为。他们的行为常被认为是流氓作风而不是病，常因此而失去治疗的机会。

恋物癖可分正恋物癖和反恋物癖两种。一些学校女生宿舍经常莫名其妙地丢失女性物品，这多是正恋物癖患者所为。反恋物癖，指由于两性关系的原因，而对某物品产生强烈的憎恨，有性变态表现。

3. 露阴癖

露阴癖是指在不适当的场合向异性展露自己的生殖器，有时还伴有手淫，以求得性兴奋和性满足的一种行为障碍。患者多为年轻、未婚的男性。其发生率在国外仅次于同性恋者。有关资料表明，露阴癖在各类性变态行为中居首位。上海一项调查资料表明，在333例性犯罪中，属性变态者有98例，其中露阴癖达65例，发生率最高。

露阴癖患者选择的地点多为阴暗、僻静处，如电梯、小巷、房角、电线杆或大树后，当异性走来时，露阴癖患者突然在路灯下露出性器官，或用手电筒照着自己的性器官，有的甚至面对异性手淫。当引起对方惊恐后便迅速离去，极少发生进一步的侵犯、猥亵行为。

露阴癖虽不侵犯对方的身体，但会对异性造成严重的心理伤害和精神创伤，自身对其行为有负责能力，所以通常要负法律责任。但是因其是心理变态，司法处理时通常会将其与一般的流氓罪有所区别，对其法律责任相对从轻追究。但是露阴癖作为一种变态性行为，只予以惩罚是难以解决的，还需进行心理治疗。

4. 窥淫癖

窥淫癖是指以偷看异性的裸体、性器官或两性的性交场面，来达到性满足的变态行为。窥淫癖患者很少对异性有正常的性要求，属于行为障碍。窥淫癖以男性为多见。患者往往冒着极大的风险，躲在浴室、厕所里偷看异性，或潜入他人居室偷窥，常因此而被抓获。他们因多次作案而受到舆论的谴责、异性的痛恨和蔑视，内心非常苦恼，但又难以控制自己。窥淫癖侵犯他人隐私，损害他人身心健康，因而要负法律责任，但它与流氓行为有一定的区别。窥淫只满足于窥视，对异性很少有性要求；流氓犯罪则有性的冲动和心理需要，甚至发生严重的性侵犯行为。

窥淫癖的形成，主要是性生理、性心理的发展出现畸形，与早期生活的影响也有一定关系。要预防窥淫癖发生，早期的性教育非常重要。

5. 异装癖

异装癖指以穿异性服装，并以异性形象出现而得到性满足的一种行为障碍。异装癖以男性较为多见。典型的异装癖患者尽管喜欢偷穿异性的衣服、内衣、鞋袜，模仿异性的打扮，但仍有正常的性爱指向，有与异性结合的要求，所以又称“原发性异装癖”。还有部分异装癖患者有“异性化”的心理倾向，觉得自己的性格已变成异性，只有穿异性服装才符合内在的性格，这种情况多见于同性恋者，称为“继发性异装癖”。一般认为，异装癖与幼年时的生活环境有密切的关系，有些母亲想要女儿，把男孩当作女孩来对待，让男孩穿上女孩的衣服，久而久之使其产生异装癖。异装癖患者如果没有侵犯他人的表现，不属于违法行为，只属于心理变态。若早期进行心理治疗，效果较好。成年以后，特别是婚后再进行纠正，难度较大。

三、大学生性心理问题归因

目前大学生性心理问题的产生，比较突出的原因有以下几点。

（一）科学的性知识欠缺

长期以来，我国性教育奉行一种“无师自通”的原则，处于封闭、薄弱、滞后状态，许多学校的性教育成为“空白地带”，大学生获得性知识的主要途径是图书、杂志、影视作品或是与朋友交谈。有些大学生由于受传统观念影响，认为性是羞涩、忌讳的，只能意会不可言传，认为谈论性是庸俗、下流的，把性视为“禁区”，所以对性知识了解很少。

许多大学生喜欢涉猎书刊、影视、网络中有关性的描写。由于文学作品的渲染性、夸张性，特别是“黄色”出版物的腐蚀性，使有些人对性知识的了解出现“误区”。多数大学生往往只对性生理知识感兴趣，对性心理知识知之甚少，不了解性现象的心理机制和性心理的发展特点，不懂得进行自我心理调适，在性心理发展中存在许多“盲区”。所有这些，使得一些大学生不能坦然面对自身出现的性现象，不能有效调控性冲动与性压抑，不能清醒地认识性行为失当的危害，带来了种种困惑和问题，这是引发性心理困惑的直接原因。

（二）社会性心理发展不成熟

大学生涉世不深，社会经验不足，对性的社会性需要缺乏深刻认识，对涉及性行为的婚姻、经济、法律、道德规范等缺乏深刻体验，而且在生活上尚未独立，没有自主的经济来源，没有能力担负起家庭的重任。

性生理与性心理发展的内在冲突，尤其是性生理发育同社会性心理发展不成熟所产生的矛盾冲突，使一些大学生在面对性需求或性压抑时烦躁不安，在交友与恋爱中情绪波动大，在性行为上缺乏道德规范。社会性心理发展不成熟，是一些大学生产生性心理困惑与问题的根本原因。

（三）社会文化因素的作用

青春期个体性心理问题的产生，除其自身内在原因外，社会文化因素的作用也是不可忽视的。

经济、文化的发展，社会的进一步开放，使得人们有更多的机会接受来自外界的性观念和性信息。“性解放”思潮、性淫乱现象、色情书刊和影视等，这些不良的性观念和性信息对于处在青春期“性饥渴”状态中的大学生来说，无异于强烈的“兴奋剂”。然而，人格尚未成熟的他们却没有足够的心理能力来应对，因此，不免会出现种种困惑、焦虑、不适应，甚至出现模仿、尝试行为，进而有可能演变为性心理障碍或变态。

同时，家庭、学校的性教育方式不当，使孩子产生不良性反应，也可能引起性心理行为的变态反应。我国多数家庭是相对封闭的独立生活单元，家庭的各项环境要素，尤其是文化结构，家庭成员特别是父母的观念、角色行为、养育态度、养育方式和养育条件，对孩子的性生理和性欲、性心理发育、性观念的形成影响很大。父母的性观念，有意无意的性举止会在儿童心理上留下痕迹，并影响至成年。由于父母不正确的性期待和性行为的示范作用对孩子性心理定式形成的影响，会引起儿童对自我的性角色确认不明朗，性别认同异性化，出现性别的识别障碍，导致性心理的异常。

我国的性教育一直采取遮遮掩掩、“欲说还羞”的态度，仅靠教科书上生殖系统的生理解剖和分析是很教条的、远远不够的，因为性还涉及社会学、心理学、性道德和伦理方面的知识。性学权威人士吴阶平曾一针见血地指出：“过去常说我国长期以来没有性教育，其实不是没有，而是以错误的性教育代替正确的性教育。”不正视性教育的必要，不正视青春期欲望的躁动，不正视人正常的性心理、性渴望，且动辄就指责学生是错的，只会引起学生的困惑。

（四）性观念的矛盾与冲突

大学生性观念的形成，主要来自两种观念的影响：一是通过学校、家庭教育受到我国传统性观念根深蒂固的影响；二是通过多种途径受到西方国家“性自由、性解放”思潮的冲击。在两种性观念的冲突中，有些大学生徘徊于矛盾中：坚持传统性观念，感到情感上太压抑；推崇开放性观念，担心有违道德习俗，产生迷惘、困惑、矛盾的心理。有的受多元化价值观念影响，在两种观念的矛盾中开始分化，性观念发生混乱，呈现多元化倾向，其中不乏不健康、不成熟的成分。缺乏科学、健康、稳定的性观念，容易导致性心理上的困扰和性行为"盲动"。

例如，在婚前性行为上，有的不能将性爱建立在稳定的爱情基础上，或是为了追求自己爱慕的异性，或是出于对异性的好奇与神秘，或是为了解除自己的孤独与苦闷，结果使自己陷入了困扰之中。性观念的矛盾与冲突，是导致性心理困惑的主要原因。

四、大学生健康性心理的维护

针对大学生性心理发展的特点和现状，加强大学生的性心理健康教育，塑造健康的性心理已刻不容缓。

从学校和社会方面来说，要开展系统、完整、科学的性教育，这是大学生性心理健康发展的首要条件。要始终把性教育作为性文明建设的基础来抓。在进行性生理知识讲述的同时，应着重进行性心理、性道德和性法制的教育，使大学生自觉按照社会主义的道德规范和法律约束自己的性行为，并且要将心理咨询活动与性教育并举，使大学生心理素质良好，性知识科学，性行为规范，积极迎接社会的挑战。同时要净化社会性文化市场，积极努力完善家庭教育措施，优化家庭教育环境，进一步提高家庭教育质量，为我国社会经济文化的持续健康发展培养出一大批跨世纪的高素质人才。

从大学生自身来说，健康性心理的培养主要有以下途径。

（一）掌握科学的性知识

大学生应该对"性"有一个科学的认识。性是一门综合性科学，它包括性生理学、性心理学、性社会学、性伦理学、性美学等。大学生应当努力学习和掌握性科学知识，避免性无知，消除把性仅仅看作是生物本能的片面认识。

（二）培养健康的人格

"性是人格的完成。"性，不仅仅决定于生物本能，而且取决于一个人对待性的态度，反映出一个人人格的成熟。人自身的自尊感和对他人是否尊重，都会在两性关系中充分体现出来。

1. 要自爱自信

认同自己的性别角色。性别角色意识是一个人社会化、成熟与否的重要体现，是心理健康的重要标志。世界是两性的和谐统一。男性和女性在生理和心理上各有自己的特点，各有自己的性别魅力。现代大学生应当在生物生理、社会心理和文化、经济、社会参与以及政治上，进行合乎科学、合乎道德、合乎时代要求的全面角色认同。尽管现在社会上对同性恋存在着各种不同的看法，但人们对同性恋所引起的社会适应困难的看法是相当一致的。因此，大学生应当接纳和欣赏自己的性别角色，发展出适应时代要求的优秀个性特点。性别角色的认同和胜任是现代人成功适应社会和发展的重要心理基础。

2. 要对性行为负有社会责任感

如果性行为只停留在手淫、性梦等方式的自我宣泄上，它不会影响他人，但是如果性行为涉及另一个人，那么便涉及许多社会责任。性行为可能给另一方造成心理和肉体上的伤害，可能产生第三个生命。这将影响另一个人的生活，也将影响你自己的生活。每一个成熟的大学生都应当了解个人性行为给他人、自我和社会带来的后果，尊重他人，尊重自我，对自己的行为负起责任。大学生要增强自己的性道德和性法律意识，用道德和法律来规范自己的性行为。

3. 要培养良好的意志品质

大学生自我控制性心理能力的大小，在一定意义上是由个人意志品质的强弱决定的。意志作为达到既定目的而自觉努力的一种心理状态，具有发动和抑制行为的作用。尽管有的青年人有很强的性冲动，尽管在外界性刺激的情况下每个人都会急于寻求性的满足，但是，人不同于动物，人有意志力，人可以抑制和调整自我的冲动。那些放纵自我的人往往缺乏坚强的意志品质。鲁迅先生曾经说过："不能只为了爱，而将别的人生的意义全盘忽略了。"为了自己长远的幸福和个人成功的发展，应当努力培养自己良好的意志品质。

（三）遵循性道德标准

大学生要保持性心理健康，应懂得并深刻理解人类的性道德标准，因为这是指导人们性活动的最根本的原则。研究性问题的社会学家、心理学家将其大致归纳为如下四点。

1. 相爱的原则

人类具有高级的思想和情感，人类的性爱在某一阶段或时期只能钟情于某一个特定的异性，这是人类性道德最核心、最本质的原则，任何违背这一根本原则的性活动都是不道德的。

2. 无伤原则

这一原则是指性活动应不伤害他人和不违背社会道德，不伤害性伴侣的身心健康。现今的一些大学生认可婚前性行为并付诸实际，其后果对社会、对当事人都可能会造成一些或大或小的伤害，不仅违背了无伤原则，也影响其生理或心理上的健康。

3. 自愿原则

性活动应建立在双方完全自愿的基础上。

4. 婚姻缔约的原则

社会是因具有各种规范、法制而存在的，性的社会性及其文化意义决定了性行为同样需要由道德规范和法律来制约。也就是说，人类对两性生活的欲求，只能通过婚姻这条途径去实现和满足，这样才是符合性道德的原则的，而绝不能是其他的形式。

（四）培养卫生的生活习惯

良好的、卫生的生活习惯有利于大学生保持健康的心理状态，避开性刺激的干扰。这些卫生的生活习惯包括如下几点。

（1）要把主要的时间和精力集中于学习和工作上，不要给自己留下太多空闲、无所事事的时间，以免让性的意念和幻想占领头脑。

（2）按时作息，起居有时，不睡懒觉，保持振作的精神状态，有利于清除关于性的各种杂念。

（3）休闲时间从事健康的文化娱乐和体育活动，避开有性诱惑的娱乐环境。

（4）睡觉前不看有性刺激的影视、录像和书刊，不做涉及性内容的闲聊。

（5）穿衣要宽松，不要紧缩身体。秋冬夜晚睡眠时不要盖得太暖。

（五）要与异性正常交往

与异性的正常交往可以满足大学生的心理需要，达到性心理平衡。异性间的交往是一个互相学习、互相了解、互相适应的过程，有助于日后恋爱、婚姻的成功。男女大学生交往的发展一般宜从群体交往到个体交往。群体与群体之间的接触，是男女大学生最初和最适当的接触方式，个体在群体中可以逐步熟悉异性并学习与异性交往的一般技巧。在此基础上进行的个别交往，才是成熟的和容易成功的交往。

（六）自我调节性冲动

处于性饥饿期的大学生不能以合法婚姻的形式来满足不断勃发的性冲动，这给大学生带来了不少困扰。要消除这些困扰，首先，要适应性的成熟，正确认识性冲动。性冲动是伴随着性成熟而出现的一种正常的生理心理反应。大学生处于性机能成熟的高峰期，其性冲动的水平相应也较高，几乎每个人都能感受到自身性冲动的存在。面对这种性的自然冲动，大学生要坦然接受，而不必为此感到自责、苦恼或厌恶。其次，要掌握必要的性冲动的自我调适方式。一般来说，大学生对待性冲动的常用方式主要有以下三种：一是压抑。这是大学生较常用的方式，特别在公共场合，大学生在性冲动时一般只能压抑自己。二是自慰或宣泄。此外，大学生“卧谈会”上的男女话题、性的幻想和性梦等均有宣泄的作用。三是升华。性升华，指的是用一种积极的、高尚的、能为社会所接受的欲望或方法取代性欲，转移性欲，如从事文娱体育活动、绘画、创作、劳动、社会交往、旅游等，使性欲望得以转移，性情感得以平衡。

课外拓展

一、拓展训练

1. 题目：爱是什么？

目的：通过活动让同学思考自己的爱情观，同时通过同学们对爱的实质的讨论拓宽大家的思路，更全面地领悟爱的真谛，并能对自己的情感生活有所反思。

操作：请静静地思考一下“爱”是什么？并在白纸上写出 5 条你所认为的爱的实质，如：爱是需要、关怀……（请更多关注那些直觉的、第一印象的内容，而非理性思考的内容和感受）写完后每个同学在小组里向大家汇报自己的选择及感受。

讨论：

—你在活动中有何感受？

—对你而言，爱的实质是什么？它对你曾经或目前的恋爱有何影响？你的选择与你的爱情观相符合吗？

—其他人的爱情观对你有何影响？

—最后每个小组将排在前 5 位的爱的实质写到黑板上并在全班进行分享，教师进行点评、补充、总结。

2. 题目：他（她）会喜欢怎样的我？

目的：让学生了解异性，思考自己需要怎样的伴侣，并培养自己成为一个能对别人做出终生承诺且成功兑现的人。

准备：白纸、笔、黑板。

操作：先请学生仔细思考自己未来的伴侣是什么样子，他（她）有什么样的品质，再猜测对方会喜欢什么样子的异性，自己具有什么样的特点，写在一张纸上。然后分别找出几位男生和女生作为代表，男生说出自己喜欢异性的特点和猜测异性喜欢的男生有哪些特点，女生则反之，并在黑板上写出来。然后比较两者的不同。

3. 题目：故事结局构想

目的：通过活动协助学生体会什么是爱的能力。

故事："贾小宝从西部一个偏远的地方考到北京上大学，刚开始时他很新鲜，但过一段时间后感到城里学生懂的好多东西自己都不懂，跟别人有点显得格格不入，于是感到孤单、寂寞，这时正好遇到了同级同学张咪咪（城里人），贾小宝觉得张咪咪很活泼、可爱，张咪咪觉得贾小宝很深沉，对他有好感，于是两人渐渐谈起恋爱……"

操作：请每个同学对故事的结局进行设想，看看爱情会受到哪些因素的影响？

4. 题目：男孩女孩共同成长

目标：了解两性的心理与行为的差异；探讨对异性的角色期待；学习两性沟通的技巧；澄清爱与喜欢的不同，探讨如何表达对对方的关心和支持。

活动过程：

环节一：喜相逢。成员配对与相互认识。运用第一印象、配对接力赛等活跃气氛，导入交往的主题。

（1）第一印象。先将所有参加人员按性别分成男女两组，再让男女成员通过抽签两两配对，并相互说出自己的名字、来自哪里和最能代表自己特质的一个短语。然后让每组男生自我介绍后再将与自己配对的女生介绍给大家认识。

（2）抢椅子。椅子摆成一个圆形，活动者按顺时针方向绕椅子走，组织者一喊停大家就要抢坐在就近的椅子上，最后抢到椅子的人先介绍自己然后表演节目。

环节二：了解性别角色特质。

（1）认识异性角色的差别与相对性。在黑板上画出男女两个头型。参加成员在异性头像内填上自己对异性角色特征的认识，然后由配对的另一方给予评论。指导者画一个圆，将圆分成三等分，把上述男女特质分列在左右两边，中性特质放在中间，使成员对性别角色有一个完整的了解。

（2）认识自己的性别角色特质。请每一个成员按照指导者的方法，将自己的性格特质分别填入圆的三栏中，并探讨自己满意和不满意的特质和其优点。同时，团体其他成员对其进行提问。

环节三：有一点心动。通过两性之间的价值观异同的比较、讨论和分享，加深相互的认识和了解。

（1）谁更受欢迎。请成员观察人际关系较佳的人，其受同性或异性欢迎的特质有哪些，并说明原因，由指导者进行总结。

（2）我的五条恋人标准。各成员分别写下自己最看重的五条恋人标准，然后进行团体分享和讨论，最后由指导者进行整合，澄清爱情中的价值观。

环节四：加深认识。

（1）喜欢和爱。交叉呈现喜欢和爱的题目，请大家分辨，然后团体讨论，分清喜欢和爱的不同概念和内涵。

（2）组织观看电影《情书》，然后进行讨论：当异性对你有何种行为表现时，你会认为他（她）可能对你有意思？如何表达对他人的好感？当好感受挫时，如何疏导情绪，平衡自我？当你发现对方与自己并不合适时，你将如何中止原来的关系？帮助成员最大限度地相互了解与感受。

注意事项：由于本活动环节较多，时间较长，可分几次完成。

二、心理测试

恋爱心理成熟度测试

1. 你认为恋爱是为了（　　）。

A. 找到一个情投意合的伴侣　　B. 成家过日子、抚育儿女

C. 满足性的需要　　D. 刺激、有趣、好玩

2. 你喜欢的异性类型是（　　）。

（女性选择）

A. 英俊潇洒，有男人魅力　　B. 有钱、有势、有能力

C. 人品好　　D. 爱自己的，其余的无所谓

（男性选择）

A. 漂亮性感，有女人魅力　　B. 贤惠能干，善于理家

C. 温柔体贴，人品好　　D. 只要有爱，其余的无所谓

3. 你和恋人确立恋爱关系是因为（　　）。

A. 条件般配　　B. 我比对方优越

C. 对方比我优越　　D. 没想过

4. 你希望恋爱（　　）开始。

A. 一见钟情　　B. 青梅竹马

C. 在工作（学习）中逐渐产生　　D. 经人介绍

5. 让爱情加深一点的良策是（　　）。

A. 极力讨好、取悦对方　　B. 尽力使自己变得更完美

C. 欲擒故纵　　D. 爱情是缘分，无计可施

6. 当恋人暴露出一些缺点和不足时，你会（　　）。

A. 委婉告知并帮其改进　　B. 震惊、意外，对其加以指责

C. 嫌弃、动摇，怀疑爱情　　D. 无所谓

7. 当一位比你目前恋人更优秀的异性对你表示爱慕时，你会（　　）。

A. 离开恋人接受其爱　　B. 将其恋情淡化为友情

C. 瞒着恋人与其往来　　D. 为迟到的爱后悔痛苦

8. 当你倾慕的异性另有所爱时，你会（　　）。

A. 一如既往地待他（她），等其觉悟　　B. 参与竞争，力争夺取

C. 抽身止步，成人之美　　D. 整日后悔痛苦

9. 恋爱中的波折矛盾是（　　）。

A. 必然又必需的　　B. 对恋爱的否定

C. 无聊的　　D. 束手无策的痛苦经历

10. 由于种种原因，你的恋爱失败，对方提出分手，你会（　　）。

A. 千方百计抓住他（她）　　B. 到处诋毁对方名誉

C. 说声再见，各奔前程　　D. 矛盾痛苦，不知所措

11. 进入大龄的“单身贵族”队列，你的恋爱态度会（　　）。

A. 一如从前，宁缺毋滥　　B. 放弃追求，随便凑合一个

C. 重订更现实的择偶标准　　D. 不谈爱情

请按以下得分标准计分，并判断自己的恋爱心理成熟程度。

1. A. 3；B. 2；C. 1；D. 1　　2.（女性选择）A. 2；B. 1；C. 3；D. 1

（男性选择）A. 2；B. 2；C. 3；D. 1

3. A. 3；B. 2；C. 1；D. 0　　4. A. 2；B. 1；C. 3；D. 1

5. A. 1；B. 3；C；2；D. 0　　6. A. 3；B. 2；C. 0；D. 1

7. A. 2；B. 3；C. 1；D. 0　　8. A. 2；B. 1；C. 3；D. 0

9. A. 3；B. 0；C. 2；D. 1　　10. A. 2；B. 0；C. 3；D. 1

11. A. 1；B. 2；C. 3；D. 0

圆熟型：26～33 分

恋爱心理非常成熟。懂得爱的真谛，向往爱又能在现实中实现爱。就像一名竞技状态良好的运动选手，你能够在爱情面前轻松舒展，游刃有余；更可贵的是，即使直面失败也有良好的心态。你的恋爱婚姻一定很美满幸福。

正熟型：18～25 分

渴望爱的垂青，然而常会失误，一时难以如愿。校正一下恋爱指针，太过浪漫地往现实方向调整，太过现实地注意多一些浪漫温馨情调，幸福快乐已在眼前了。

待熟型：9～17 分

恋爱婚姻是人生的一门必修课，要取得好成绩单凭热情是不够的，还须专心修习，从理论到实践，再从实践到理论，一点一滴，终会有所收获。

青涩型：3～8 分

爱情对你而言是迷宫，是八卦阵，是氤氲可怖的夜景，或者是平淡苍白的荒漠。让心理轻松开放些，爱的光线会缓缓照射进来，那时你才能体会到柔情的温暖。

恋爱态度量表

诺克斯和斯波拉科斯基把爱情的态度分成两种类型，一是浪漫型，即把爱情看成是一种神秘的、永恒的力量，对爱情充满了激动、幻想与渴望，较少注重一些现实问题。另一种是现实型，以注重现实为特征，恋爱关系维系稳固、和谐。下面的量表可用于测量一个人对恋爱的态度是现实型还是浪漫型。请仔细地阅读每条陈述，并记录你选了哪一个。

1. 坚决同意　2. 适度同意　3. 不好决定　4. 有些不同意　5. 坚决不同意

（1）当你真正恋爱时，你对任何别的人都不感兴趣。

（2）爱没有什么意义，它就是那么回事。

（3）当你完全陷入爱情时，就会确信它是现实的。

（4）恋爱绝不是你所能客观地加以研究的，它是高度情感的状态，不能进行科学观察。

（5）和某人恋爱而不结婚是个悲剧。

（6）有了爱，就会知道这是爱。

（7）共同兴趣实际上是不重要的，只要你俩真正相爱，就会彼此协调。

（8）只要你知道你们是相爱的，虽然彼此认识的时间还很短，马上结婚也不要紧。

（9）只要两个人彼此相爱，即使有着信仰差异，实际上也不要紧。

（10）你可以爱一个人，虽然你不喜欢这个人的任何一个朋友。

（11）当你恋爱时，你经常是茫然的。

（12）一见钟情往往是最深切、最永恒的爱。

（13）你能真正爱上的，并能在一起幸福地生活的人，世界上只有一两个。

（14）不用管其他因素，如果你确实爱上了另一个人，就可以和这个人结婚了。

（15）要得到幸福就必须对你要与之结婚的人有爱情。

（16）当你和所爱的人分离时，世界上的一切仿佛都暗淡而令人不满意。

（17）父母不应该劝说儿女同谁约会，他们已经忘记恋爱是怎么回事了。

（18）爱情被看成是婚姻的主要动机，那是好的。

（19）当你爱上一个人时，你就想到将来要和那个人结婚。

（20）大多数人都会在某些地方有一个理想的对象，问题是怎样去找到那个对象。

（21）妒忌通常是直接随着爱情而变化的，也就是说，你越是爱就越会有妒忌心。

（22）被任何人都爱上的人大约只有少数几个。

（23）当你恋爱时，你的判断力通常不是太清楚的。

（24）我认为，一生中爱情只有一次。

（25）你不能强使自己爱上某一个人，爱情说来就来，说不来就不来。

（26）和爱情相比，在选择结婚对象时，社会地位和宗教信仰的差别是无关紧要的。

分数解释：选择 1 计 1 分，选择 2 计 2 分，以此类推。将所有题目得分相加，分数越高越接近现实型，分数越低越接近浪漫型。

诺克斯和斯波拉科斯基曾将此表在 100 名男女未婚大学生中进行调查，结果显示：

（1）在恋爱态度上，女生大多偏向现实型态度，男生则大多偏向浪漫型。调查者认为，这可能是女同学认为此类事对他们的利害关系大。

（2）学生年级越高，年龄越大，恋爱的态度越表现为现实型。对年龄较大和即将毕业者来说，不是为了“浪漫的夜晚”，而是按将来的生活伴侣去选择约会对象，而标准也从“他（她）会跳舞吗”变化为“他（她）是否有着和我一致的生活目标”。

三、推荐阅读

1.《爱的艺术》——弗洛姆

关于爱是什么，为何我们需要爱等问题，在《爱的艺术》中，当代心理分析学家弗洛姆有着不同于一般人对爱的诠释。爱的艺术并非是一本教人学会如何爱的情爱圣典，而是关于指导人生意义的心灵哲学类书籍。

《爱的艺术》要告诉读者，爱情不是一种与人的成熟程度无关，只需要投入身心的感情。《爱的艺术》要说服读者：如果不努力发展自己的全部人格并以此达到一种创造倾向性，那么每种爱的试图都会失败；如果没有爱他人的能力，如果不能真正谦恭地、勇敢地、真诚地和有纪律地爱他人，那么人们在自己的爱情生活中也永远得不到满足。

爱是一门艺术吗？如果爱是一门艺术，那就要求想要掌握这门艺术的人有这方面的知识并付出努力。

爱情是一种积极的，而不是消极的情绪，是人内心生长的东西，而不是被俘虏的情绪。一般来说，可以用另一个说法来表达，即爱情首先是给而不是得。

天真的、孩童式的爱情遵循下列原则：“我爱，因为我被人爱。”成熟的爱的原则是：“我被人爱，因为我爱人。”不成熟的、幼稚的爱是：“我爱你，因为我需要你。”而成熟的爱是：“我需要你，因为我爱你。”

如果我确实爱一个人，那么我也爱其他的人，我就会爱世界，爱生活。如果我能对一个人说“我爱你”，我也应该可以说“我在你身上爱所有的人，爱世界，也爱我自己”。

2.《在爱中修行》——素黑

不要说得不到爱，能活着已是爱。

收录在这里的文章，来自素黑的专栏，部分曾贴于新浪网“素黑黑洞”博客，迅即引来热烈回响，成为交流心性体验和爱的热点平台。

关于男女爱、自伤爱、静心爱和修行爱，素黑充满智慧的洞见，引领你我穿透爱的执着与伤害，抵达爱与自由的新天地。

四、小故事　大道理

穿越人生的麦田

柏拉图问老师苏格拉底什么是爱情？老师就让他先到麦田里去，摘一棵全麦田里最大、最金黄的麦穗来，其间只能摘一次，并且只可向前走，不能回头。

柏拉图于是按照老师说的去做了。结果他两手空空地走出了田地。老师问他为什么摘不到？

他说："因为只能摘一次，又不能走回头路，其间即使见到最大、最金黄的，因为不知前面是否有更好的，所以没有摘；走到前面时，又发觉总不及之前见到的好，原来最大、最金黄的麦穗早已错过了；于是我什么也没摘。"

老师说："这就是爱情。"

之后又有一天，柏拉图问他的老师什么是婚姻，他的老师就叫他先到树林里，砍下一棵全树林里最大、最茂盛、最适合放在家做圣诞树的树。其间同样只能砍一次，以及同样只可以向前走，不能回头。

柏拉图于是照着老师的话去做。这次，他带了一棵普普通通，不是很茂盛，亦不算太差的树回来。老师问他："怎么带这棵普普通通的树回来？"他说："有了上一次经验，当我走到大半路程还两手空空时，看到这棵树也不太差，便砍下来，免得错过了，最后又什么也带不出来。"

老师说："这就是婚姻!"

人生就正如穿越麦田和树林，只走一次，不能回头。要找到属于自己最好的麦穗和大树，你必须要有莫大的勇气和付出相当的努力。

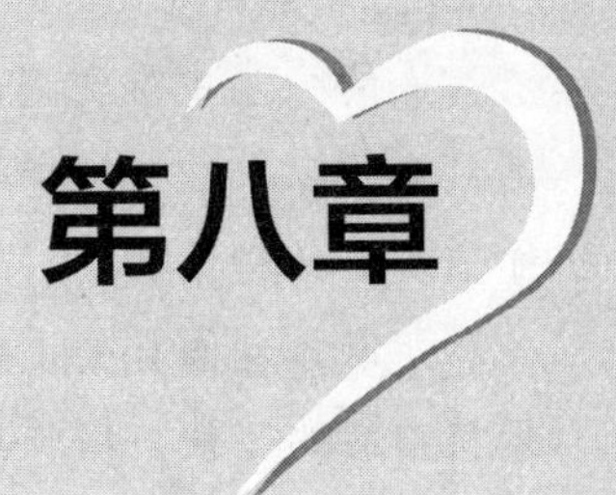

第八章

虚拟世界的精彩与无奈——大学生网络心理学

导入案例

【他的问题】

“整天玩电脑游戏，吃饭叫外卖送来，睡觉都不脱衣服，怕耽误时间，如醉如痴的，真是没有办法。他父亲住院一年了，没去看过一次，一点亲情没有，很冷漠。对我们来校又非常反感，声称如果我们再来校就要跳楼。你说我们该怎么办呀？”母亲说。

【情景回放】

刘闯，男，某高校二年级的一名男生，今年 21 岁。17 学分不及格（20 学分不及格即要退学），学习状态不佳。

据刘闯的父母反映：刘闯自幼聪明，但懒惰。上大学后很少回家（就在本地），放假也只回家半个月左右，总说学校有事。大一上学期有两门功课不及格，家人收到学校的成绩通知单后发现他故意把家里的电话写错了，让学校无法联系家人。当时他表示要好好学，大一下学期又有几门功课不及格，家人来学校，发现他不去上课，总在玩游戏，上网成瘾。半年来有自伤行为，去年夏天开始肥胖，半年来总说要死，不让父母去他宿舍，自己堕落，对自己的健康不负责，整天吃、睡、玩。生活不知自理，不洗澡、不洗衣，说瞎话，言语怪异。认为同学排节目是影射，敏感多疑。

刘闯讲话语速很慢，有些含糊，但是符合逻辑，并能考上大学，显然他的智力没有什么问题。刘闯在开始阶段对咨询有强烈的阻抗心理，不愿面对现实，又不愿意改变。不承认自己的失败，外表洒脱，内心痛苦。一直为被动咨询，刘闯的咨询经常会是被动的或迟到，甚至以各种理由取消预约。咨询过程中表现出玩世不恭的样子，身体还算轻松，并自称“哼，我这台发动机没有起来还罢，一旦发动起来加速度是非常大的”。

【分析点评】

人的一生中难免遇到挫折，俗话说“不如意事常有八九”，也就是说，人人都有可能遇到挫折以及这样那样的意外事件。如果出现了挫折，又不能正确对待，很容易产生心理矛盾，则必将影响人们的身心健康。

所以，刘闯首先正确面对已经产生的事实情况，采取积极反应方式和掌握解脱消极、抵抗情绪的方法。增强其适应能力，减少动机和行为的攻击性、冲动性，尽量克服消极对待挫折情境的反应方式（沉迷于网络、自伤行为等），鼓励其正向行为（跑步锻炼等），使自己能够在复杂的生活情境中轻松面对。

第一，刘闯要学会热爱生活。从人生态度的层面上看，热爱生活反映了人生的一种基本信念，提示了人对自己、对社会及其生活的一种积极倾向，这种倾向内在地奠定了人们正视产生任何挫折可能性的心理学基础。所以，刘闯要学会热爱生活，并且多与家人及同学进行沟通与交流，获得他人的替代性经验以及关心与支持，最终走出困境。

第二，要在生活中锻炼自己的意志力与体力。在今天这个多变转型的社会中，在大学里学习、竞争，拥有好的体力与意志力是一个人要想成功所必需的品质。只有一个好的智力而没有强大的体力和坚强意志力的人很难适应社会进步的。

第三，要重建自己的目标系统。作为一名大学生，当他陷入某种困境时，理性的迷失或降低都是常见的情形，因此要走出认识上、心理上的误区，重新建立更加符合自己的目标体系。这样才能很好地走出困境，这才是一个理智的、成熟的人的标志。

第四，要学会做成败两手准备。有了“最坏”的准备，就等于增强了心理承受力。有了对挫折较强的心理承受力，再加上向“最好”处努力，就能够构成积极的人生态度，这有利于在人生实践中把握自学性，减少盲目性；增强主动性，减少被动性。

刘闯最初由于学业困难以及不良的家庭关系，而导致了挫折心理。至此，采用不健康的防御机制，沉迷于网络游戏，并产生轻度的幻想甚至是自伤倾向等不良的情绪反应及状态。所以，我们在面对沉迷于网络的来访者时，要能够看到存在于网络背后的秘密。

互联网的诞生不仅极大地缩短了地理空间的距离，也给人们带来了非常大的好处。它能让我们在短短的几秒钟跨越千山万水，也可以让我们坐在电脑前便了解整个世界。它为我们营造了一个真实的虚拟空间，在这个空间中我们可以随心畅游。但是你可曾想过，是否充分利用了这个庞大的资源库？是否以健康的心理面对网络的一切呢？

第一节　网 络 情 结

一、网络知多少

网络起源于1969年年底美国国防部4台计算机内部联网，1983年全球因特网正式诞生，1994年4月我国获准接入互联网（1997年规定其标准英译名为因特网）。网络是信息传输、接收、共享的虚拟平台，通过它把各个点、面、体的信息联系到一起，从而实现这些资源的共享。它是人们信息交流、使用的一个工具。

计算机作为科技进步的产物已被人们普遍认同和接受，人们对计算机技术的热衷已成为一种社会时尚。计算机本身的功能以及互联网强大的兼容性正被人们特别是年轻一代所认可和接受。与很多人的想象相反，其实Internet并非某一完美计划的结果，Internet的创始人也绝不会想到它能发展成目前的规模和影响。在Internet面世之初，没有人能想到它会进入千家万户，也没有人能想到它的商业用途。

计算机已被人们广泛地应用到了生产、学习和生活的各个领域，成为人们最亲密的伙伴。数控机床、航空航天、网上学校、多媒体教学、数字电影、网络游戏等，计算机技术无处不在，许多信息的传递、许多工作的开展都是通过计算机来完成的。作为工具，它一定会越来越好用，功能也会越来越多，内容也会越来越丰富。网络会借助文字阅读、图片查看、影音播放、下载传输、游戏聊天等软件工具从文字、图片、声音、视频等方面给人们带来极其丰富和美好的使用和享受。

不管人们是否愿意承认，一部分人群已对计算机产生了某种依赖。网络的发展是超常规、跳跃式的，用瞬息万变、一日千里来形容一点也不过分。在人们尚没有充分的思想和心理准备，或者说根本就没有明确预期的情况下，互联网便迅速渗透到了社会生活的方方面面，让人类的生活更便捷和丰富，从而促进全球人类社会的进步，并且丰富人类的精神世界和物质世界，让人类最便捷地获取信息，找到所求，让人类的生活更快乐。

互联网作为继报纸、广播、电视三大传统媒体之后的“第四媒体”，基于互联网的网络媒体集三大传统媒体的诸多优势为一体，是跨媒体的数字化媒体。网络媒体新闻传播除具有三大传统媒体新闻传播的“共性”特点之外，还具有鲜明的“个性”特点，主要表现在以下方面。

（一）即时性

即时性是网络新闻传播时效性强的形象表述。近几年来，滚动快讯让网络新闻传播的时效性进一步体现。随着网络图文直播、音频直播和视频直播的出现，网络新闻的即时性日臻完美。网络媒体为凸现新闻时效性，对突发事件的报道有时甚至将新闻镜头的时间精确到分钟。即使是日常新闻报道，新闻内容页面一般都标注了精确到秒钟的发布时间，一些新闻列表的每个标题后也标注发布时间。

（二）海量性

人民网、新华网等新闻网站和新浪网、搜狐网等门户网站实行全天候发稿已有多年时间。网络媒体的每日发稿量（包括条数和篇幅）远远大于传统媒体，各栏目还源源不断地滚动播出新闻，发稿量可见一斑。

打开任何一条网络新闻网页，呈现给读者的除该新闻的内容之外，还有关键词、相关新闻和新闻专题等链接，广为集纳追踪报道和相关信息，全面报道事件始末，极大地丰富了新闻外延和背景资料，让读者充分享受新闻盛宴。除非人为清理或服务器在没有备份的情况下遭到破坏，理论上网络媒体所发稿件将以数字形式长期保存在资料存储容量巨大的服务器上。在这种意义上，网络媒体简直就是一个浩瀚的新闻数据库。

网络媒体新闻传播的海量性，还体现在具有强大的检索功能及易复制、易存储等特点。谷歌、百度等专业搜索引擎及一些网站自有的检索工具，使网上查找新闻变得十分便捷。读者可以通过拷贝粘贴、下载、收藏、打印网页等方式复制、存储所需资料。

（三）全球性

网络媒体的传播范围远远大于报纸、广播和电视，是全球性的。“网络传播无国界”，网络传播空间理论上没有国家和地区的限制。任何一个国家或地区，如果不采取特别的技术措施对境内外个别有害网站实施封锁，世界上任何一个网站登载的内容，都有可能供全球网民访问、浏览和下载。同样，世界上任何一个具备上网条件的地方，均可轻松浏览全球网站。网络媒体新闻传播的全球性，在使一些网络媒体“走出国门”的同时，使一些目标受众为特定语种读者的网络媒体提升了全球影响力。

（四）互动性

网络媒体新闻传播是媒体与受众、受众之间的多向性、互动性传播。互动性又称交互性，包含“一对一、一对多、多对一、多对多”的传播方式，体现了大众传播和人际传播相结合的传播方式，是网络媒体的特性和优势。网络论坛、留言板、电子邮件、微博、微信及 QQ 等即时通信软件吸引着大量网民积极参与传播信息、评论新闻、讨论新闻话题等活动，极大地提高了网络新闻传播的社会影响力。

（五）多媒体性

网络传播的多媒体性是指互联网运用数字技术，兼容报纸、广播和电视多种媒体的传播手段，全面刺激受众的多种感官。网络的多媒体性，使网络媒体有能力在技术上实现。网络媒体传播采取文字、图片、音频、视频、Flash 动画等多种形式，丰富了报道手段，使新闻更为直观、形象、生动，增加了新闻的现场感和冲击力。网络媒体集文本、声音、图像等传播形式于一体，这就打破了传统媒体之间的界限，使网络媒体作为一个整体的概念。

（六）新媒体特性

网络媒体既具有大众传播的优势，又兼具小（窄）众化、分众化传播的特点，通过强大的信息技术正把不同的媒体形态融合，体现了媒体变革最明显的特征。

除了上述特点以外，网络媒体新闻传播也存在一些缺陷，如抄袭复制现象严重、公信力不高、容易侵犯知识产权、带宽瓶颈制约、信息垃圾泛滥等，还有很大的品质提升空间。

21 世纪是个网络化的时代，网络技术正在改变着我们的学习、工作、生活乃至思维方式，也必将对我们年轻一代的心理发展和心理健康产生深刻的影响。

二、网络是大学生的必然选择

网络对大学生而言已不仅仅是一个“工具”，在某种程度上已成为其生活的组成部分。网络作为一种特殊媒体，以其迅速、互动的特点以及内容多样性、选择自主性等宽松、自由的环境吸引大学生。

（1）社会的发展要求大学生必须具备一定的计算机与网络的知识和技能。随着社会的发展，计算机与网络无处不在，学校也有自己的网络……离开了网络或者说不会使用网络，在现代社会背景下可能会直接影响到我们的工作效率和生活质量。目前，虽然大多数院校已经不将学生参加国家计算机二级考试的成绩与学生的学位和毕业资格挂钩，但一些用人单位在挑选毕业生时还是要考查学生对计算机与网络技术的掌握情况，更重要的是还要考虑到对未来工作和社会发展的适应问题。显然，学会很好地使用计算机、科学地运用网络是当代大学生必备的基本素质。

计算机网络已与大学生的学习紧密地联系在了一起。几乎所有的高等学校都开设了计算机技术的基础课程，要求在校大学生必须把计算机技术作为基本技能掌握；一般高校的教学管理与学生的日常管理工作很多环节都是通过网络完成的。学生的注册、选课、成绩查询都在网上进行；学生需要完成的作业也需要到互联网上查找资料；学校开设的许多课程也都采取了多媒体的授课方式，还有一些院校开展了远程网上授课等工作。这些都要求大学生能够熟练地使用网络，经常及时地从网上获取个人需要的信息。

（2）大学的环境使得大学生很容易与网络亲密接触。学校是计算机资源与网络资源最丰富的场所之一。所有的院校都拥有自己的网络中心，一个学校拥有计算机的数量与先进程度已成为衡量该院校设备建设情况的重要指标，这些都为学生使用计算机和网络提供了便利条件。再加上学校浓厚的学习、科研氛围和大学的学习特点，使得大学生自觉不自觉地养成了上网的习惯。

另外，学校周边林立的网吧为招揽生意往往会开出许多优惠的条件，吸引大学生的光顾。时间不受约束的特点更容易满足大学生的上网需求。

（3）面对互联网构建的虚拟世界，当代大学生表现出了极高的认同度和参与热情。网络的数字化、信息化适应了大学生的主体活动。互联网传播信息的高速性符合当代大学生追求时效化的个性。网络的自由性正好符合大学生强烈追求个性的心理。上网的时尚性符合大学生追求时尚的心理。网络交往的隐蔽性、广泛性符合大学生渴望真情又怀疑真情的心理特点。

第二节 常见的网络心理障碍

“技术是一柄双刃剑”“技术每提高一步，力量就增大一份。这种力量可以用于善恶两个方面”。我们在使用互联网的过程中，能否从时间和空间的限制中解脱出来，从疾病、社会称许效应中解脱出来，以自由的意志出入网络，而不沉迷其中呢？我们首先要了解有哪些网络心理特点及其产生的原因，从而达到对网络的最优化使用。

一、大学生的网络心理特点

（一）积极的心理需求

1. 强烈的求知欲望

大学生在校园的主体活动是学习，并且都具有好奇心和求知欲望。上网查阅资料支持教学、科研，已成为师生常见的信息收集手段。从信息论的角度而言，学习在本质上是信息获取和加工的过程。网络不仅跨越了时空而且表现形式丰富多样，“秀才不出门，能知天下事”，得到了具体的实现。

通过网络，人们可以从浩如烟海的信息中查询到自己需要的部分。网络打破了时空的限制，信息容量大、传播速度快、覆盖范围广，为每个人提供廉价的网上信息服务，是任何传统媒体所无法相比的。学术信息、经济信息及各种各样的新闻，内容无所不有，无所不包，几乎凡是人类活动涉及的各方面内容，上自天文地理，下至衣食住行，都可以在网上找到相关的内容，而且是集文字、图、声和视频于一体。

2. 自由平等的参与意识与自我实现欲望

互联网没有国界，没有政府，没有哪片网络统治哪片网络，也没有中心。人们在网络中交往的身份是平等的，无论这种平等是真实的还是假设的，这种“网络民主”在很大程度上使人产生了自我满足感，正好为大学生提供了展示自己个性的新舞台。大学生最怕和别人不一样，但更怕和别人一样，他们强烈追求个性的特点在互联网上得以充分体现，不仅可以在论坛中高谈阔论，而且可以自由设计自己的主页，会对网络产生好感，能够在网络中寻找心理平衡和自我满足。

3. 追求开放性和多元性

随着网络技术的发展，其兼容性将越来越强，人们不仅可以在网上满足越来越多的愿望，而且上网将变得更为方便、快捷，它实现了整个世界的快速、适时连接，形成了信息内容地域性和信息传播方式超地域性的统一。

大家都知道网络环境下的交往具有虚拟性，真真假假，“游戏人生”。为了防止上当受骗，有些人草木皆兵，怀疑一切，不敢与人在网上交谈，更不敢利用网络的便利开展业务，自己把自己在另一个世界封闭起来，因噎废食，使自己丧失了许多机会。

在互联网上的交流与传统媒体不同，用户不但乐意主动选择符合自己需求的信息，还可以向信息提供方反映自己的要求，并且可以实现在线的相互交流。

（二）消极的心理需求

1. 猎奇心理

相当一部分人上网的目的就是猎奇，如通过网络追寻一些其在现实生活中通过传统渠道难以获得的奇闻或信息，并以此获得感官上的刺激。通过网络满足猎奇的心理是再正常不过的。大多数学生能冷静对待网络信息，以研究的态度决定对信息的取舍。绝对否定，实际是排斥了网络给我们带来的便利，使自己游离于信息时代之外。但是，在目前网络信息鱼目混珠的现实情况下，猎奇须有尺度。看黄散黄、散布计算机病毒、侵犯他人隐私、造谣中伤，这些行为不能用猎奇心理来为自己开脱，这些行为已经触犯我国法律，是要受到法律制裁的行为。

2. 急功近利心理

理想自我与现实自我总是会有一定的差距。当这种差距超过一定限度，就会发生心理的冲突。这种冲突在网络心理领域有时可能更为剧烈一些。因为有些大学生在现实的客观世界不太突出，不被他人重视，希望通过网络世界表现自己的才能，摆脱世俗的偏见，恢复自信，找回失去的自我，实现理想自我。这些人往往期望值比较高，心理压力反而比较大，在网上如果表现不尽如人意，可能会进一步加深这种心理冲突。

3. 发泄欲求

在平时生活中一些情绪变化要表现得含蓄、内隐，是意识对情绪调节的结果，表现出理智掩饰内心世界的真实感情的现象。而在网络中可以尽情地抒发自己的感情，使自己的情绪调整到平衡状态。在这样的网络世界里，许多人的自我克制大大削弱或不复存在，个体更少地受自我意识的约束，更不在乎他者的存在，与现实生活中的行为方式存在巨大的差别，也就更容易表露自己的人格特征甚至相应的弱点。

4. 逃避现实的解脱心理

生活中的挫折是在所难免的，但是怎样对待挫折情境以及对挫折的耐受力如何，却是因人而异。挫折耐受力是指个体遭受挫折情境时摆脱其困扰而避免心理与行为失常的能力。挫折耐受力既受遗传和生理条件影响，更受个体的以往受挫折的经验以及个体对挫折的主观判断力的影响。

在现实生活中挫折耐受力差的人，在进入网络世界的伊始，这一缺陷并不明显。但是如果在网络世界依然经常遭受挫折，可能会重新出现现实世界中固有的缺陷。

5. 虚拟的自我实现心理

人人都有自我实现的愿望，特别是对于大学生来说，都有着强烈的自我意识。网络就成了他们大展宏图的一个理想王国。因为在这里可以实现自己小时候的梦想，可以突破别人的评价和指责，甚至于采用一些极端的做法，探他人隐私，非法通过银行和信用卡盗窃和诈骗，给社会和他人带来严重的损失等。这些行为不仅会给他人带来巨大的损失，更会给自己带来难以预料的严重后果。

6. 自卑和焦虑心理

大部分人在生活中都会遇到各种各样的挫折，对于大学生来说面对环境、学业以及人际交往等都存在着巨大的压力。而一些学生在生活中遇到挫折就逃避到虚拟的网络世界里，暂时地解脱心灵。长此以往，大学生单独长时间与电脑相处，缺乏集体生活，得不到应有的社会实践的磨炼。尽管网上也可以交友，但却缺乏具体情境和事物，使得大学生在感官、运动机能和语言发展方面的机会大大减少。因此，很多大学生在人际交往中往往显得笨拙，不善言辞，交际能力差。为了保护自己的自尊心，他们会不断压抑自身能量的释放，给学习和生活带来沉重的精神负担。并且，这种逃避是完全无效的解决策略，因为你一旦下线，就会回到现实环境中去，焦虑等不良的心理反应反而会加大。这就形成了一个恶性循环。

手机依赖症

如今智能手机非常普及，伴随着移动互联网的兴起，诞生了一个新的族群——“低头族”。在教室、客厅、地铁等很多场合，不少人都会选择默默地低下头玩手机。渐渐地，有些人开始沉溺于智能手机，离不开智能手机，一天之中只是人机互动，而淡漠了人与人的交流。长此以往，长久静止不动，重复相同的低头看手机动作，不仅对人的颈椎、视力造成伤害，甚至因为缺乏正常的交流，影响人的身心健康。那么如何才能摆脱智能手机依赖症呢？

1. 减少手机作为工作工具的时间

如果有重要的事情找你，他们一定会打电话！与其为了“秒回”那些不紧急的信息浪费了自己大量的注意力，还不如关闭微信、微博的新消息提醒。工作时，用QQ及邮件，无须守着手机。男女朋友聊天或者与朋友之间的闲聊，可在休息的时间集中回复。

2. 微信消息打开免打扰功能

很多人都会有各种各样的群，有的群十分活跃，每天消息不断，还不时有土豪发红包。不断查看群消息，抢个几毛几分的红包只会影响我们的生活。建议对所拥有的群进行一次精简整理，将非工作群打开“消息免打扰”。

3. 刷朋友圈不如约见面

每天不刷朋友圈，生怕跟不上朋友们的节奏。但当你习惯不看朋友圈之后你会发现：其实你错过的都是无关紧要的消息。假如真的关心某位朋友的近况，那就偶尔专门点开他的朋友圈查看一下就好，但更好的方式是约出来聚一聚，更能增进感情。

4. 学会给自己断网

在需要专注工作、陪伴家人的时间里，建议大家给自己断网，手机也要打开免打扰功能（可将几个重要电话列入白名单）。放下手机，和爸妈聊聊家常；与伴侣一起做饭、散步；与孩子一起读书、玩游戏。面对面地与所爱的人沟通和交流，这才是真正幸福美好的事情。

5. 早起和睡前不要碰手机

睡前和早上醒来，是手机依赖症最容易病发的时段，所以要特别提醒大家，在这两个时段，不要玩手机，不要玩手机，不要玩手机！

二、大学生的网络心理障碍表现

随着信息技术的迅速发展，互联网已经成为高校学生获取知识和信息的重要渠道。但是各种心理、社会问题也随之萌生出来，严重影响了大学生的健康成长。网络给高校学生造成的心理障碍主要表现在以下几个方面。

（1）孤独心理，对现实生活缺乏热情。学生在网络中的交往主要是人、机对话或以计算机为中介的交流。他们终日与电脑终端打交道而缺乏有感情的人际交往，这易使他们趋向于孤立、自私、冷漠和非社会化，表现在他们对现实生活中他人的幸福和社会发展漠不关心，网络之外的任何事物都无法激起他们的热情。因此，上网时有的学生感到高兴和刺激，离开网络后，就会感到孤独和精神无所寄托，又想继续上网。由于网络的诱惑，使得少数学生对外界的认知度和感应度降低，不愿参加集体活动，甚至无法享受正常大学生活的乐趣，孤独感日趋增强。

（2）自卑心理，回避人际交往。自卑表现为对自己缺乏客观而全面的认识，过低地评价自己。自我轻视、自我否定，甚至夸大自己的弱点和不足。严重的自卑感会造成大学生的心理变态，如忧郁、悲观、自我封闭、拘谨、退缩、消极待人。

由于大学生单独长时间与电脑相处，缺乏集体生活，缺乏具体情境和事物，以至于适应不了大学的学习环境和学习方法，跟不上学习进度。网上的“虚拟世界”使得大学生在感官、运动机能和语言发展方面的机会大大减少。因此，很多大学生整天萎靡不振，自我封闭，意志消沉，在人际交往中往往显得笨拙，不善言辞，交际能力差。

为了保护自己的自尊心，他们会不断压抑自身能量的释放，给学习和生活带来沉重的精神负担，周而复始，产生“我不如人”的自卑心理。

（3）厌学心理。如果大学生经常长时间同计算机打交道，终日沉醉于虚拟世界，经常在上课和做作业时情绪低落，对老师讲课、做作业不感兴趣。痴迷网络的学生对除上网以外的任何活动都缺乏动机、要求，对工作、学习无自觉性，个人生活极端懒散，行为孤僻、退缩，由不愿学习，无心学习，害怕学习以致意志消沉，发展到厌恶学习的地步，并逐步失去信心。从目前来看，全国各高校学生因迷恋网络而考试不及格、留级、退学的学生比例均有上升趋势，应引起我们的高度重视。

（4）人格扭曲。大学生健全的人格是通过人与人的相处和交流形成的，是通过时间培养起来的。如果大学生成天忙于与电脑打交道，必然导致“认知失调”。

网络的重要特点是具有共享性和匿名性、自由性和开放性。信息容量大，覆盖面广，各种各样的信息良莠不齐，“正理、歪理”应有尽有，真假难辨。当学生在接受和理解网上纷至沓来的信息和互相撞击的思想观念时，由于缺乏正确的辨别能力和强大的抗干扰能力，难免会出现认识上的偏差和失误，从而造成内心的迷惑和冲突，甚至导致人格上的扭曲。

特别应当指出目前互联网上大学阶段正是青年学生形成世界观和人生观的关键时期，因此，反动的、暴力的、凶杀的、色情的内容，对正处于人生观、价值观和道德观形成阶段的大学生来说，其毒害尤为严重。

（5）情感焦虑、脆弱，心理过度疲劳。人所共知，互联网有一种使人难以抗拒的诱惑力。上网聊天与玩游戏，基本上成了目前大学生上网的主旋律。在网上，虽然操作者的体力劳动强度不大，但由于长时间处在高度紧张状态下，视觉、大脑以及身体极易出现疲劳症状，如头昏眼花、双手颤抖、疲乏无力、食欲不振等。一旦回到现实，情绪就变得敏感和脆弱，在挫折面前变得焦虑、烦躁、脆弱。如果迷上网络游戏，长期如此，会发展到逃课、夜不归宿，长时间连续上网，其间不吃不喝，整天昏昏欲睡，荒废了学业，甚至危害到生命。

三、网络成瘾

网络成瘾指个体反复过度使用网络导致的一种精神行为障碍，表现为对使用网络产生强烈欲望，突然停止或减少使用时出现烦躁、注意力不集中、睡眠障碍等。按照《网络成瘾诊断标准》，网络成瘾分为计算机网络游戏成瘾、网络色情成瘾、网络交友成瘾、网络信息收集成瘾、网络交易成瘾等五类。

有学者认为，网络成瘾是由于重复地使用网络而导致的一种慢性或周期性的着迷状态，并且带来难以抗拒的再度使用欲望，同时对上网带来的快感一直有生理及心理依赖。也就是说，因为网络的许多特质带给使用者许多快感，同时又因为很容易重复获得这些愉悦的体验，使用者便在享受这些快感时渐渐失去了时间感，一方面逐渐对网络产生依赖，另一方面导致沉迷和上瘾。

网络成瘾是一种心理障碍，不仅不利于个体的健康发展，还成为一种日益严重的社会问题。它的形成既有网络传播特性的原因，也有个体自身人格缺陷和现实社会生活压力的原因。互联网虽然内容丰富却很复杂，良莠不齐，青少年在互联网上接触的消极思想会使他们的价值观产生倾斜，在潜移默化中影响青少年人生观的形成，并且使许多青少年沉溺于网络的虚拟世界。长时间脱离现实，使一些青少年荒废学业，甚至会对青少年健康的性心理培养有消极影响。虽然有时青少年是在无意中接触到网上的色情信息的，但自制力较弱的青少年往往出于好奇或冲动会进一步寻找类似信息，从而深陷其中。

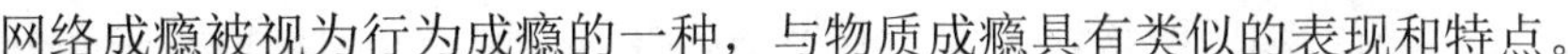

网络成瘾被视为行为成瘾的一种，与物质成瘾具有类似的表现和特点。

1. 显性

网络成瘾者的思维、情感和行为几乎都在网络上，上网已经成为他们生活中占有主导地位的活动。在无法上网时，他们会体验到对使用网络强烈的渴求。

2. 情绪改变

上网是成瘾者应付环境和追求某种主观体验的一种策略。他们通过网络活动可以产生激情、兴奋和紧张等情绪体验，或是获得安宁、逃避甚至是麻木的效果。

3. 耐受性

成瘾者就像吸毒者必须逐次增加毒品摄入量一样，必须增加上网时间和投入程度，才能获得以前曾有的满足感，致使他们对网络的依赖越来越严重。

4. 戒断反应

网络成瘾者的戒断反应主要体现在情绪反应上，物质成瘾者会存在严重的生理的戒断反应。在意外或被迫不能上网的情况下，成瘾者会产生烦躁不安等情绪体验。

5. 冲突

与学习、工作、社会活动等其他活动和爱好相比，网络成瘾者内心对自己的成瘾行为存在强烈的矛盾心态。网络成瘾行为会导致成瘾者与周围环境的冲突，比如家庭关系、朋友关系和工作关系的冲突和恶化。但与此同时，他们能够意识到过度上网的危害，但又不愿舍弃上网带来的各种精神满足。

6. 反复

经过一段时间的控制和戒除，成瘾者的行为会得到一定的控制。但是这种行为极其容易反复发作，并且再次发作时会表现出更为强烈的倾向。

四、认识网恋

网恋，即网络恋情，意指两人通过网络发展出的恋爱情谊；是有了网络之后所产生的新的人际关系。特殊之处是两人的关系前期并没有涉及现实生活，例如见面。

对于网恋，不同的人对它的看法也是不同的，有人避而远之，唯恐不小心掉进网恋的陷阱让自己受到伤害；也有人觉得无所谓，认为如果遇到自己喜欢的人，在网上来场精神恋爱也不错；还有人认为网恋虽然美丽浪漫，却总是太虚无，美丽过后太痛苦，想尝试却又害怕。

网络是一种隐蔽性很强的交往方式。人们和异性的交往，从最早的媒人介绍，到后来的书信、电话联系，到现今的网络交友，所不同的是，其他方式或多或少可以看到、听到、接触到对方的人和事，在网络你却无法对对方产生感性的认识。

婚姻专家认为，对身处信息时代的人们来说，网络是一种难以避免的交流方式。通过网络进行恋爱乃至走向婚姻，可以打破身边狭隘的人际交往圈子，有扩大选择面的作用。但是，由于网络世界是虚拟的，脱离了物质基础，因而不具有稳定性，对于以稳定为追求目标的婚姻、家庭而言，这种方式的现实作用是不能夸大的。

司法部门的专家认为，利用网络谈恋爱本身不是坏事，关键是如何回避其中的风险和危害。与其他恋爱方式相比，不见面的网恋很容易被表面现象迷惑，坏人利用网恋实施犯罪的新闻屡见不鲜，年轻人网恋一定要多留心眼。

五、学生网络心理障碍的原因

大学生会沉溺于网络、不能自拔主要是由以下几个原因导致的。

（1）大学生有积极探索外部世界的心理倾向。大学生正处在身体发育的高峰，精力充沛，求知欲强烈，他们的内心时时渴望着一种具有挑战、刺激的新鲜生活，而他们每天在校园里重复着几乎相同的生活，这让大学生难免产生单调、乏味，没有新鲜感。大学生自身积极探索外部世界的心理倾向也是相当强烈的，面对新事物趋之若鹜。而上网聊天、交友是大学生获得理解的一种途径，对大学生有很大的诱惑力，并且由于网络的匿名性，在网上没有人知道他们的姓名、性别、年龄和身份。所以，他们对一些不健康的网站和游戏常常抱着好奇心看看，毫无顾忌地在这个虚拟的世界里畅游，结果一发而不可收。

（2）在校大学生的学习压力大，精神长期紧张。进入大学以后，在人际交往中经常出现阻碍与困惑。另外，孩子和父母之间也常常缺乏交流。家长不能与孩子进行平等的交流沟通去了解他们的内心世界，了解孩子所需所想，给孩子以精神上的关怀、理解与安慰。大学生常常会感受到诸如学习的、家庭的、社会交往的、情感上的、就业上的种种竞争压力，而这一切都必须付出很多很大的努力并获得较好的回报才能缓解压力。这些都导致青少年处于一种生理和心理苦恼期，长期受压抑需要一条途径加以宣泄。而上网无疑是较为方便的途径，从而转向他们的网上朋友，以掩盖学习的压力所带来的难以排遣的恐惧、焦虑和沮丧的感觉。

（3）消极的网络内容对大学生具有极强的心理诱惑力。我国目前性教育滞后，青少年生理上趋于成熟，性欲望与日俱增，对性知识不了解，对于在成长过程中出现的性生理现象和性困惑，性心理却极为不成熟，对性普遍存在神秘感。加上一些大学生心理的空虚，他们需要感官上的刺激来满足一种好奇。当他们用鼠标轻轻点击黄色网站时，网站上的各种“黄色内容”满足了他们对性的好奇与渴望。网络最大的特点是不设防火墙，信息容量大，覆盖面广，并且各种各样的信息良莠不齐，其中不乏黄色网站。在这种心理驱使下，极易受不健康的网站和游戏的诱惑而不能自拔。因此，对控制力、约束力差，缺少有效监督的大学生来说，网络是一个非常危险的地方。

（4）大学生自我意识具有独立性，自我控制力、约束力较差。远离家乡独自上大学以后，大学生开始享受他们的自由，摆脱了父母的管教，家庭监督被大大弱化了。大学老师不像中学老师那样，处处约束学生，许多时间都可以由学生自己自由安排。被束缚惯了的孩子们就把大量时间安排到网上，甚至逃课、包宿。

大学生处于少年向成人过渡的阶段，感情丰富。这种丰富、复杂而又强烈的情感的消极表现就是自我控制力、约束力差，缺乏远大的目标，以及高尚的情操，而网络对任何想进入的人几乎是没有约束的。网络的这种特性恰好满足了自我控制力、约束力差的大学生的心理需求，他们可以在网上无所顾忌，为所欲为地放纵自己的行为。

网络成瘾的判定标准

网络成瘾的判定标准常用的有三个：一是连续一个月以上每天上网玩游戏 4～6 个小时，严重影响工作和学习；二是认为上网能得到快乐；三是不上网就会出现躯体症状，如头痛、出汗、烦躁不安等，但一坐到电脑前，这些症状就立刻消失。

美国 IAD 评估网瘾的标准如下。

（1）每个月上网时间超过 144 小时，即一天 4 小时以上。

（2）头脑中一直浮现和网络有关的事。

（3）无法抑制上网的冲动。

（4）上网是为逃避现实、戒除焦虑。

（5）不敢和亲人说明上网的时间。

（6）因上网造成课业及人际关系的问题。

（7）上网时间往往比自己预期的时间久。

（8）花许多钱更新网络设备或上网。

（9）花更多时间在网上才能满足。

只要有 5 项以上的回答为“是”，即说明上网成瘾。

六、健康的网络心理

要保持网络环境下的健康心态，首先要了解网络心理健康的标准。一般情况下的心理健康标准，是普遍适用的标准。除了这些标准之外，网络环境下的心理健康还应该有一些特有标准。我们把它归纳为以下几个方面。

（1）良好的自我控制能力，能够控制自己的上网时间和频率。心理健康的人能够把自己的行为控制在理性的范围内，上网应有较强的目的性和时间性。网络只是我们生活的一部分，而不是生活的全部。不论是为了获取信息还是为了休闲消遣，都应该有节有度，该工作的时候要工作，该休息的时候要休息。不要因为上网影响正常的学习、工作和生活，破坏了自己的生物钟。因为引起了浓厚的兴趣而不分昼夜，放弃原定的安排，沉溺于网络，显然是不正常心理。培养自我控制能力，对于保持网络心理健康有着重要的意义。

（2）平静的心态面对不友善的交往。网络交往因为具有隐蔽间接的特点，其自律行为和责任心就会下降，有些人逢场作戏，开一些不适宜的玩笑；还有一些人用网络语言进行调侃；初上网的网民习惯于现实环境，对网络环境下的交往方式很不适应。遇到上述问题，往往心理失衡，生闷气。如果对方造谣生事、恶意诽谤，应该泰然处之，大可不必动肝火。健康的心理应该是用平静的心态去应付这些局面。

（3）能够客观地认识网络信息的心理中介机制，有辨认信息真伪的能力。个体对网络的信息要能够客观地反映，既不夸大，也不缩小，从而准确地把握现实。在网络世界中，信息像汹涌波浪迎面而来，让你目不暇接，真伪难辨，如果用怀疑一切的心态对待网络信息，得不到任何有用的东西，而完全信任，可能频频上当。我们要清楚地认识到，网络只是帮助我们认识世界的一种手段，对待网上的信息要客观，不能盲目相信，也不能偏听偏信，更不能传播谣言。有人在网络上恋爱多时，见面才发现是“同性恋”。类似以上现象在现实生活中常会发生。健康的心理应该是运用现有知识，理智地辨认和分析错误信息，能够有勇气及时改正自己的认知和行为。

（4）能正确对待和处理网络与现实生活的关系。一个总是自我感觉很差，寝食难安的人很难说是一个心理健康的人，网络心理亦如此。网络信息是现实生活的反映，网络信息的基础仍然是现实社会。我们能够分清虚拟与现实，上网后要自我判断一下是否自我感觉良好，下网后，也能从网络的虚拟中走出来。逃避现实生活，“躲进网络成一统，管它春夏与秋冬”，或是沉溺于网络的虚幻，影响了正常的学习、生活，都是心理不健康的表现。

（5）适应、发展的网络行为习惯。人在一生成长过程中，都会自然地形成相对固定的行为习惯。网络心理健康的人，也会有良好的网络行为习惯，这种习惯会与其社会角色、年龄相适应。如：一个正在写毕业论文的大学生上网的时间可能就会多一些，一两天都在网上查阅是很正常的，因为需要大量的应用网络资源；一个马上要期末考试的大学生去上网的时间可能就会少一些，如出现上述行为可能就会有问题，很难说这种行为是正常的了。

课外拓展

一、心理测试

网络成瘾诊断量表

Young 根据修改后的 DSM－IV 中病态赌博诊断标准制定的网络成瘾诊断量表如下。

1. 你是否沉溺于互联网（总想着以前上网的经历或是期待着下一次的上网）？
2. 你是否需要通过增加上网时间以获得满足感？
3. 你是否经常不能抵制上网的诱惑或很难下网？
4. 停止使用互联网时你是否会产生消极的情绪体验和不良的生理反应？
5. 每次上网实际所花的时间是否都比原定时间要长？
6. 上网是否已经对你的人际关系、工作、教育和职业造成负面影响？
7. 你是否对家人朋友和心理咨询人员隐瞒了上网的真实时间和费用？
8. 你是否将上网作为逃避问题和排遣消极情绪的一种方式？

对以上 8 个问题中的 5 个问题给予了肯定的答复，就可以判定为病理性互联网使用（Pathological Internet Use，PIU）。

二、推荐阅读

1.《告诉孩子网向何方——戒网不如正确上网》——马雷军

本书一针见血地论述了时代发展与孩子上网的必然联系、网络对孩子身心健康成长的作用与危害；同时从家庭、学校、社会、孩子自身四个方面，提出了帮助孩子正确上网的科学而具体的方法。

2.《缓解压力的生存艺术》——侯清恒

人活在世间，自然也就处在各种各样的压力下，这些时时刻刻侵扰你生活的压力，就构成了人生的一部分。它们可能来源于你的内心，也显现了你对世间一切烦恼的无奈。想要改变这一切，就在于你从此应该掌握另一门生存的艺术——减压艺术。一个学会了减压艺术的人，就能够直面生活中不知何时到来的种种变化，当然，也不会庸人自扰地给自己制造难题，给自己的心灵施压，甚至还能以主动积极的态度来面对那些似乎不可逾越的种种压力。你从此不再为外界事物所干扰，不再为私欲异化，不再为困厄哀愁，不再为顺达浮躁，你的人生从此就变得自然而从容。本书将为你提供最有效的解压方法，让你轻松地面对人生。

三、小故事　大道理

秀才赶考

有位秀才第三次进京赶考，住在一个经常住的店里。考试前两天他做了三个梦，第一个梦是梦到自己在墙上种白菜，第二个梦是下雨天，他戴了斗笠还打伞，第三个梦是梦到跟心爱的表妹脱光了衣服躺在一起，但是背靠着背。

这三个梦似乎有些深意，秀才第二天就赶紧去找算命的解梦。算命的一听，连拍大腿说："你还是回家吧。你想想，高墙上种菜不是白费劲吗？戴斗笠打雨伞不是多此一举吗？跟表妹都脱光了躺在一张床上了，却背靠背，不是没戏吗？"

秀才一听，心灰意冷，回店收拾包袱准备回家。店老板非常奇怪，问："不是明天才考试吗，今天你怎么就回乡了？"秀才如此这般说了一番，店老板乐了："哟，我也会解梦的。我倒觉得，你这次一定要留下来。你想想，墙上种菜不是高种吗？戴斗笠打伞不是说明你这次有备无患吗？跟你表妹脱光了背靠着背躺在床上，不是说明你翻身的时候就要到了吗？"

秀才一听，觉得更有道理，于是精神振奋地参加考试，居然中了个探花。

积极的人，像太阳，照到哪里哪里亮；消极的人，像月亮，初一、十五不一样。想法决定我们的生活，有什么样的想法就有什么样的未来。

书山有路勤为径——大学生的学习能力与心理健康

导入案例

【她的问题】

“自从进入大学以来，我的学习成绩一直不好，几乎是系里垫底的，我感到非常苦恼，我似乎没有一点学习的热情，同时也对自己失去了信心。我觉得每天都好无聊、好空虚，好像在混日子。我有时候真想放弃学习走向社会，我不知道自己该怎么办才好，很迷茫，我该怎么做呢？”

【情景回放】

小李是某职业技术学院电子信息专业的一名女生，她性格内向、怯懦，从不喜欢表现自己，和别人的交往也局限于一定的小圈子。她的心路历程比较低调。

“自从严峻残酷的高考过后，我的前途几乎就定格在眼前了，我为高考的失败而感到痛心。我想凭我自己的潜力，也没有必要再复读了，于是就报考了某职业技术学院，而且被录取了。进入这个学校，我有一百个不情愿，我感觉它太不合我意了，这好像也成了我的心病。我看到以前的同学都上了好的学校，总觉得自己好无能，也不想看见以前的同学，除了几个非常要好的。在她们面前我感到自卑，好像抬不起头似的。回到家我一般都不出去，因为我害怕有人会问起我关于学习的事，所以我暗地里下定决心要好好学习，将来要赶上别人，可是，事情并不像我想象的那样，一学期过去了，没有什么让我满意的。专业课学习成绩马马虎虎，英语我觉得也不如以前了，现在我感到非常苦恼。同学们提起要专升本的时候，我似乎没有刚开始的那种热情了，同时也对自己失去了信心。再过一年多的时间可能就要离开学校了，但是，哪里才是自己的落脚之地，学历那么低，技能也不行，有时自己想想，心里有一种说不出的压抑。”

“没有上大学的时候，听别人说大学校园是多么多么好，现在让我觉得恰恰相反，我觉得每天都好无聊、好空虚，好像在混日子，而且让自己变得思想懒惰。有时候我不知道如何来面对现在的生活，曾经我有一个想法，那就是放弃学习，走向社会，但是这个想法却没有实现。我也经常安慰自己，既然来了就死心塌地学习吧，不要再有什么想法了，但是总是控制不住自己会胡思乱想，心里很烦，我觉得自己的心已经死了。没有了目标，一切都变得漫无目的，我现在对什么事都不感兴趣，别人都报考了英语四级、计算机二级，我却什么也没报，我对自己已经失去了信心，什么也不想干了，现在自己像行尸走肉似的。”

“我最大的毛病就是不喜欢与别人交流，心里有事也不愿说出来，什么事都埋在自己的心里，自己给自己制造痛苦，反正觉得有说不出的痛苦总是压抑着自己，心里总是不高兴。别人看起来都说我脾气好，可是没有人知道我的心里像汹涌的波涛似的难以平静，在别人面前是一个样，而自己的感受又是一个样，痛苦永远都留给了自己。”

【分析点评】

小李同学的问题突出表现在缺乏清晰的学习目标和学习兴趣，学习动机模糊，内心空虚、迷茫、困惑、自卑、压抑，无所事事等。其主要原因有以下几方面：(1) 不能客观地对待自我。不能面对现实、接受现实，丧失自我价值感、自信感、愉快感和满足感。(2) 盲目的攀比心理。由于没有上成本科，总嫌自己学校的牌子不够理想，自己能力不如别人，妄自菲薄，自卑心理严重。(3) 失落心理。在进大学前，尽管对学校不太满意，但还是对大学有着强烈的期待，对大学生活充满种种美好遐想，而进校后面对紧张而艰苦的学习，简单而重复的生活，新鲜感很快消失，产生失落心理。(4) 逆反心理。小李同学正处于第二心理断乳期，独立意识和自主意识日益增强，渴望成才，思想上追求民主、平等，对不能满足的自我需要，思想上和行动上有很强的反抗性。(5) 自弃心理。由于多数高职生学习基础薄弱，面对突如其来的大学学习科目增多，深度、难度加大，速度加快的现实，不能尽快适应学习方式的转变，学习压力过大，负担过重，进而在学习上不求甚解，得过且过，放任自己，自暴自弃。另外，学习方法、人际关系、性格、缺乏明确的理想等也给小李造成一定的影响。

大学生正处在人生的重要发展阶段，面临着学习、交友、恋爱、就业等种种问题，但学习仍是大学生的主要任务和活动。与中学阶段不同，大学学习有着很强的目的性、自主性与选择性，每个大学生在踏入大学校门时，就有了自己的固定专业与方向，而这个专业方向又要求在定向的基础上学习基础课程和专业课程。它不单纯是为了学习而学习，而是为了兴趣而学习，为了未来而学习，为了成长而学习。更为重要的是，大学时期是每位学子记忆力、动作反应速度的黄金时期。那么，如何高效学习呢？对于每一个大学生而言，知识就是力量，但是获取知识的能力却各不相同，所以，需要学会学习；而且知识必须转化为能力才是真正的力量，所以，需要实践与创新。同学们必须进行一场“学习的革命”。

第一节　学而时习之

一、何谓学习

“学习”的说法最早见于我国古代儒家名著《论语》。《论语·学而》中说：“学而时习之，不亦乐乎？”但在古代，“学”与“习”两字是分开使用和理解的。一般说来，所谓“学”，主要是指获取知识和技能，有时指接受各种感性知识和有关六经之类的书本知识。它与“思”相对，有时又兼有“思”的含义。所谓“习”，主要是指巩固知识和技能。它一般有三种含义：温习、练习、实习。总之，所谓“学习”，包括学、思、习、行，而学、思、习、行的过程，就是学习的全过程。

从广义上讲，学习是人和动物在生活过程中通过实践训练而获得的由经验引起的相对持久的适应性的心理变化，即有机体以经验方式引起的对环境相对持久的适应性的心理变化。在这个定义中体现了四个论点：一是学习是动物和人共有的心理现象，虽然人的学习是相当复杂的，与动物的学习有本质区别，但不能否认动物也是有学习的；二是学习不是本能活动，而是后天习得的；三是任何水平的学习都将引起适应性的行为变化，不仅是外显行为的变化（有时并不显著），也有内隐行为或内部过程的变化，即个体内部经验的改组和重建，这种变化不是短暂的而是长久的；四是不能把个体的一切变化都归为学习，只有通过学习活动产生的变化才是学习（如由于疲劳、生长、机体损伤以及其他生理变化所产生的变化都不是学习）。

资料窗

什么是“flow”？

“flow”是积极心理学中提出的一个重要概念。它是一种尽个人最大力量和智慧投身于挑战中体验到的积极心态。“flow”在英语中是“水流”的意思，因为这种情绪状态在人的意识中会源源不断地出现，人们在生活中总是会尽可能多地去主动追求它，就像河里的水流一样连绵不断。在这种体验中，学生完全投入学习，达到忘我状态，觉得时间停止，注意力高度集中。

研究者普遍认为，流畅感具有以下几个特征：活动和意识融合；注意力高度集中；自我意识消失；行动熟练；感受到活动的精确反馈；全身心投入；挑战与能力平衡；明确的活动目标；时间知觉扭曲。

处于积极学习状态的学生也会体验到流畅感，他们强烈地把注意力集中在学习上；意识完全融入学习中，忘了自己和周围的事物，也忘了时间；觉得自己有能力掌控自己当前的学习活动；对他们来说，学习过程本身就是最大的动力，而不是为了赢得老师或家长的表扬或其他外在奖励。

二、大学生的学习

（一）大学生学习的特点

学习是大学生的主要任务。大学生正处于智力发展的高峰期，记忆力、观察力、思考力、逻辑思维能力与创造性都有很大的发展。大学生学习既不同于儿童的学习，也不同于成人的学习。其特点主要表现在以下几个方面。

1. 学习主体的变化

中小学阶段的学习以教师为主，以教师组织教学为主，大学生学习是以教师为主导、学生为主体进行的，这就决定了大学的学习带有一定的创造性，即学生不仅能举一反三，还能提出自己的独到见解，活化所学知识。

2. 学习的自主性

大学阶段，无论是学习内容、学习时间还是学习方式，都更加强调个体在学习活动中承担的角色，强调学习的自觉性与能动性。大学生学习的能动性主要表现在两个方面：第一，大学生对学习内容具有较大的选择性，特别是随着高等教育改革的深化，大学的课程安排更加科学合理，既有公共必修课、专业基础课，也有辅修课程及大量选修课，学生可以根据自己的专长、爱好、兴趣自由选择。大学生选择课程学习内容主要考虑以下几个方面：学科内容与职业的契合性、学科的实用性、自己的兴趣及对自身素质的拓展等。第二，大学生可以控制自己的学习时间、学习方法与学习内容，自学能力已经成为衡量大学生学业拓展能力的重要指标。第三，更加重视学习知识活化能力，即知识应用能力的培养，课程设计、学年论文、毕业设计与毕业论文等都体现着知识的运用能力，也充分体现了学生的主观能动性。

3. 学习的专业性

大学生的学习是在确定了基本的专业方向后进行的，因此其学习的职业定向性较为明确，即为将来走上工作岗位，适应社会需要所进行的学习；专业与学科群的划分也使大学学习与未来职业生涯紧密联系在一起，而专业学习要求大学生既要了解本专业的前沿知识与经典理论，又要掌握与专业相关的基础知识和专业能力。

4. 学习方式的多样化

信息时代，教师不再是知识的中心，获取知识的多元化带动了学习方式的变迁，网络开辟了一条学习的新途径。大学开放式的教学为学生提供了多种多样的成功之路，除课堂教学外，课外实习、课程设计、科研训练计划、学年论文、专家讲授、学术报告及社会实践等都为大学生学习提供了丰富的途径。

5. 知识的学习与能力、素质的培养并重

无知必然无能。目前正在进行的高等教育改革一再强调知识技能的学习与实践能力的培养、素质的全面提升同样重要。而长期的应试教育背景下，只重视书本知识学习，轻视创新能力和综合素质提高的做法必须摒弃。

6. 大学生学习的探索性与创新性

大学生学习已具有一定的探索性，即对书本之外的新观点、新理论进行深入的钻研与探索。大学学习不仅仅在于掌握知识，更在于探究知识的形成过程与科学的研究方法，了解学科发展前沿、存在的问题及解决的思路。目前，高等学校普遍加强大学生创新能力的培养，在课程设置、课程安排、课程衔接上突出学生的主体地位，体现创新，重视实践环节等，都有助于提高大学生的创新能力。

（二）大学生学习的任务

1. 学会学习

大学生将来所面临的社会是一个学习型的社会，学会学习是在这个社会生存下去，并为之做出贡献的最基本要求。这就要求大学生无论是从学会生存的角度，还是从面向未来的角度，都应当把学会学习作为大学学习的出发点和基本归宿，把学会学习作为大学学习中最重要的学习。

学会学习就是要培养独立自主的学习能力，摸索出一套科学的、适合自己的高效的学习方法；形成良好的学习习惯，学会合理安排自己的时间；学会并熟练地掌握查阅文献、综合分析信息的方法和能力。学会学习是一个过程，它不是一蹴而就的，需要大学生具有培养自己学会学习的意识，在学习基础知识和专业知识的过程中不断探索，在学习中处处留心，不断总结，逐步达到真正会学习的境界。

2. 学会做人

当前大多数大学生是独生子女。在父母的呵护下，从小很少考虑如何与别人相处，更不用说谦让别人。而大学是一个小社会，它是大学生独立人生的开始，每位大学生要适应未来的社会和工作，在考虑问题时，必须跳出自我中心的圈子，多角度地观察和思考问题，培养自己完善的人格，使自己成为一个全面发展的人。从心理健康方面来说，学会做一个全面发展的人，就是做一个智力正常、情绪稳定、意志健康、人格完整、自我评价客观、人际关系和谐、适应能力强的人。学会做人是做事和学习的基础，不会做人就不会做事，也将影响学习的心情和效果。

3. 学会做事

大学生学习的目的在于应用，在于将所学知识奉献于社会，即在于做事。同样，大学生学会做人的目的也在于更好地去做事，因此学会做事是大学生学习的又一重要任务。

学会做事并不是一件容易的事情，它需要具备一定的素质和能力。大学生应抓紧在校的学习时间，不断培养和提高自己各方面的素质和能力，为将来走上社会、做好事情打下基础。具体来说，大学期间应具备的基本素质有：思想政治素质，包括科学的世界观，正确的政治方向、政治立场和政治态度，政治敏锐性和鉴别力，坚定而正确的理想和信念等；道德素质，包括诚挚的爱国主义情感，热爱劳动、艰苦奋斗的精神，合作精神，创业精神，奉献精神等；科学素质，包括合理的知识结构，精深和广博的专业知识，强烈的科学意识和科学观念，科学的思维方式和工作方法，求实的科学精神和科学态度等；身心素质，即大学生必须身体健康、心理健康。

要学会做事，在将来的社会中开创自己的事业，不仅需要具备一定的素质，更需要具备相应的能力。能力作为胜任工作的主观条件，不是与生俱来的，必须经过学习和培训才能获得。大学生应具备的能力包括熟练运用专业知识的能力，辨别是非的能力，组织管理能力，敏锐的信息收集、综合、分析能力，建立良好人际关系的能力，勇往直前开拓创新的能力，语言表达和写作能力等。

4. 学会生活

学会生活是做好其他一切工作的基础，一个不会生活的人，在学习和工作中必将遇到一系列的困难，很难将学习和工作搞好，在与周围人的相处中也易遇到障碍。因此，学会生活是大学学习的重要任务之一。

大学生学会生活，就是要形成文明的生活习惯和健康的生活方式，主要包括以下内容。

（1）树立科学的健康观。这里的健康不仅指身体的健康，更强调一种在现实的环境中有效运作的能力，如在经常变化的环境中能对抗紧张，经得住压力与挫折，能积极安排自己的各种生活；身体健康，使自己的智慧、情感融为一体，生活和精神充满生机，真正达到生理和心理的健康。

（2）积极参加各种有益的社会活动和集体活动。大学通常给予大学生很大范围的自主安排时间的权利，大学生要学会合理安排时间，在学习之余，能够开展健康有益的文艺、体育等娱乐活动及社会实践活动。通过活动，积累生活阅历和经验，同时可以放松身心，调节情绪，提高素质，陶冶情操。

（3）养成文明、良好的集体生活习惯。在宿舍、教室里和与同学相处中，要维护集体利益，做到心胸豁达、情绪乐观；生活规律，坚持锻炼；劳逸结合，善用闲暇；营养适当，不吸烟酗酒；适应环境，与人为善；自立自尊、自爱自强。

学会好的记忆方法

1. 串联记忆法

把各个单词或句子，通过自己的想象，连成一个故事或者有趣的事件，可以使你把一些枯燥的内容记住。

2. 字头记忆法

如果要记住几个毫不相干的词汇或者是一些比较长的诗句，可以把词汇或诗句的第一个字连成一句话，这样有助于记忆。

3. 分类归纳记忆法

总结记忆是指把各种需要记住的东西根据某种特征归类，这样可以增加记忆内容之间的联系性，不容易忘记。

4. 重复记忆法

在短时间内的重复记忆可以非常有效地增强记忆效果，研究发现，短时记忆的重复可以使这些记忆的内容更快地转化为长时记忆，且不容易遗忘。

三、影响大学生学习的心理因素

学生学习的好坏受很多条件和因素的支配。从个体的发展来看，影响个人学习的条件既有遗传的因素、个体生理健康的因素，也有环境的因素和个体心理的因素，而从个体的心理因素看有智力因素，也有非智力因素。正如一位日本学者所说的，"单一能力时代已经结束了，只有具备综合能力的人，才能在现代竞争中获胜"。所以，复合型人才是知识经济时代所需要的人才。所谓复合型人才，是指多种专业能力的复合，是社会科学与自然科学的复合，是智力因素与非智力因素的复合。

所谓智力因素，主要包括一个人的观察力、记忆力、思维力、想象力和注意力等基本因素。它在认识活动中直接参与对机体内外信息的接收、加工和处理。所谓非智力因素，是指智力因素以外的所有心理因素，包括情感、意志、需要、动机、理想、信念、世界观、人生观、价值观以及兴趣、气质和性格等。智力水平是学习的必要条件，要使各专业、多学科的知识体系转化为学生个体的认知结构和智能结构，成为理想的专业人才，没有智力因素相应的发展是不可思议的。而非智力因素则决定学习的价值取向、学习的动力、学习过程的调控和学习的效能。我国著名的心理学家潘菽教授认为："非智力因素对认识过程及其效果有很大的影响，智力因素直接涉及学习本身。"

知识经济时代呼唤创造性人才、个性化人才、复合型人才和合作型人才，这种人才不仅需要较高的智力因素，也需要较高的非智力因素，两者缺一不可。因而在学习的过程中，既要重视培养智力因素，包括自学能力、操作能力、研究能力、表达能力、组织能力、社交能力、查阅资料或选择参考书的能力、综合信息的能力和创造能力等，同时还要重视培养非智力因素，使学习变为自己的需要和愿望。

第二节　走出学习困境

美国人才资源研究学者、心理学家赫伯特·乔耶指出："未来的文盲将不是那些不会阅读的人，而是没有学会怎样学习的人。"而学习的实质就是要形成良好的学习心理。当代大学生生活在社会发展的新时代，受到来自社会、家庭和自身等方方面面的影响较多，在学习中经常出现这样或那样的心理问题，致使学习质量下降，学习效率降低，学习任务不能圆满完成。因此，心理辅导在学习方面的作用就显得异常重要。

一、学习动机问题

动机是直接推动一个人进行活动的内部动力。学习动机就是激发个体进行学习活动，维持已引起的学习活动，并使行为朝向一定学习目标的一种内在的心理过程或内部心理状态。学习动机在大学生学习过程中具有重要的作用，它一方面唤起了大学生对学习的准备状态，促进一些非智力因素如集中注意力、坚持不懈以及对挫折的忍受性等意志和情感方面品质的形成和提高，间接地促进了学习；另一方面，学习动机又可以作为一种学习结果，强化学习行为本身，促进“学习—动机—学习”的良性循环。但是，学习动机与学习效果并不是一个正比关系，心理学界著名的“叶克斯—多得森定律”告诉我们：动机强度和学习效果之间可以用一个倒 U 形描述，即中等程度的动机激起水平有利于学习效果的提高，而动机过低和过强都会影响学习效果。

（一）学习动机缺乏

1. 学习动机缺乏的表现

（1）无明确的学习目标。这类学生在学习上既无长期目标，也无近期目标，没有前进的动力，认为在大学里只要每门功课能拿到 60 分，最后能拿到文凭就行了。据一项调查，当问及“你读书的动力是什么”时，有超过 50%的同学选择了“没想过，也没有任何理由，只是看大家都这样，所以也跟着学”或“迫于文凭的压力、父母的期望”。表现在平时不愿意看书，不愿动脑筋，贪玩；学习上得过且过，拖拉散漫、怕苦怕累，并常为自己学习上的懒惰行为找借口。

（2）无成就感。这类学生在学习上缺乏自尊心、自信心，没有求知的需要和激情，总认为自己就是学不好，自己天生就不行，对学习提不起兴趣，因而学习成绩搞不好也不觉得丢面子，成绩不及格也不在乎。在学习上不求进取，从不与别人比学习，也不羡慕学习好的同学，没有远大抱负和期望。

（3）学习上注意力分散。这类学生注意力差，表现在平时不能专心看书，不能集中精力思考，兴趣容易转移；上课时不专心，不能集中思想思考问题，思路不能跟着教师走，人在课堂心在外；学习肤浅，常常满足于一知半解；行动忽冷忽热，情绪忽高忽低。

（4）缺乏适宜的学习方法。这类学生由于学习方法不当，学习上一直处于被动、消极的状态。他们常把学习看成是奉命的、被迫的苦差事，不愿积极寻求适合自己的学习方法，只满足于死记硬背、应付考试。由于缺乏正确而灵活的学习方法，因而往往不能适应紧张、繁忙的学习生活。

（5）有厌学情绪。这类学生的学习态度不端正，对学习生活感到无聊，在学习中无精打采，很少能享受到学习成功带来的快乐。表现在平时不愿看书，不愿意上课，上课时也提不起精神，不愿意动脑筋，课后不做作业、不复习，对学习敷衍了事。

2. 学习动机缺乏的原因

（1）社会原因。随着社会竞争不断加剧，贫富差距依然存在，人们的心理较为浮躁，功利化意识较浓，实用主义、拜金主义等不时风行。在大学校园的围墙逐渐变得低矮的今天，有些同学受社会上不正之风的影响，认为毕业后的出路主要靠“关系”，在学校学习成绩的好坏并不决定毕业后得到的回报的大小，因而未把全部精力集中于学习。

（2）学校原因。学校是育人的场所，也是大学生生活最直接的环境。学校的软硬件条件如校园环境、师资力量、教学设施、学风校风、校规校纪等，都会影响学生的学习动机。学校的环境不良、设备陈旧等也将通过影响大学生的情绪而影响其学习动机；学风校风不良、校规校纪松懈也容易形成不好的学习氛围而影响大学生的学习动机；师资水平不高、教学方式陈旧、教学内容落后等也抑制了大学生的学习兴趣，最终影响他们的学习动机。

（3）家庭原因。现在的大学生大都是独生子女，他们虽然离开家庭生活，来到学校，但家庭环境对学生学习动机仍然有直接的影响，家庭经济条件、父母的文化程度、对子女的期望程度及教养方式等对大学生的学习动机都会产生不同程度的影响。

（4）个体原因。上大学是大学生独立人生的开始。学生本人的情绪、意志、态度、兴趣、经历、价值观及健康状态等都会对学习动机产生影响。思想松懈、不思进取是导致大学生不愿意、不勤奋学习的主要因素，很难想象一个对学习有消极情绪，且学习意志薄弱的大学生会有强烈的学习动机。同样，一个对所学专业不感兴趣，抱有负面态度的大学生，也不会有强烈的学习动机。个人以往的学习经历中如果遭遇到太多次的失败与挫折，对待学习就会有痛苦和沮丧的情绪，挫伤学习自信心，导致学习动机减弱以至消退。个人的价值观和健康状态等因素对学习动机也有重要的影响，正确的价值观和健康的身心状态就会促进大学生产生积极的学习动机，反之则不利于良好学习动机的形成。

3. 学习动机缺乏的调适

学习动机是推动学生进行学习活动的内在力量，学习动机发生问题，要根据其原因进行有针对性的调适。为此，可考虑从以下几方面入手。

（1）明确学习的目的和意义，确立合适的学习目标。很多情况下，大学生缺乏学习的积极性和主动性，是因为他们不知道学什么、为什么学和怎样学，即没有明确的学习目标。有研究表明，一个不知道学习的具体目的和意义的学生，是很难充分发挥其学习的积极性和主动性的。而当他明确了学习的具体目的和意义之后，就会产生一种强烈的学习愿望，积极主动地进行学习。对于没有明确学习目的和意义、没有学习目标的大学生，可考虑先确立一个切实可行的近期学习目标，目标不应过高也不宜过低，以经过适当努力即可达到为宜，以后再逐步地提高目标的高度。这样做可以避免因达成目标难度过大而产生挫败情绪，有利于学习动机的激发。

（2）激发求知欲。孔子早在两千多年前就说过："知之者不如好之者。"爱因斯坦也说："热爱是最好的老师。"如果大学生喜欢自己的专业，就会产生一种内在的学习驱动力，因此培养对本专业稳定的学习兴趣，对学习动机的激发和心理健康都将十分有利。大学生对专业兴趣的培养可以通过听讲座、阅读相关专业书籍、参加本专业的讨论等形式，去了解所在专业在经济社会发展中的重要作用及其在当今世界的发展水平，了解我国在该专业方面上的优势或与世界先进水平的差距等。另外，大学生还可以通过参观专业对口的工厂、企业、研究所、学校等，真切体会专业学习的重要性，产生学习动力，提高学习兴趣。

（3）进行正确归因。归因是对他人或自己的学习结果的原因做出解释或推测的过程。有相当一部分学习动机缺乏的大学生是由于学习上遭到失败和挫折后，进行了不正确的归因所造成的。因此，只有建立一种正确的成败归因模式，才能促进学习动机的端正和学习成绩的提高。大学生归因训练模式常采用如下两种方法：第一，团体发展法。大学生可以自己组织3～5人在一起分析讨论学习成败的原因，每个人填写归因量表，即从一些常见的原因（能力、努力程度、任务难易、同伴帮助等）中选出与自己的学习成绩关系最大的因素，并且评价这些因素所起的作用。可相互指出自我评定中存在的归因误差，并且相互鼓励比较符合实际的积极归因。第二，观察学习法。教师可适时地组织大学生观看归因训练的录像，引导他们把成功和失败的原因归之于自身努力的大小，使之树立“只有努力才有可能成功，不努力注定要失败”的信念。另外，要避免大学生产生“成功只取决于努力”这种不现实的认识，引导他们正确评价自身能力，同时又要认识到努力对成功的巨大作用。

（4）体验学习的成功感。在大学生学习动机的形成过程中，重要的是要对自己的学习能力有信心。因此，体验学习的成功感对于学习动机的激发有重要的意义。从学生自身来说，可以在学习过程中创设成功的机会，在自身的进步中体验成功的喜悦，并从自身的变化中认识自己的能力。另外，还可以通过观察与自己能力相近者获得成功的行为来激发自信心，增强成功感。

（5）掌握良好的学习方法。学习方法不当会使学习事倍功半，长期学习效果不佳，会使学习动机减弱以至动机消退。要始终维持良好的学习动机水平，就必须掌握一套良好的、适合自己的学习方法。

（6）积极创设有利于学习的氛围。良好的学习氛围和学习环境是激发学习动机、促进学习的外部条件。外部环境主要包括家庭环境、学校环境和社会环境。一个尊重知识、尊重人才的社会，一个具有良好校风的学校环境和一个好学上进、温暖融洽的班集体，都会对发展学生的学习动机起直接或间接的促进作用。

（二）学习动机过强

1. 学习动机过强的表现

（1）自我期望值过高。这类学生由于缺乏对自身各方面素质的全面认识和对外界客观条件的正确分析，对自己确立的抱负与期望远远超过了自己的实际水平。目标过高，成就欲望过于强烈，形成了只能胜利、不能失败的单向定式心理。可是自己的水平和能力又达不到目标的要求，从而造成失败，失败的体验又挫伤了自尊心、自信心，严重的会使人产生自卑、压抑等心理问题，形成恶性循环。

（2）学习过于勤奋。学习动机过强的学生往往把学习看成是至高无上的，把时间全部用在学习上，从不或很少将时间花在娱乐或文体活动中，认为时间不用在学习上就是一种浪费。他们在学习上不怕苦、不怕累，对待学习到了废寝忘食的地步，把全部的心思都用在了学习上。如此长久下去，将会影响一个人正常人格的发展，影响身心健康，不利于个人的可持续发展。

（3）有强烈的争强好胜心理。学习动机过强的学生常把分数和名次放在很重要的位置上，他们争强好胜，在每次考试或竞赛中总想取得第一名，害怕失败。他们很想得到老师、长辈或亲朋好友的肯定与表扬，唯恐失败而被人看不起。看到别人超过自己就不高兴，嫉妒心强。

（4）精神紧张。学习动机过强的学生由于长时间超负荷学习、压力巨大而导致心理脆弱，情绪上难以松弛，常伴随着学习焦虑和考试焦虑现象。精神紧张易引起学习过程中注意力不能集中、记忆力下降、思维迟钝等问题，从而造成学习效率低下，久而久之还容易产生头痛、头昏、耳鸣、心悸、胃肠不好、失眠多梦等许多身心疾病。可见，对于学习动机过强的学生来说，学习同样是一件苦差事，而不是一种乐趣。

（5）对自己要求过严，容易产生自责。学习动机过强的学生追求的是学习上的高目标，对自己的要求是只能成功，不能失败，这样就容易产生挫折感。他们往往容不下自己的失败与挫折，一旦没有达到自己设置的目标，就会责备自己，并给自己施加更大的压力，期望下次获得成功。他们通常不满意自己的现状，总觉得自己应该做得更好，即使成功也并不能给他们带来多少喜悦。

2. 学习动机过强的原因

（1）学习目标设置过高。学习目标是激发学习动机不可缺少的因素之一。不可否认，一个没有学习目标的学生，很难有高涨的学习热情。然而，如果学习目标定得太高，超越了自身的条件和现实状况，使得目标实现的概率在可能的范围之外，就可能造成学习动机过强，导致对自己过于严格、过于苛刻。

（2）不恰当的认知模式。努力学习是取得成功的必要条件之一，这是毋庸置疑的。但是，有的大学生把努力学习看成是取得成功的唯一条件，错误地认为“只要我努力，我就能获得成功”。这种认知模式是产生学习动机过强的基础，容易使他们在现实学习生活中，不顾自身及现实的客观条件，为了一个不太可能实现的目标盲目努力，却始终尝不到成功的喜悦，对身心造成一定的伤害。任何成功都与自身能力和环境因素有关，努力是成功的必要条件，但不是唯一条件。正确的认知模式应该是“只有努力才有可能成功”，或者“努力+能力+环境=成功”。

（3）他人不恰当的强化。我国的社会文化倾向于赞扬那些发奋者，几千年来的传统意识都强调苦读终能成大器，大多数人会更支持那些动机过强者，称赞他们学习劲头足、刻苦、有志向，并期望他们做得更好。这样就让学习动机过强的大学生很容易受到来自家庭、学校、社会超乎寻常的肯定和鼓励，会使大学生的学习动机得到不适当的强化，使他们看不到动机过强的危害，反而对自己要求更严，过于苛刻，等到造成身心障碍时，已陷得过深，难以自拔。

（4）个体原因。学习动机过强还与一些人的性格特征有密切的关系，如具有做事过于认真、追求完美、好强固执等性格特征的大学生就容易形成过强的学习动机。个人性格的形成一方面与个体的遗传因素有关，另一方面也与个体的成长经历、成长环境有关。在儿童性格形成的初期，如果家庭教养过于严厉，父母对孩子的期望值过高，往往易使子女形成争强好胜的性格特征，导致日后学习动机过强。

3. 学习动机过强的调适

（1）加强自我认识。学习动机过强，往往来自于对自己的过高估计及对前景的完美设计，并由此造成在学习行动中对自己过分苛求，带来身心的伤害。因此，要解决动机过强的问题，首先对自己的能力和水平要有一个客观的评价，正确认识自我。确定理想、抱负时必须兼顾自己的能力所及，既不要好高骛远，又不要盲目攀比、操之过急。

（2）科学地制定目标。制定目标时要与自己所具备的条件及实际环境结合起来，目标要分阶段、分步骤，循序渐进，不能只有远景的大目标，而没有中近期的阶段目标。做任何事情都应脚踏实地，一步一个脚印，学习也不例外。目标应是经由自己努力能够达到的，目标要清晰、具体，具有可操作性。切勿把目标定得过高，过于模糊，难以操作。

（3）将关注点聚焦在学习活动本身。学习动机过强的学生往往过分注重长辈、老师及周围的同学对自己的看法，使得学习中压力过大，患得患失。要把关注点聚焦在如何学会学习、学会了多少知识上，淡化名利得失，增强抗挫折能力。

（4）营造一个宽松的学习氛围。学习动机过强不是一朝一夕形成的，它伴随着学生的成长，有一个形成过程。在这个过程中，环境的影响起着很大的作用。因此，父母、教师、社会应尽量为学生营造一个宽松的学习氛围，细心观察学生的言行，充分了解学生的心理，及时依据各人的不同情况给予正确的引导，让他们以正确的态度对待学习，对待学习评价。

二、学习焦虑问题

学习焦虑是人的一种情绪状态，是个体由于不能达到预期的学习目标或不能克服学习上的困难而使自信心受到挫伤，或者使失败感和内疚感增加而形成的一种紧张不安、带有恐惧的情绪状态。人的焦虑情绪有程度的不同，焦虑程度过高或过低都对学习有不利的影响，只有适中的焦虑程度，才有利于提高学习效率。可见，焦虑程度对学习效率的影响与动机程度对学习效率的影响是相似的。最佳焦虑水平取决于学习任务的难易，对于容易的学习任务，最佳焦虑水平偏高；随着学习任务难度的增加，最佳焦虑水平有逐渐下降的趋势。

从中学校门走进大学，无论是学习环境还是学习内容、学习方法、学习目标等都发生了较大的变化。部分大学生难以适应这一变化，学习焦虑的问题是比较常见的，尤其是个性较敏感、性情急躁的大学生更容易陷入这种焦虑状态。如果大学生长期处于较高的焦虑水平，不仅对学习效率、学习效果有很大的负面影响，严重的还将影响他们的身心健康。

（一）学习焦虑的表现

处于严重学习焦虑状态下的大学生，由于精神过于紧张，顾虑的问题较多，常表现为在学习上注意力涣散、记忆力减退、思维混乱、烦躁、易怒等，严重的还常伴有头晕、头痛、忧虑等现象，影响身心健康。

处于严重焦虑状态下的大学生在多次努力学习无果的情况下，往往采用回避和退缩的方式消极对待学习，过早地放弃努力。这样做反而使他们不能取得应有的成绩，学习每况愈下，自责感不断增强，心理压力更大，形成恶性循环，引起行为上的进一步混乱、盲动，以致发生心理疾病。

学习焦虑的突出表现是考试焦虑，即在临考前或临考时产生紧张与恐惧的情绪状态。考试焦虑表现在临考前神情紧张、心烦意乱、无精打采、肠胃不适，可能出现原因不明的腹泻、多汗、尿频、头痛、失眠、记忆力减退、注意力不集中、思维迟钝、学习效率下降等，在临考时肌肉紧张、心跳加快、血压上升、手足发凉、注意力不集中、思维僵化、记忆受阻，原本熟悉的材料这时也因过度紧张而回忆不起来，严重时还会出现“晕场”的现象。

（二）学习焦虑的原因

形成学习焦虑的原因可以从个体所处的外部因素和内部因素进行分析。

1. 外部因素

（1）学业压力。大学的学习科目较中学有了很大的增加，学习的难度加大，速度加快，学习方式方法也有了很大改变。这要求大学生及时跟上变化，调整自己的学习方法，合理科学地安排学习时间。否则，没掌握的知识不断累积，学习压力会越来越大。

（2）考试压力。考试压力主要来自部分大学生对考试的意义估价过高，认为考试成绩不好，影响个人在班级的威信，脸上无光；有的认为考试成绩不好会影响教师对自己的看法与信任，影响毕业时的择业等。另外，对考试结果期望值过高，提心吊胆，害怕失败，也是造成考试压力的一个重要因素。

（3）来自周围环境的压力。大学生生活在现实社会中，就必然要受到来自社会大环境与小环境的压力。这些压力包括来自同学间的竞争压力；来自家长的“望子成龙，望女成凤”的压力；来自教师的压力，如教师对学生提出过高要求，对没达到要求的学生严厉批评，使学生产生一种对任课教师的恐惧感；来自学校的压力，如学校要求学生在毕业前拿到某些等级证书，对拿不到证书的同学采取不发毕业证书等相应的处罚，使学生对相关的考试产生恐惧；来自社会的压力，如就业压力等。

2. 内部因素

（1）认识评价能力的影响。有些同学自信心不足，总认为自己的智力、能力、基础不如别人；有些同学成就动机过强，迫切希望取得好成绩并且超过他人；还有些同学偏科，对学得好的课程抱有兴趣，而对学得不好的课程表现为过分担忧；还有的同学对以前考试失败和挫折的体验太深刻，以至遇到考试就产生害怕、紧张的恐惧心理。

（2）生活规律失常的影响。有些同学平时贪玩，对学过的内容不及时复习，一旦考试来临就“临时抱佛脚”，挑灯夜战，持续数天，导致生物钟紊乱，压力增大，以往积累的身体不适由内隐逐渐外显，出现腹泻、头痛、失眠等现象，这种情绪紧张又导致考场上的出汗、颤抖等怯场现象。

（3）人格因素的影响。有些同学性格比较内向拘谨，自控力和应变力差，认知评价的调控性较差，遇到考试就会紧张担忧，易引起考试焦虑和怯场；有的同学过分自尊，但对自己又缺乏信心，担心考试失败而有损自己的形象或影响自己的前程等，也会引起考试焦虑。

（三）学习焦虑的调适

任何事物的产生都有其起因，大学生应学会冷静分析造成焦虑的主观和客观原因，针对原因找出缓解焦虑的方法，绝不能采取回避现实的态度，放任焦虑的发展。如果自己无法找出原因，可到心理咨询机构去寻求专业的帮助。

要正确认识和评价自己的能力，确立切合自身实际的学习目标，不能把学习名次看得过重。要知道，能不断超越自我，不断取得进步，也是一种成功。

要适应大学的学习方式，尽快摸索总结出一套适合自己的学习方法，注意劳逸结合，提高学习效率，掌握学习的主动权。

要培养广泛的兴趣，正确处理学习活动与其他活动的关系，适当转移注意力，降低焦虑水平。

要保持适度的自尊心，降低对胜败的敏感度。同时，也要增强自信和毅力，不怕困难和失败，保持情绪的稳定。

针对较为突出的考试焦虑问题，可考虑从以下几方面进行调适。

（1）正确认识考试的意义，端正考试的动机。要认识到考试的目的只是检查教与学的成效。通过考试，可以检验自己近段时期的学习态度、学习能力和知识水平，调整对自我的认识并不断进行自我完善。总之，考试是一种检验和激励的手段，它不能决定一个人的前途和命运，因此不要把考试成绩看得太重。考试过度焦虑的根源不在于考试而在于学生自身，只要自己用理智和意志来进行控制和调节，就可以克服这种焦虑情绪。

（2）对考试成绩的期望值要符合个人实际。考试前应对自己掌握的知识和已具备的能力有个正确的评价，在正确评价的基础上制定出考试成绩的目标，这样的目标才会符合个人实际，从而避免考试焦虑的出现。否则，如果目标太高，超过了自己的真正水平和能力，在考试之前会因实现目标没有把握而失去信心，影响复习的质量和效果，最后导致考试过度焦虑。

（3）平时努力学习，加强准备，以平常心应对考试。考试成绩的高低决定于平日学习的努力与否，而不是决定于考试本身。如果平时努力不够，复习不够，而企图在考试时侥幸地获得高分数，这是不切实际的想法。在考试时也常由于出现难题，不能应付而产生考试焦虑。因此，应重视平时的学习，注意知识的积累和巩固，彻底吃透教材，克服学习中的难点。有备无患，信心十足，这样才能以平常心应对考试，克服考试焦虑。

（4）有意识地克服“怯场”现象。考试时产生的“怯场”现象，可能是由于对考试信心不足而临场慌乱；可能是缺乏应试的经验与技巧，临时碰到问题无力应付；也可能是由于个人的气质与性格特点不能适应紧张的场面。因此，应根据自己的心理实际，在日常的学习和生活中有针对性地训练和调适心态，以预防考试“怯场”的发生。

考生最爱问的10个心理问题

1. 考前紧张不起来怎么办?

有许多考生向心理学专家说，自己在大考前怎么也紧张不起来，表现为神经兴奋抑制，头脑发木，激不起最后一搏的劲头。造成这种现象最主要的原因是考生经过较长时期的苦读，在生理和心理上都有些疲惫不堪，大脑接收的信息过多，负荷过重，造成了一种保护性的抑制。针对这种情况，考生可采取下述措施。

第一，要注意适度地休息、娱乐和锻炼。不少考生在临考前为了争时间，拼命地“开夜车”，并挤占了娱乐和锻炼时间。这种做法是极不明智的，它带来了考生身体和心理的疲劳，使得学习效率下降，所以应该予以纠正。

第二，要变换复习的形式，避免单调机械的刺激产生的厌烦心理。比如编份考题考考自己，把一些要背的书制作成录音放给自己听，也可假扮老师把所要记的东西演讲出来，等等。

第三，可学国外运动员赛前给自己打气的办法，复习之前挥挥拳头喊几句或默念几句振奋精神的口号，或将口号写成条幅悬挂在墙上，自我激励。

2. 考前烦躁不安，看不进去书怎么办?

这类考生大多学习处于中等水平，他们由于对考试成败的大致结果把握不定，因而极易产生焦虑情绪。由于心事重重，使得这类考生无法把精力集中在复习上。对于这种情况，考生一定要把自己真正担心的东西想清楚，然后再设法否定自己的这种担心，以解除自己的心理负担。此外，当考生感到所要复习的东西太多时，则往往会因多而生乱，乱而生烦，所以这类考生的当务之急，是将所要复习的东西按重要性排列出一个合理有序的复习进程来。

3. 临考前失眠怎么办?

失眠往往产生于对考试过于紧张的心理，以及对失眠后果的过于担心，所以只有不怕失眠才能不失眠。其实，完全没有睡着觉的情形是很少存在的，因此失眠一般并不影响考生在考试中智能的正常释放，失眠的真正危害在于失眠者过度夸大了失眠所产生的消极影响，因而在考前和考试中不断给自己以消极的心理暗示。所以解除思想包袱是解除考生考前失眠问题的根本法宝。

4. 一到考试就觉得身体某部位不对劲儿怎么办?

有些考生每逢考试，就觉得自己胃病、肚子痛或头痛等，这绝大部分是心理在作怪，主要是人的心理紧张引起的。考生若特别留意身体某部位并与考试建立了联系，则以后一到考试就会人为地留意或感觉那个部位，则不适的感觉就会暗示出来。因此，正确的做法是：不留意，不强化。

5. 考砸了一两门，情绪影响到后面几门，怎么办?

很多考生都有一个错误的观念，认为考砸了一两门就等于全砸了。实际上在每次考试中，几乎人人都至少认为自己有一两门考得不太理想。更何况你考砸的这一两门，也可能是太难，因而又怎么算得上考砸了呢？因此应把考砸了一两门看作正常情况，没必要为此殃及其他。

6. 一上考场就慌神、紧张怎么办?

焦虑和放松不会同时存在。感到焦虑时，就不能放松；完全放松时，就不会焦虑。因此，进行放松训练，可以消除紧张状态，克服考试焦虑，使身心得到充分的休息和放松。常见的放松法有肌肉放松法和意念放松法。

（1）肌肉放松法。就是通过循序交替收缩和放松全身肌肉，细心体会肌肉的松紧程度，最终达到缓解个体紧张和焦虑状态的训练方式。具体做法是：松开所有的紧身衣物，轻松地坐在椅子上，双臂和手平放于双腿上，头与上身轻轻后仰。整个放松训练按照由上至下的原则，由头部肌肉—颈部肌肉—背部肌肉—腹部肌肉—臀部肌肉—大腿肌肉—小腿肌肉—脚趾肌肉的次序放松。先使该部位肌肉紧张，保持紧张状态10秒钟，然后慢慢放松，注意体验放松时的感觉，如发热、沉重、温暖、愉快等。每次放松时间为15～20分钟。

（2）意念放松法。轻松地坐在椅子上，身体自然放松，双眼微合，采用腹式法慢慢进行呼吸，把注意力集中在呼吸上。这样一吸一呼，反复进行。由于集中了全部注意力，逐渐达到排除一切杂念、心静神澄的境地，从而消除紧张状态。

7. 平时水平很高，考试发挥不出来怎么办？

平时就应和考试的要求一样，注意正确率，注意速度。只有平时如考时，才能考时如平时。

8. 在考场上我最怕有声音干扰，如遇噪声怎么办？

有些考生总爱在考后抱怨说，监考老师的脚步声、周围同学的翻卷子声和叹气声，以及考场外发出的某种声音，干扰了他们的思路。其实他们所感受到的这些噪声在很大程度上是一种心理上的噪声，心理上的噪声虽然来自声源，但其分心的效果却是通过人的心理因素而起作用的。你越是注意噪声，越是觉得它正在干扰自己，你就越会感到不安，它的分心作用也就越强，所以考生要克服心理性噪声对考试的妨碍，不必去理会它。这样自己的急躁情绪就会减少，自己就能够心平气和地专心于考试。

9. 考试时，碰上自己不会的题或想不起的知识怎么办？

考试时遇到这种情况，切忌慌乱和胡乱尝试。首先考生应先分析一下自己不会做的大致原因：是忘记了有关知识，还是题目没理解透彻？或是题目线索太多，自己一时难以理出头绪？然后再根据自己分析的原因，考虑采取相应的对策。这样按程序有条理地去做，即使题目仍未解出，也不会去想“这下完了，我要考砸了”之类无用而有害的事，而是可以自我安慰：“这题对我难，对别人也难。”

考生在考试时，有时会出现某些知识回忆不起来的现象。这时，考生因急需解决问题而希望尽快回忆起来，往往就会心里着急，紧张地在记忆中胡乱搜索，企图“碰上”想要找到的东西。但是这种无秩序搜索的成功率一般都很低，并且随着时间的延长会加重自己的紧张慌乱。此时正确的策略应该是善于运用联想，你可联想老师讲这段知识的具体情景，也可联想与这段知识相关的知识，以寻找回忆的线索。如你忘了哺乳动物有什么特点，那么你就可以通过回忆鸟类的特点来与之对比。

10. 时间不多却有好多题没做，怎么办？

考场上最容易引起考生慌乱的情形，莫过于考试时间不多却仍有许多题没做完。考生此时心急如焚，常常是做这道题时想着那道题，而做那道题时又惦记着这道题，结果哪道题也没做好做完。当这种不利的情况出现时，考生一定要有个合理的目标和合理的决策，即在保证正确率的前提下，能做多少算多少。倘若你这时目标过高而不合理（企图全部做完全部做对），反而连较低目标（做完做对一部分）也实现不了。有了合理的目标，还要有合理的决策，即此时考生优先选择的题目，应该是自己比较有把握和分值较高的，而且要考虑所要花费的时间，把三者综合平衡之后再做出一个明智的选择。

三、学习畏难问题

畏，是害怕、恐惧的意思，它是个体企图摆脱、逃避某种情境时产生的情绪体验；难，是困难、挫折的意思，它是个体从事有目的的活动受到阻碍或干扰，以致其动机不能得到满足时产生的情绪波动和心理防御的过程。大学生学习畏难是在学习活动中遇到了某些阻碍和干扰，使得学习的需要难以满足，于是产生了害怕学习的现象，进而产生某些逃避学习的行为。

（一）大学生学习畏难的表现

1. 逃避学习

有些大学生在学习上遇到困难或挫折后，往往不从主观上分析原因，片面地认为自己再怎么努力也是没有用的。于是变得对学习漫不经心，得过且过，转而把大量的精力用在与学习无关的活动上，如娱乐活动、谈恋爱等方面。这种逃离学习环境的行为，在一段时期内对畏难情绪的缓解可能会起到一定的效果，但是学习毕竟是大学生的主要任务，学习的重要性在大学生生活的现实及在大学生的潜意识中会不断地以各种形式显现出来，提醒大学生要好好学习。这样，大学生很容易陷入逃避学习与需要学习的矛盾之中，造成学习畏难情绪的进一步加深。

2. 好幻想

有些大学生学习不好或遇到考试失败等挫折后，常以幻想的方式来排解当前消极的情绪。他们往往跳过努力学习的过程，幻想有一天学习成功了，他们将得到家长和教师等长辈的赞许、周围同学的认同，将来有可能走上好的工作岗位的愉快景象。这种幻想可能会使他们鼓起勇气，努力学习，但是如果总是沉浸于幻想之中，不去面对现实，会难以接受学习过程的艰辛，以至最终不能适应学习生活。

3. 找借口

有些大学生每到考试时就会生病，他们中的一部分人是由于对学习有畏难情绪，害怕失败，精神紧张过度，不自觉地将心理上的困难转换成身体方面的症状，为自己日后考试的失败找借口。另一部分人可能并没有生病，但同样由于害怕考试的失败，推说自己生了病，借以逃脱他人对自己学习不好的责备，而维护自我的尊严。

4. 封闭学习

一些对学习有畏难心理的同学还经常表现出对一切有关学习的事情自我封闭，他们往往不愿意与人谈起自己的学习情况，降低自己的学习要求，逃课，见到教师就头痛。

（二）大学生学习畏难的原因

1. 学习任务较重

大学的学习任务与中学相比，加重了许多，表现在：学习的课程增多，不仅有基础课，还有专业课，另外还有相当一部分的选修课；学习内容有很大一部分是专业的前沿知识，有很强的不确定性，要学生自己去辨别、去分析，有一定的难度；学习要求高，大学承担着为社会培养各领域专门人才的重任，因此对大学生的要求要明显高于中学生，要求他们不仅要掌握知识，还要很好地运用知识，更要求他们有一定的创新能力。

2. 对自己的认识不足

一些大学生对自己的能力与各方面素质做了过高的估价，于是盲目地给自己订立了过高的目标，其结果当然是实现不了。而一次次的挫折、失败，自然给他们带来了不小的打击，使他们在学习上产生了畏难心理。

3. 学习方法不当

一些人进入大学后，仍沿用中学时的学习方法，这与大学的学习要求是不相匹配的。正是由于学习方法不当，这些大学生虽然平时很努力，但仍会遭遇学习困难。

（三）学习畏难的调适

1. 正确对待学习上存在的困难

学习上存在困难并不可怕，可怕的是对困难不能正确认识，进而不能很好地对待，使困难得不到解决。正确认识学习上存在的困难是解决学习问题的关键所在；而正确地对待困难，及时有效地解决问题可以防止学习畏难心理的产生。大学生学习上的困难大多是由于不适应大学的学习节奏，未能找到合适的学习方法而造成的。因而，了解大学学习的性质、特点，探索一套新的、适合自己的学习方法是克服畏难心理的有效途径。

2. 改变不良认知方式

畏难心理的产生在很大程度上是由于大学生对学习困难的认知引起的，或者说是由大学生认知方面的偏差引起的。如有的学生一次考试失败，就认为自己能力不行，学不好；有的大学生在中学阶段学习一直很好，可是进入大学后，由于一时的不适应，造成学习上的滑坡，因而对自己的学习能力产生怀疑，开始害怕学习；还有的同学把学习中的一些小失败、小挫折想象得非常可怕，认为自己能力不行，学不下去，毕不了业，找不到工作，人生没前途，生命没价值等。可见，改变学生的不良认知方式，纠正错误的观念，引导学生实事求是地评价学习中出现的各种困难，使他们从困难中看到希望，有利于克服学习畏难心理。

3. 勇于面对困难

最大的恐惧就是恐惧本身。当对某事物感到恐惧时反而要去接近它，这有利于克服恐惧心理。为了克服学习上的畏难心理，应鼓励学生主动地投入学习活动中。但是投入学习的过程要有一定的策略，要引导学生从简单的学习活动开始，有计划、有步骤地展开学习活动，由易到难，让学生在不断尝到成功喜悦的同时，消除学习畏难情绪，最终把握学习活动。

4. 优化个体的人格品质

学习上出现畏难心理与人格特征有一定的关系，性情急躁、心胸狭窄、意志薄弱、缺乏自知之明的人更容易在学习上产生畏难心理。因此，大学生应主动对自己的人格特征进行反思，有意识地培养自己良好的人格品质。学习的路途是坎坷的，只有乐观自信、自强不息、顽强拼搏的人，才能到达光辉的顶点。

四、学习疲劳

学习疲劳是指连续学习之后，学习效率下降，学习进步速度缓慢，身心症状增加的一种心理与生理的异常状态。学习疲劳包括生理疲劳和心理疲劳。

学习疲劳是一种保护性抑制，一般来说，经过适当的休息即可得到恢复，对大学生的身心发展不会造成什么影响。但如果长期处于疲劳状态，勉强让大脑的有关部位保持兴奋，就会导致大脑兴奋和抑制过程的失调，严重的还会引起神经衰弱等疾病，并可能引发身体器官的病变，严重影响大学生的学习。

（一）大学生学习疲劳的表现

1. 学习疲劳的生理表现

大学生在学习时间、强度等方面的过度造成的生理疲劳，主要表现为肌肉痉挛，麻木，眼球发酸，头昏脑涨，腰酸背疼，动作不准确、僵硬，打瞌睡等肌体反应。

2. 学习疲劳的心理表现

大学生学习用脑过度，造成学习疲劳的心理表现主要为注意力分散，思维迟钝，情绪易躁动、忧郁、愤怒，学习效率下降，学习错误增多，对学习易产生厌烦情绪。

（二）大学生学习疲劳的原因

1. 生理疲劳的原因

大学生生理疲劳主要是在学习活动中，由于学习压力过大，学习时间过长，不注意劳逸结合，睡眠时间不足，不注意用脑卫生和用眼卫生等原因造成的。长时间的生理疲劳对大学生的学习易造成不良影响，最终有可能出现学习上的心理疲劳，影响其身心健康。

2. 心理疲劳的原因

大学生心理疲劳的原因是多方面的，除了因长期学习的生理疲劳而造成的心理疲劳外，还有因学习内容单调、难度过大、学习过于紧张等造成的大脑神经持续处于高度紧张状态，对学习缺乏兴趣；或是受到其他因素的干扰，如家庭经济问题、思想问题等原因造成心理疲劳。

（三）大学生学习疲劳的调适

1. 科学用脑

大脑是人体一切活动的中心，自然也是学习活动的中心。学习活动持续时间过长，就会影响大脑活动的正常运转，引起疲劳。因此，科学用脑，保证大脑的清醒状态，这是缓解学习疲劳的有效方法之一。科学用脑，首先从生理上要做到饮食合理，给大脑以充分的营养，保证其功能的正常发挥。其次，在学习时要根据不同的学习内容，合理安排用脑时间。再次，要注意不能用脑过度，不要等到“脑袋麻木”了才停止学习和工作，否则极易引起大脑损伤，进而诱发各种身心疾病。

2. 劳逸结合

不会休息的人就不会工作，同样，休息好是为了更好地学习。因此，大学生要学会劳逸结合，才能更有效地预防学习疲劳的发生。大学生要养成良好的生活习惯，安排好学习和休息的时间，晚上按时睡觉，保证睡眠的充足，做到学习时专心致志，提高效率；休息时大脑放松，安心休养。大学生在平时要注意加强体育锻炼，使脑力劳动和体力劳动交替进行，以改善血液循环，消除大脑和肌体的疲劳。

3. 创设良好的学习环境

学习环境对人的心境有很大的影响，有研究表明，良好的学习环境可使大学生在学习活动中身心舒畅，提高学习效率；而在嘈杂、脏乱的学习环境中，可能引起心烦意乱，焦躁不安。因此，大学生在学习时应尽可能地为自己创造一个良好的学习环境，避免身心疲劳的发生。

4. 培养学习兴趣

对学习感兴趣，可以使大学生在学习时心情愉快，长时间学习而不知疲倦；反之，对学习不感兴趣，就会感到学习的内容枯燥、学不进去，很快就会进入疲劳状态。可见，大学生有意识地培养自己学习的兴趣，有利于避免学习疲劳的产生。

五、注意力不集中问题

注意力是心理活动对一定对象的选择和集中。注意力是人的各种心理过程正常进行的保证，它在人的各种感受器官所接受的种种信息中选出符合个体当前需要的信息进行加工；它能维持信息在意识中进行精加工；它能监督和调节个体的行为，使之指向一定的目标，促进目标的达成。可以说，没有注意力，人的各种心理活动将很难进行。大学生的学习活动也离不开注意力，注意力差的学生易出现学习效率低下、学习成绩不良等现象。

（一）注意力不集中的表现

1. 容易走神

注意力不集中的学生，在学习时常不能有效控制自己的心理活动，想一些与学习毫无关系的事情，思维远离当前的学习活动，且不易收回。

2. 易受干扰

注意力不集中的学生，在学习时很容易被外界的无关刺激所吸引，有时甚至是很微弱的刺激也能引起他们注意力的分散，偏离当前的学习活动。

3. 无关动作增多

注意力不集中的学生，在学习时往往伴随着一些与学习无关的动作，如说话、东张西望、玩弄手指、摆弄笔杆、摸东翻西等，始终不能把注意力维持在学习上。

4. 效率低下

注意力不集中的学生学习效率是很低的，他们通常给人的印象是花在学习上的时间很多，却见不到成效。如有的同学一个晚上都在看书，可是可能一页书都没有看完。

（二）注意力不集中的原因

1. 学习目的和任务不明确

学习没有目的，劲儿就不知往何处使，更谈不上注意力的集中了。同样，如果只有目的，而没有具体的学习任务，在每一次具体学习时，也可能会因缺乏必要的紧张而容易走神。

2. 对所学专业不感兴趣

兴趣是引起注意的重要原因。有的大学生对自己所学的专业并不感兴趣，学习总是处于一种被动状态，形成过得去就行的心态，学习的注意力自然就难以集中了。

3. 不适应大学的学习方法

由于大学的教育教学与中学相比发生了很大改变，大学生在学习方法上与中学生也有了明显的不同。一些不适应大学教育方法的同学下课之后不知如何复习，并在没有督促、没有压力的情况下，管不住自己，光想玩，学习的注意力自然就难以集中了。

4. 学习环境不良

不良的学习环境对注意力也有一定的影响，如学习时周围噪声过强，学习环境杂乱、污浊，环境过于空旷冷清等，都易使注意力分散，影响学习效率。

5. 个体心理因素的影响

大学生由于过度的疲劳和焦虑，也容易导致注意力不集中。长时间的用脑，不注意劳逸结合，不讲究学习方法，都会引起大脑过度疲劳。大脑过度疲劳的结果，会使大脑产生抑制，造成注意力分散。另外，如果大学生过度焦虑，总是担心学习成绩不好，别人如何评价自己等问题，势必将学习的注意力引向这些焦虑点，而不能很好地集中在学习内容和学习过程中，引起注意力的分散，影响学习效果。

（三）注意力不集中的调适

1. 明确学习目标，规定任务

大学生在学习前应根据自己的条件，为自己确立一个适当的目标，并依据目标制订详细的学习计划。每次学习时都应有具体的学习任务，要带着任务和问题进行学习。这样学习才有动力，才不易分心。

2. 激发学习兴趣

大学生入学后，就应开始对所学专业的前景、发展方向做一些了解，增强对本专业的兴趣，在兴趣向志趣进而向乐趣的转换中不断将注意力集中在学习上。

3. 掌握科学的学习方法

新生在入学之初，可能会对大学的教育教学方法不适应。大学生要主动、积极地适应大学教学与中学教学的差别，尽快摸索、总结出一套适应大学教育教学并与个人自身条件相适应的科学的学习方法，把课后的时间充分利用起来。

4. 选择环境，排除干扰

由于每个人的心理特征不同，个人所喜好的学习环境也不同。如有的人必须在绝对安静的环境下才能集中注意力，而有的人在轻柔的乐曲声中更能集中注意力。因此，大学生可以根据个人的不同情况，选择适合于自己的学习环境。大学生大多过着集体生活，有时在无法选择环境、干扰无法排除时，就需要有与干扰做斗争的自制力。

5. 劳逸结合，张弛有度

要科学地安排作息时间，适当地休息或进行体育活动，防止过度疲劳。同时，要消除焦虑、紧张情绪，保持平和愉快的心境。

6. 学会运用思维阻断法

注意力不集中的学生在学习时常会胡思乱想，及时阻止这种纷乱的思绪对于提高学习效率大有益处。当纷乱思想出现时，可采用一些方法阻断注意力的分散，如听一些柔和的音乐，使大脑放松下来；也可把眼睛闭上，反复握拳、松开，使肌肉收缩，同时对自己说“停”，如此反复数次，有助于集中注意力。

课外拓展

一、拓展训练

多“源”学习

目的：让学生了解学习资源的多样性，培养学生主动运用学习资源的能力。

操作：

（1）场地以室内为宜。准备若干纸片，发给每个学生 3 张颜色不同的小纸片，分别写上人或角色、地点、事件，然后分别收回。

（2）先请每一小组派一人上台，分别抽出 3 张纸片，用肢体模仿的方式（不能说出音同的字），让台下同组的同学猜，答对的话便换另一位组员上台，每组有一分钟的时间，看看哪组猜对的多。

（3）请同学检视刚才的过程，是不是与抽出来的 3 张纸配的对就容易猜，牛头不对马面的就很难猜。学习也是如此，找到了合适的学习资源，就能事半功倍，反之亦然。

（4）大家一起讨论分享从高中到现在参与过的活动及其感受。讨论问题示例：参加了什么活动？从哪里获得的活动资讯？为什么想参加这个活动？参加后有什么感受？

二、心理测试

学习动机测验

请仔细阅读问卷上的每一个题目，并与自己实际的情况相对照。若觉得相符，就在题目后面的括号里填“是”，不相符的则填“否”。

1. 如果别人不督促你，你极少主动地学习。（　　）
2. 当你学习时，很快就能提起精神、进入状态。（　　）
3. 你一读书就觉得疲劳与厌烦，直想睡觉。（　　）
4. 除了老师指定的作业外，你还会主动预习、复习功课。（　　）
5. 如有不懂的问题，你会设法弄懂它。（　　）
6. 为了把功课学好，你放弃了许多你感兴趣的活动。（　　）
7. 你只在你喜欢的科目上下功夫，而对不喜欢的科目则总想逃避。（　　）
8. 你花在课外读物上的时间比花在教科书上的时间要多得多。（　　）
9. 你觉得学习很有意思，在学习中你能体验到成就感。（　　）
10. 你觉得学习是你不得不做的事，因为别人都这么要求。（　　）

计分与解释：

第 2、4、5、6、9 题答“是”计 1 分，答“否”不计分，第 1、3、7、8、10 题答“否”计 1 分，答“是”不计分。

8 分以上，你热爱学习，有很高的学习动机。

4～7 分，对于你喜欢的科目，如果学习任务不是太难，你的学习动机还是挺高的；但你很偏科，而且一碰到难题就会打退堂鼓，还要继续加强学习动机。

4 分以下，你不喜欢学习，总要别人“逼”着你学，学习动机太低啦。

三、推荐阅读

1. 《津巴多时间心理学》——菲利普·津巴多

决定命运的不是性格，是你独一无二的“时间人格”。

时间是我们最宝贵的财富。我们执着于时间表和任务表，但是我们的时间总是不够用，不能最有效地利用时间。

心理学家津巴多借鉴 30 年的开创性研究，表明你个人对时间的认识决定了你看待事物和生活的角度，也决定了你的生活。一旦你了解时间的奥秘并知道属于自己的“时区”，你就可以管理你的生活，让它更精彩。

为什么相爱容易相处难？为什么反恐战争还没有打赢？为什么总有人会上网成瘾、毒品成瘾？为什么我们越怕胖就会越胖？看似平常的问题，答案一定出乎意料。阅读本书你将看到：人生不可深陷的三大“时区”；如指纹般影响命运的六大“时间人格”；六种足以改变人生轨迹的“时间悖论”。

2. 《学习的革命》——沃斯（美国）、德莱顿（新西兰）

《学习的革命》是一本有关学习方法的畅销书。作者彻底颠覆了以往的学习理念，强调应该学会“怎样学”的问题，从而在最短的时间内获得最大效益和最佳结果。

该书告诉你怎样才能一天读四本书，并且把它们记住；怎样在4～8周内掌握一门外语的核心内容；如何让你的孩子在8岁前的关键时期，增长其知识；如何保持终身学习；如何在学校中领先，即使开始时你处于劣势；怎样才能在商务、学业、生活方面做出最佳决定；怎样找到最适合于自身的学习、思考和工作方式；如何使学生在学习上突飞猛进。

它对于商业、学校和家庭都有突出的指导意义——每个人都会重新思考未来、重新思考新的世纪。它涉及了成年人和青年人都面临的最主要的问题，即怎样在较少的时间里学更多的东西，怎样享受学习，怎样保存所学的内容。

四、小故事　大道理

阴影是条纸龙

人生中，经常有无数来自外部的打击，但这些打击究竟会对你产生怎样的影响，最终决定权在你手中。

祖父用纸给我做过一条长龙。长龙腹腔的空隙仅仅只能容纳几只蝗虫，投放进去，它们都在里面死了，无一幸免！祖父说：“蝗虫性子太躁，除了挣扎，它们没想过用嘴巴去咬破长龙，也不知道一直向前可以从另一端爬出来。因而，尽管它有铁钳般的嘴壳和锯齿一般的大腿，也无济于事。”

当祖父把几只同样大小的青虫从龙头放进去，然后关上龙头，奇迹出现了：仅仅几分钟，小青虫们就一一从龙尾爬了出来。

命运一直藏匿在我们的思想里。许多人走不出人生各个不同阶段或大或小的阴影，并非因为他们天生的个人条件比别人要差多远，而是因为他们没有想要将阴影纸龙咬破，也没有耐心慢慢地找准一个方向，一步步地向前，直到眼前出现新的洞天。

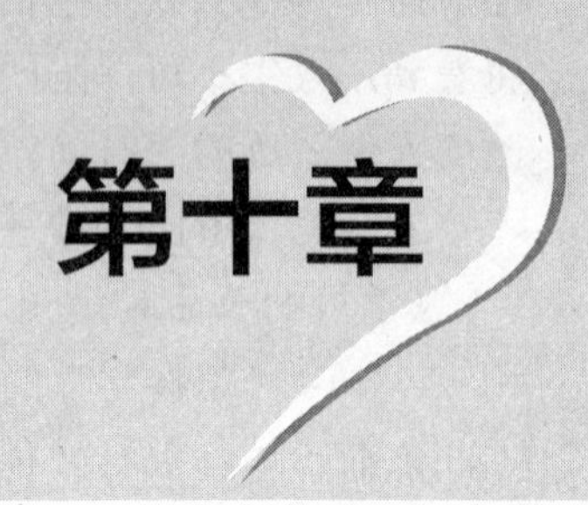

第十章

我的职业我做主——大学生职业生涯规划

导入案例

【他的问题】

小刚是一所职业院校会计专业三年级的学生，临近毕业还有半年，大部分的同学已经签订了工作，小刚还没有想清楚要找什么样的工作。大三寒假前他开始着急，到处投简历，参加各种招聘会，面试过几家单位，但是没有一家满意的。小刚对自己的未来感到茫然，不知道下一步该怎么做。

【情景回放】

小刚在报考志愿时，就对未来的工作没有什么特别的计划，只是听说这几年很多人都自主创业，社会上对会计的需求量比较大，所以就报考了会计专业。但是进入大学，小刚觉得这个专业的课程比较枯燥，后悔自己选错了专业。想换专业又不知道自己喜欢什么，一直闷闷不乐。

小明是小刚的同学，在高考报专业前，小明随同父母走访了亲朋好友，了解了会计这个行业的发展情况、从业要求和就业情况，同父母商量以后，小明决定选择会计专业作为今后的发展方向。做决定之前，小明了解到这个行业的竞争相对比较激烈，就业形势也不如前些年，但是小明相信，自己的数学和计算机操作基础好，性格比较沉静、敏锐细致，做事非常有条理，喜欢从事逻辑性强的工作，这些都是从事会计行业的基本素质，有了这些基本素质，再加上他的勤奋和执着，他一定会在这个竞争激烈的行业里有所发展。

从大学入学开始，小明就给自己定下三年的目标和计划，他打算充分利用三年的在校时间，一年级先学习好本专业知识，同时积极参加社会活动，锻炼自己的人际交往能力，锻炼英语口语能力，准备在毕业前参加英语等级考试。二年级的时候参加会计电算化的培训和资格认证，二年级暑假到两家会计事务所实习，实习期间小明非常认真，抓住机会向同事请教学习，同时了解到这个行业的一些任职资格以及培训制度。尽管实习中发现工作中有很多东西和书本上的不一样，小明清楚地认识到，要做好会计这一行，只靠书本上的知识是远远不够的，必须要有长时间的经验积累和社会资历，所以小明决定毕业后先找一家规模不大但是运作比较规范的会计师事务所。通过自己的努力，小明终于在三年级的寒假前找到了满意的工作，虽然薪水不高，但是事务所的同事都比较勤奋，工作关系融洽，小明相信，在这样的环境中可以逐步提高自己的专业水平，他计划在工作两年之内拿到注册会计，五年之内成为一个专业熟练的会计。小明相信，只要自己一直努力并且不断为未来的职业发展做准备，自己一定会在会计这一行有很好的发展。

【分析点评】

案例中的小刚和小明是我们在目前的高职院校中见到的两类比较典型的学生。小刚从来没有计划过自己读完大学以后的职业发展，报考志愿时有从众心理，没有分析自己的个性、兴趣、特长和工作期望，而是随大溜报考了比较热门的会计专业，入学以后发现不喜欢这个专业，但是并没有及时调整方向也没有任何弥补措施，因此在毕业前对就业方向和前途感到迷茫。

而小明从选择志愿开始就做了充分的准备，了解与会计专业相关的信息，包括行业的发展情况、从业要求及就业情况，并且结合了自己的个性特点及兴趣。从大学入学开始，小明就给自己定下三年的目标和计划，大学期间除了专业学习还注重综合能力的培养，同时为获得职业资格做准备。明确的目标、全面的规划和对目标计划的执着让小明在临近毕业、即将进入工作前有了一个很好的开端。我们需要思考，职业在生命中意味着什么，它在生活中处于什么样的位置，作为高职院校的学生，是否应该从入学时就开始规划自己的职业生涯。

无论是已经进入社会谋职的人还是在校生，每个人都渴望成功，但很少人知道如何给自己定位，如何选择最适合自己的职业，如何才能使自己找到那些容易发展事业成就的行业。对于在校大学生来说，我们就要从了解职业、了解自我入手，早规划，早定向。这样才能使自己的大学生活过得充实，并在走出象牙塔时面对挑战，抓住机遇。

第一节　职业与职业生涯

一、什么是职业

职业的含义，人们有着不同的看法和观点。从词义角度看，“职”包含着社会职责、天职、权利与义务；“业”包含着业务、事业、事情和独特工作；“职业”，即指一种承担了某种责任、义务的行业性、专门化活动。在《现代汉语词典》中，“职业”被解释为个人在社会中所从事的作为主要生活来源的工作。

在学术上，社会学家和经济学家又把“职业”解释为人们在社会活动中所从事的以获得物质报酬作为自己主要生活来源并能满足自己精神需求的，在社会分工中具有专门技能的工作。

它包含了三个方面的特征。

（一）社会性

职业是社会发展的产物，每种职业的存在都为社会所需，不同历史时期会不断产生一些新职业，也会淘汰一些旧有的职业。

（二）经济性

个人从职业劳动中获得相应的经济报酬，满足自我生存和发展的需要，从社会角度来讲，职业劳动创造社会财富，也为社会的进步和发展提供物质基础。

（三）差异性

职业是某种精细的、专门的、具体的社会分工，每一种职业相对于另一种职业都有它的不同。

二、职业选择

职业选择是指人们从自己的职业期望和职业理想出发，依据自身的兴趣、特长等素质，凭借自身能力挑选适合自己的职业，使自身能力素质与职业需求特征相符合的过程。它是一种从主、客观多方面综合考虑后所做出的实实在在的价值判断。

人的一生充斥着无数的选择过程，从某种意义上说，职业选择就是对自己未来的选择，是我们对自己的就业方向和工作岗位类别的比较、挑选和确定的过程。

职业选择是人生道路的关键环节，因为它是职业生活的正式开始，也是我们真正成为社会活动的主体、实现人生价值的开始，选择了什么样的职业，也就选择了什么样的未来生活，什么样的自己。

职业选择是双向的。每个人都有各自不同的择业目标，而社会上的职业岗位也都有着自己独特的用人标准。在这种双向的相互选择过程中，个人的就业意愿和能力与社会职业岗位的最优结合就是成功的职业选择。一方面，它是个体向客观现实妥协的过程。当个人的选择意向与实际情况有偏差，甚至存在矛盾的时候，我们对于职业的选择就是一种打破幻想、承认现实、降低要求的过程。另一方面，它是个体调适“我”与“职业”的关系的过程。“向现实妥协”并不是一件容易的事情。但这种现实化的过程却又是非常必要的，这是我们走向真实生活的过程。职业选择是我们经过自我反思后，真正地解决“我”与“职业”的关系的过程，是实际、合理地完成职业选择的调适过程。

应届毕业生的应聘技巧

（1）依据自己的专业、性格和特长，来找寻适合自己的事业。

（2）关注一些求职网，如 51job、gaoxiaojob、智联招聘等，这些网站提供一些事业单位、大型企业或比较好的外资企业为应届生所设的职位。

（3）应届生没有工作经验，作为企业用人部门与 HR 部门来说，最为重要的是你这个人是否值得企业培养。

（4）最重要的是，你要突出自己的潜质，让企业感觉到你是可以塑造的，比如，最起码应具有的优点是能吃苦，愿意从基层做起，服从性好等。

（5）向公司坦言自己的职业规划，比如希望在企业里找寻到自己职业成长的梦想，在稳定性这方面能给企业留下好的印象。

三、职业选择的理论

（一）帕森斯的人职匹配理论

人职匹配理论，又称特性因素理论，是最早的职业指导理论，由美国波士顿大学教授“职业指导之父”弗兰克·帕森斯于 1909 年提出。该理论的基本特点是注重个体差异与职业信息的搜集与利用，核心观点是“人与职业相匹配是职业选择的焦点”。全面了解和认识自己的主观条件、社会和职业要求，在此基础上，将主客观条件与职业相对照、相匹配，最后选择一种与我们自身特长相当而且可获得的职业。

弗兰克·帕森斯认为，每个人都有自己独特的人格模式，每种人格模式都有其相适应的职业类型。人人都有职业机会，而职业选择的焦点就是人与职业相匹配，即寻找与自己特性相一致的职业。所谓的“特性”是指个人的人格特征，包括能力倾向、兴趣、价值观和人格等，这些可以通过心理测量工具来加以测量；所谓“因素”是指在工作上要取得成功所必须具备的条件或资格，这些可以通过对工作的分析而了解。

把这一理论与我们的实际相联系，可以发现两种类型的匹配方式。

(1) 条件匹配，也就是需要专门技术和专业知识的职业与掌握该种专业技术和知识的求职者相匹配。例如社会上的软件开发人员，他们具有与软件开发相关的知识和特殊技能，适合进行软件开发工作。

(2) 特长匹配，即有些职业需要招聘一些具有一定特长的求职者，比如艺术创作之类的职业就需要那些敏感、易动感情、不守常规、有创造性、个性鲜明的人。

该理论的具体做法如下。

第一步：评价求职者的生理和心理特点（特性）。

通过心理测量及其他测评手段，获得有关求职者的身体状况、能力倾向、兴趣爱好、气质与性格等方面的个人资料，并通过会谈、调查等方法获得有关求职者的家庭背景、学业成绩、工作经历等情况，并对这些资料进行评价。

第二步：分析各种职业对人的要求（因素），并向求职者提供有关的职业信息。这些信息包括：①职业的性质、工资待遇、工作条件以及晋升的可能性；②求职的最低条件，诸如学历要求、所需的专业训练、身体要求、年龄、各种能力以及其他心理特点的要求；③为准备就业而设置的教育课程计划，以及提供这种训练的教育机构、学习年限、入学资格和费用等；④就业机会。

第三步：人职匹配。

在了解求职者的特性和职业的各项指标的基础上进行比较分析，以便选择一种适合其个人特点又有可能得到并能取得成功的职业。

强调个人所具有的特性与职业所需要的素质与技能之间的协调和匹配。为了对个体的特性进行深入详细的了解与掌握，特性因素理论十分重视人才测评的作用。

人职匹配理论，是以对人的特性的测评为基本前提进行职业指导的。它首先提出了在职业决策中进行人职匹配的思想，为人才测评理论奠定了理论基础，从而推动了人才测评在职业选拔与指导中的运用和发展。

（二）霍兰德的职业兴趣理论

职业兴趣理论是约翰·霍兰德（John Holland）于 1959 年提出的。约翰·霍兰德是美国约翰·霍普金斯大学心理学教授，美国著名的职业指导专家，他假设人的职业选择是其人格的反映，认为人的人格类型、兴趣与职业密切相关，兴趣是人们活动的巨大动力，凡是具有职业兴趣的职业，都可以提高人们的积极性，促使人们积极地、愉快地从事该职业，且职业兴趣与人格之间存在很高的相关性。“职业选择反映了人的动机、知识、人格和能力。职业代表一种生活方式、生活环境，而不仅仅是一些工作职能和技巧。做一个木匠不只意味着要使用工具，也意味着特定的地位、社会角色和生活模式。”

霍兰德认为人格可分为社会型、企业型、常规型、实际型、调研型和艺术型六种类型。

1. 社会型（S）

共同特征：喜欢与人交往、不断结交新的朋友、善言谈、愿意教导别人。关心社会问题、渴望发挥自己的社会作用。寻求广泛的人际关系，比较看重社会义务和社会道德。

典型职业：喜欢要求与人打交道的工作，能够不断结交新的朋友，从事提供信息、启迪、帮助、培训、开发或治疗等事务，并具备相应能力，如教育工作者（教师、教育行政人员），社会工作者（咨询人员、公关人员）。

2. 企业型（E）

共同特征：追求权力、权威和物质财富，具有领导才能。喜欢竞争、敢冒风险、有野心、抱负。为人务实，习惯以利益得失、权利、地位、金钱等来衡量做事的价值，做事有较强的目的性。

典型职业：喜欢要求具备经营、管理、劝服、监督和领导才能，以实现机构、政治、社会及经济目标的工作，并具备相应的能力，如项目经理、销售人员、营销管理人员、政府官员、企业领导、法官、律师。

3. 常规型（C）

共同特点：尊重权威和规章制度，喜欢按计划办事，细心、有条理，习惯接受他人的指挥和领导，自己不谋求领导职务。喜欢关注实际和细节情况，通常较为谨慎和保守，缺乏创造性，不喜欢冒险和竞争，富有自我牺牲精神。

典型职业：喜欢要求注意细节、精确度、有系统、有条理，具有记录、归档、据特定要求或程序组织数据和文字信息的职业，并具备相应能力，如秘书、办公室人员、记事员、会计、行政助理、图书馆管理员、出纳员、打字员、投资分析员。

4. 实际型（R）

共同特点：愿意使用工具从事操作型工作，动手能力强，做事手脚灵活，动作协调。偏好于具体任务，不善言辞，做事保守，较为谦虚。缺乏社交能力，通常喜欢独立做事。

典型职业：喜欢使用工具、机器，需要基本操作技能的工作。对要求具备机械方面才能、体力或从事与物件、机器、工具、运动器材、植物、动物相关的职业有兴趣，并具备相应能力，如技术型职业（计算机硬件人员、摄影师、制图员、机械装配工），技能型职业（木匠、厨师、技工、修理工、农民、一般劳动）。

5. 调研型（I）

共同特点：思想家而非实干家，抽象思维能力强，求知欲强，肯动脑，善思考，不愿动手。喜欢独立的和富有创造性的工作。知识渊博，有学识才能，不善于领导他人。考虑问题理性，做事喜欢精确，喜欢逻辑分析和推理，不断探讨未知的领域。

典型职业：喜欢智力的、抽象的、分析的、独立的定向任务，要求具备智力或分析才能，并将其用于观察、估测、衡量、形成理论、最终解决问题的工作，并具备相应的能力，如科学研究人员、教师、工程师、电脑编程人员、医生、系统分析员。

6. 艺术型（A）

共同特点：有创造力，乐于创造新颖、与众不同的成果，渴望表现自己的个性，实现自身的价值。做事理想化，追求完美，不重实际。具有一定的艺术才能和个性。善于表达、怀旧、心态较为复杂。

典型职业：喜欢的工作要求具备艺术修养、创造力、表达能力和直觉，并将其用于语言、行为、声音、颜色和形式的审美、思索和感受，具备相应的能力。不善于事务性工作，如艺术方面（演员、导演、艺术设计师、雕刻家、建筑师、摄影家、广告制作人），音乐方面（歌唱家、作曲家、乐队指挥），文学方面（小说家、诗人、剧作家）。

然而，大多数人都并非只有一种性向（比如，一个人的性向中很可能是同时包含着社会性向、实际性向和调研性向这三种）。霍兰德建议我们按照自己与每一种类型的相似程度排出先后顺序，这个排序就是我们的人格模式。我们把这六种类型排列组合，可以得到720种人格模式，其中有一种正好能与你吻合。同时认为，这些性向越相似，相容性越强，则一个人在选择职业时所面临的内在冲突和犹豫就会越少。

这一模型的关键在于：

（1）个体之间在人格方面存在着本质差异。

（2）个体具有不同的类型。

（3）当工作环境与人格类型协调一致的时候，会产生更高的工作满意度和更低的离职可能性。

（三）克朗伯兹的社会学习理论

约翰·克朗伯兹（Jhon Krumboltz）是职业生涯规划中社会学习理论的代表人物。他汲取班杜拉的社会学习精华，兼顾心理与社会的影响作用，期以帮助面临职业生涯发展困惑的人群。

克朗伯兹认为人的许多选择很大程度上受外界环境的控制和影响，提出了基因特征、环境条件、过去的学习和工作经验，以及我们的价值观四种影响职业选择的因素。

（1）基因特征，包括性别、外形、身体状况，它可以拓展或限制你的职业偏好和能力，如智力、音乐艺术才华、肌肉协调性等。例如，公关礼仪职业对个体外形的要求相对于其他职业会更高一些。

（2）环境条件，比如某一职业限定了报名和任职要求。如只能在某些地域找到某些工作，雇主限定的任职要求，劳动法规和行业协会的规定，自然灾害，自然资源的供需情况，技术的新发展等。正如社会上报考公务员，很多职位都要求具有相应的特殊要求；或者是地方保护政策的限制，使得外来人员很难进入该地区选择职业。

（3）过去的学习和工作经验同样会影响职业选择。克朗伯兹指出了两种学习经验——你作用于环境的与环境作用于你的。

（4）我们处理新任务和新问题时所形成的技能、绩效标准和价值观。

依照社会学习理论学家的说法，你的偏好折射了你所习得的反应。当你做和职业有关的事而得到正反馈（如赞许、认可）时，你会倾向于对该职业有所偏好。正反馈对职业规划中所需的技能学习和行为同样起作用。例如，在高中时期你的生物成绩总是很好，那么你会更有可能想成为一名生物学家或者从事与生物专业有关的职业。

反之，没有反馈或因你的偏好、技能、行为而受罚，你对某一职业的偏好就会减弱甚至完全消除。

四、职业生涯

（一）职业生涯的概念

所谓职业生涯，是指人的一生中的职业历程，它是指一个人一生中所有与职业相联系的行为与活动，以及相关的态度、价值观、愿望等连续性经历的过程，也是一个人一生中职业、职位的变迁及工作、理想的实现过程。职业生涯是一个动态的过程，它并不包含在职业上成功与否，每个工作着的人都有自己的职业生涯。

人的职业生活是人生全部生活的主体，在其生涯中占据核心与关键的位置。人们一生的职业历程，有着种种不同的可能：有的人从事这种职业，有的人从事那种职业；有的人一生变换多种职业，有的人终身位于一个岗位上；有的人不断追求、事业成功，有的人穷困潦倒、无所作为。造成人们职业生涯的差异，有个人能力、心理、机遇方面的问题，也有社会环境的影响。

（二）职业生涯发展阶段

美国的一位职业指导专家萨帕（Donald E. Super）把人的职业发展过程分为五个阶段。

（1）成长阶段（出生～14 岁）：是一个以幻想、兴趣为中心，对自己所理解的职业进行选择与评价。

（2）探索阶段（15～24 岁）：逐步对自身的兴趣、能力以及对职业的社会价值、就业机会进行考虑，开始进入劳动力市场或开始从事某种职业。

（3）确立阶段（25～44 岁）：对选定的职业进行尝试，变换工作，到逐步稳定。

（4）维持阶段（45～64 岁）：劳动者在工作中已经取得了一定的成绩，维持现状，提升自己的社会地位。

（5）衰退阶段（60 岁以后）：职业生涯接近尾声或退出工作领域。

我国专家也提出与之相似的划分方法，即萌发期、继承期、创造期、成熟期和老年期。

第二节　求职与择业心理

大学生的心理正处于成长期，求职择业是大学生人生发展中的重大转折点，是大学生从“自然人”向“社会人”过渡的重要阶段。同学们要在激烈的就业竞争中摆正自己的择业心态，克服不良心理障碍，正确认识来自市场的新变化和特点，在求职中做好充分的心理准备，以便为自己的职业生涯发展走出决定性的第一步。

一、求职择业的心理特点

大学生的就业心理很复杂，不同类型、学校、年级、性别的大学生的就业心理也会表现出不同的特点。下面从就业心理倾向、就业心理素质和就业心态三个方面分别加以分析。

就业心理倾向是指对大学生就业有推动与指向作用的那些具有心理动力性的心理因素。它决定着大学生对就业活动的认识、评价与态度，并在很大程度上影响着大学生的就业行为，主要包括大学生的职业需要、动机、兴趣、价值观等成分。

就业心理素质是指对大学生就业有重要影响的心理能力、活动水平及人格特点。它涉及的内容非常广泛，主要包括业务能力、职业成熟度、就业人格特点等。就业心态是指大学生在涉及有关就业问题时，特别是在准备就业与寻求职业的过程中形成的具体的心理状态，如焦虑、情绪高涨、失落、信心百倍、犹豫不决等状态。大学生的就业心态既与他们的个性品质、个人能力、职业价值观等较稳定的心理特征有关，也与就业时所遇到的情景有关，如就业顺利与遭受挫折、同学间的议论攀比等。大学生的就业心态既有总体上的时代特点，又有小范围的地区、专业等特点及个体特点。

资料窗

成功简历的5C原则和成功面试的9C原则

1. 成功简历的5C原则

Clear——清楚	内容清晰易读，易于理解。
Concise——简明	简洁概括，重点突出地介绍招聘者感兴趣的事件。
Correct——正确	内容和书写正确。
Comprehensive——全面	内容例证具体全面。
Considerate——考虑周到	语句表达、书写格式等各方面规范正确，考虑对方阅读时易于理解。

2. 成功面试的9C原则

Convincing——说服力	说服面试官，让他相信你是应聘职位的最佳人选。
Confident——自信	从言语、举止中表现出自信，让面试官感觉到你能胜任工作的自信心。
Concise——简单	简明易懂地表明谈话主题。
Clear——清楚	清晰地说出要表达的思想精华。
Conversation Style——交流互动	和面试官保持积极的沟通反馈，使谈话更有效。
Concrete——具体详细	具体翔实的说明自己的与众不同。
Constant——坚持	无论面试结果怎样，坚持目标不动摇。
Comparative——比较	运用比较的方法引起面试官对你谈话内容的兴趣。
Cumulative——累积铺垫	面试中采用铺垫的方法向面试官证明“我是这份工作的最佳人选”。

二、求职择业中的不良心理

（一）焦虑、急躁心理

求职心理焦虑是在求职心理压力下所产生的一种不踏实感、失落感、危机感和迷惘感。面对求职择业过程中的诸多因素和选择，一些大学生常常会感到无所适从。绝大多数毕业生面对双向选择和竞争日趋激烈的人才市场，普遍存在着不同程度的心理焦虑。

大家都在担心能否选择一个自己理想的工作岗位，用人单位能不能因为自己的学习成绩一般、没有担任过学生干部或不是党员而不录用，特别是女生更是担心用人单位连面试的机会都不给，经常处于烦躁不安和心急如焚的情绪状态。

（二）自卑、怯懦心理

自卑心理表现为对自身的能力和素质评价过低。一些大学生对自己缺乏信心，觉得自己事事不如他人，不能客观地认识和评价自己的能力，认为自己竞争实力不够，因而在择业中缺乏一定的信心和勇气。

这样的学生，在求职中不敢充分展示自我，缺乏大胆尝试、积极参与竞争的勇气，从而错失就业良机。由于自卑心理，大学生在择业时往往表现出被动性和退缩性的怯懦心理，他们常常不能充分发挥自己的才能，在求职现场丢了自荐书就跑，面对招聘者结结巴巴、面红耳赤，这样的人自然难被用人单位赏识，以致错失良机。

（三）自傲、攀比心理

自傲是过高估计自身实力而产生的一种优越感。这种心理在一些大学生身上反映比较突出，有的人期望值过高，不切合实际。他们在求职时，好高骛远，自命不凡，挑三拣四，怕吃苦，讲实惠，给用人单位留下浮躁、不踏实的印象，不受用人单位的欢迎。自傲心理使大学生严重脱离实际，当面对现实时，往往情绪一落千丈。

还有一些学生讲“级别”，觉得在校园期间我成绩比你好，荣誉比你多，“官职”比你大，理所当然工作也应比你好，却不知用人单位并非以此作为评判人才的唯一标准，最终只能在“高处不胜寒”的日子中体会孤苦和冷清。

（四）悲观、低就心理

目前，大学毕业生人数增多，使高等人才就业市场逐渐转变为卖方市场。供求失衡，竞争激烈，无情地打碎了大学生的一切幻想。很多企业和单位并没有自己的招聘人才标准，而是片面追求高学历人才。这就使得那些承受能力较弱的学生在现实面前则显得手足无措，产生了较强的失落感，从而情绪变得悲观、失望。结果，人才高消费造成了人力资源的浪费，同时也使得大学生对未来的就业形势产生了困惑和怀疑。有些学生迫于就业的压力，不敢对自己“明码标价”，不得不降低就业门槛，低职就业，找个买家草草卖出。

（五）依赖、盲从心理

在求职过程中，一些大学毕业生不能客观分析就业形势和就业需要，在没有明确的自我定位的前提下，就将热门单位、热门职业作为自己的求职首选目标，盲目地“赶时髦”，结果往往四处碰壁，而且给自己的事业发展留下不良因素。总是认为只要是“大家觉得好，肯定错不了”，在择业过程中缺乏主动性，在很多事情上还缺乏应有的分析和解决问题的决策能力。

另外一些大学生在机会面前顾虑重重，不能主动地参与就业市场的竞争，向用人单位展示自我，推销自我，而是缺乏独立意识，找工作总爱拉父母、同学相伴，或一帮学友共同应聘同一单位，希冀日后相互照应，寄希望于学校的安排和家长的奔波，有的甚至依赖家长与人洽谈，自己站在一旁若无其事。

这样的心理，使大学生丧失了把握机会、创造机会的主动性，使自己在求职竞争中处于劣势。

（六）嫉妒心理

嫉妒心理是指一些大学生在求职时对他人的特长或优越条件的既羡慕、又敌视的情感的内化。求职时，把同学视为自己的敌人，把别人的优越之处视为对自己的威胁，因而感到心理不平衡，甚至是恐惧和愤怒。这种嫉妒心理，使自己疏远了与他人的关系，从而使自己处于孤立的境地，无法顺利求职和择业。

（七）仕途、依附心理

“学而优则仕”，觉得当官才是正途，削尖脑袋往“衙门”钻，哪知这些地方是实力和关系的大比拼，远非常人所能进入的，其结果大多是碰得头破血流。

还有一部分大学生自己不急着找工作，整天想着攀哪个亲戚朋友的关系，拿点钱买个职位，这样买来的职位恐怕很难做出成就。

（八）乡土、保守心理

一些大学生不愿出远门，缺乏竞争意识，不敢迎接挑战，或抱着谦虚“美德”不放，不敢亮出自己的长处及特色，只愿在眼前的“一亩三分地”里就业。另一些人则早早登上爱情方舟，毕业后为与另一半留守同一战壕而死守一方。

资料窗

职业选择的心理冲突

（1）有远大的理想，但是不能正视现实。大学生在择业中往往充满着对美好未来的追求与憧憬，他们渴望通过充实而丰富的大学生活，用已渐丰满的知识羽翼在社会中搏击一番。然而，由于他们涉世未深，接触社会较少，理想往往脱离客观与主观现实条件，如许多大学生在择业中并未考察自己的知识、能力、性格、爱好、气质等因素，所以出现理想的自我膨胀和现实的自我萎缩之间的矛盾。

（2）注重实现自己的人生价值，但是缺乏艰苦创业的心理准备。在择业中，很多大学生都愿意根据自己的专业实现建功立业的目标，体现自己的人生价值，不愿碌碌无为；然而他们缺乏艰苦奋斗的心理准备，不愿到艰苦的地方去，不愿到边远地区去，或不愿深入基层，有的甚至幻想一举成名、一蹴而就。

（3）有较强的自我观念，但是缺乏把握自我的能力。在择业中，许多大学生已经意识到自己作为一个人才将被社会使用，将为社会贡献自己的聪明才智；同时，他们也希望社会能够承认"自我意识中的我"，并以此为标准进行择业。此外，相当一部分大学生的人生观、价值观尚未最终定型，加上社会大环境的影响，他们往往不能客观地分析和评价自我，甚至出现自我评价偏高、职业选择期望值过高，因而缺乏承受挫折的心理准备。

（4）渴望竞争，但是缺乏竞争的勇气。就业制度的改革，为大学生择业提供了公开、平等的竞争环境，大多数学生对此渴望已久。他们中绝大多数人认为：在商品意识广泛渗透到社会生活各个方面的今天，一个人如果没有强烈的竞争意识，就不能成就事业。但是，许多大学生在社会为其提供的竞争机会面前顾虑重重、谨小慎微，尤其是在择业中遇到困难时，常常不善于调整目标、调整自己，缺乏竞争的勇气。

第三节　我的职业生涯规划

"如果不做职业生涯规划，你离挨饿只有三天。"在市场经济中，社会竞争日趋激烈，"预则立，不预则废"，大学生职业生涯规划显得十分重要。上大学以后要根据自己的专业兴趣和特长认识自我，并积极做好知识、技能、思想、心理诸方面的准备。在走向社会前，将现实环境和长远规划相结合，给自己的职业生涯一个清晰的定位，做好求职就业乃至将来职业升级的关键一环。

一、职业生涯规划的"金三角"模式

美国伊利诺伊大学的教授斯温（Swain）在帮助大学生进行职业生涯规划时提出了职业生涯规划一般模式。从斯温的职业生涯规划模式可以看到，在大学期间，要想达成每一阶段的任务与目标，必须同时从三个方面做探索（见图 10-1）。

（1）"自己"，包括个人的需求、兴趣、志向、能力以及价值观念等。这是职业生涯规划最基本的要求。

（2）"自己与环境的关系"，包括家庭因素，家人的影响与支持，社会经济因素，社会对职业选择的影响，在职业选择时遇到的内在的和外在的帮助因素和阻碍因素等。这些因素通常是个人难以改变的，个人只能在自己与环境之间寻找平衡，协调发展。

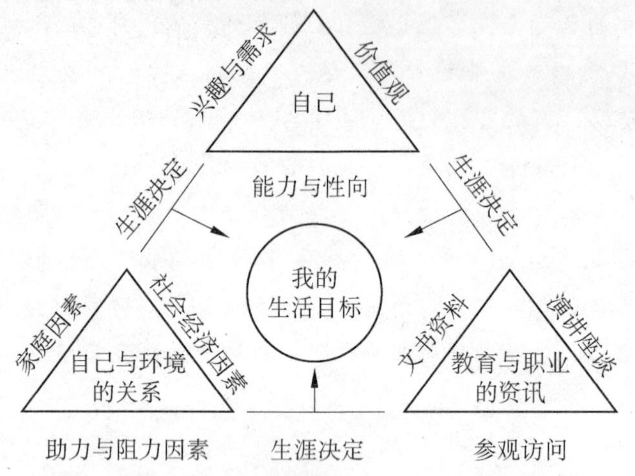

图 10-1　斯温的职业生涯规划“金三角”模式

（3）“教育与职业的资讯”，包括你可以收集到的职业信息。这是整个职业目标决定过程中不可或缺的要素。大学生除直接从学校获得信息外，还可以利用网络、媒体以及通过社会调查与实践等途径来获得信息。

资料窗

职业选择成功公式

我们生活中的大部分事情似乎都以成败来定论，职业选择是否也有计算成功的公式呢？也就是说，对于个人而言，是否可以计算出他得到某类职业的概率。其公式为：

$$J=Q\times C\times A\times O$$

其中：J 是职业概率；Q 是职业需求量；C 是竞争系数；A 是职业能力水平；O 是其他因素，它包括该类职业机会出现的时间、地点，家庭对个人的帮助，个人寻求职业的努力程度等。

由于各类职业需求量、人们的能力水平及其他因素的差异，所以对于一个人来说，他可能得到的不同的职业的概率也不尽相同。在选择职业时，我们可以按不同职业的职业概率的大小，将它们进行顺序排列。比如：

A　作家=0.001

B　大学教师 =0.01

C　记者=0.05

D　编辑=0.10

E　银行职员=0.20

F　秘书=0.30

G　中小学教师=0.50

H　技术工人=0.70

I　一般工人=1.00

J　服务员=1.00

一般来说，期望值最小的职业往往是人们理想中最好的职业，而期望值极大的职业，则往往是现实的，但是条件比较差。我们可以依据自己的实际情况选择最适合自己的职业。

二、气质与职业匹配更容易成功

气质是选择职业时的重要因素，了解气质与职业间的联系，有助于职业选择的成功。气质对人所从事的工作性质和效率有一定的影响，它不仅关系到工作的效率，还关系到事业的成败。不同气质的人适合从事不同类型的职业。

（一）胆汁质

胆汁质的人精力旺盛，热情直率，激动暴躁，情绪体验强烈，神经活动具有很强的兴奋性。他们能以极大的热情去工作，克服工作中的困难，但若对工作失去信心，情绪即会低沉下来。此类人适宜选择那些工作不断转换、环境不断变化、不断有新活动的职业，适合于做刺激性强而富于挑战的工作，如导游、节目主持人、推销员、演员、模特等。不适宜从事那些需要注意力高度集中和事情处理过程需细心检查、核对等特点的职业。他们在选择职业时，往往积极主动地出击，有强烈的求职和竞争意识。

（二）多血质

多血质的人活泼好动，反应迅速，情绪容易激动，波动性大；对外界事物反应灵敏；干事凭兴趣；善于交际，易适应环境。但注意力不稳定，兴趣易转移。这类人对职业有较广阔的选择范围和机会，他们在择业市场具有较强的竞争优势，一般适合于抛头露面和人际交往多的职业，如记者、律师、公关人员、艺术工作者、秘书、警察、军官等，但不适宜从事单调机械和要求细致的工作。

（三）黏液质

黏液质的人安静、沉稳、不易激动，外部表情不易变化；情绪稳定，注意力不易转移；灵活性不够，比较刻板；有较强的自我克制能力，善于忍耐；适宜做持久、耐心、细致的工作。这类人在择业中一旦认准自己满意的职业便有不达目的不罢休的精神，这种韧性往往帮助择业者获得成功。他们适合于会计、法官、医生、图书管理员、翻译、教师、思想教育工作者等职业，但不适宜从事具有冒险性的工作。

（四）抑郁质

抑郁质的人敏感、行动缓慢、感情细腻、观察敏锐、悟性高、孤僻、易疲倦、工作耐受力差、做事审慎小心，易产生惊慌失措的情绪，常给人以木讷和大智若愚的感觉。他们一般适合于要求精细、敏锐的工作，如诗人、作家、画家、科学研究和理论研究工作者以及机关工作人员等。

当然，在日常生活中，有相当部分人是多种气质的混合型，而且气质的各种特征可以相互补偿，因而气质对择业的影响又具有较大的弹性。每个人的全部心理活动都因气质的差异而涂上个人独特的色彩，并在不同的情境、不同的活动中表现出来。每个大学生都应当根据自己的气质类型选择适合自己的职业。

三、以个人的兴趣和爱好选择职业

兴趣不代表能力，你对某一特定职业有兴趣并不意味着你能干好这个职业；同样，如果你具有从事某项工作的能力但缺乏兴趣，那么你在该职业生涯上成功的可能性也是非常小的。你只有对某一种职业生涯感兴趣，并具有该职业生涯所要求的能力才能做好这项工作。

具体来说，兴趣对你职业生涯的影响主要表现在以下三个方面。

1. 兴趣是你职业生涯选择的重要依据

正像你在日常生活中喜欢从事自己感兴趣的活动一样，具有一定兴趣类型的你更倾向于寻找与此有关的职业（类型），特别是在外界环境限制较小时，你更倾向于选择自己感兴趣的职业。因而，对你的兴趣或兴趣类型有了正确的评估后，就可以预测或帮助你的职业生涯选择。

2. 兴趣可以增强你的职业生涯适应性

因为兴趣可以通过工作动机促进你能力的发挥，兴趣和能力的合理结合会大大提高工作效率。曾有人进行过研究：如果你从事自己感兴趣的职业，则能发挥你的全部才能的80%～90%，而且长时间保持高效率而不感到疲劳；而对所从事工作没有兴趣，只能发挥你全部才能的 20%～30%。

3. 由兴趣的本质性质所决定

兴趣影响你的工作满意度和稳定性，在某些情况下（如不考虑经济因素）甚至具有决定性作用。一般来说，从事自己不感兴趣的职业很难让你感到满意，并由此导致工作的不稳定。

资料窗

选择职业时，你是不是也有“反向标准”？

大多数学生在与老师和同学聊天时经常会说“那样的工作太绑人了，我不要”或者是“那个工作的底薪太少了，去了还不够吃饭的呢，我不去”之类的话。这些话大家都非常熟悉吧！

我们每个人都有选择职业的标准和条件，而且也希望自己能够找到一份满足自己所有要求的职业。但是现实就是现实，并不是我们幻想的完美世界，它也不能满足我们所有的要求。这种情况也可以称为职业选择的“反向标准”，即只要有一个条件不能被满足，我们就不会给它“出线”的机会，结果导致我们“孤家寡人，无依无靠”。

既然“反向标准”这么可怕，我们在职业选择的过程中何不尝试设定一些正向标准呢？比如我们可以设定：规模不大的公司、文职、收入在1000～1200元、工作环境安静和舒适等。当某一工作满足了我们的大部分要求时，不妨尝试接受它，并且努力适应它，相信你会有意想不到的收获！

四、为自己做个简单的职业生涯规划

（一）职业生涯规划的步骤

1. 认识自己

在职业生涯规划中我们需要目标和志向，但首先要认识自己。因为只有认识自己、了解自己，才能对人生做出更好的规划。我们可以通过做自我评估对自己进行全面、深入的分析和探索，自我评估可以从表现自我、发展自我、动力自我、个性自我以及品德自我五个方面来进行。

2. 认识职业

在职业生涯规划过程中除了要认识自己外，还要了解职业，认识自己所处的“职业”大环境，做好职业评估。只有对职业资料充分了解，对职业环境因素充分认识，才能使你的职业生涯规划具有实际意义。

3. 做出职业生涯决策

职业生涯决策的正确与否，直接关系到人生事业的成功与失败。在进行职业生涯决策时，主要注意性格、兴趣、自身特长以及价值观与职业的匹配，帮助你选择适合自己的职业。

4. 职业发展路线的抉择

一般在职业发展的道路中，有两种发展方向：一是行政管理路线，二是专业技术路线。由于发展路线不同，对职业发展的要求也不相同。因此，在进行职业路线的选择时，要充分考虑想往哪一条路线发展，能往哪一条路线发展，自我的知识结构、能力特长、性格等有利于哪一条的发展路线以及我可以往哪一条路线发展。

5. 设定职业生涯目标

职业生涯目标的设定是职业生涯规划的核心。职业生涯目标通常分为短期目标（1～2年内）、中期目标（3～5年内）、长期目标（5年以上）和人生目标（40年左右）。大学生要以自己的最佳才能、最优性格、最大兴趣、最有利的环境等信息为依据，设定出合理的职业生涯目标。

6. 行动

设定目标后，要对目标进行具体实施。如为达到目标，在学习方面，你计划学习哪些知识，掌握哪些技能，以提高你的业务能力等。

7. 评估与回馈

影响职业生涯规划的因素有很多，有的变化因素是可以预测的，有的变化因素则难以预测。在此状况下，要使所制定的职业生涯规划行之有效，就必须不断地对职业生涯规划进行评估与修订。修订的内容包括：职业的重新选择；职业生涯路线的重新调整；人生目标的修正；实施措施与计划的变更，等等。

（二）大学的职业生涯规划

1. 试探期

首先要初步了解自己所学的专业与社会需求，做好规划。然后要了解近几年的就业情况，尤其是自己未来想从事的行业或与自己所学专业的有关情况。同时，增强与人沟通的能力和挖掘自己的潜力，为以后继续深造做好课程准备和资料收集工作。

2. 定向期

处在自我认知、职业心理准备时期，应进一步调整自己的职业生涯规划目标，考虑是深造还是就业，并积极参加学生会或社团组织，锻炼自己的各种能力。在课余时间尝试兼职和社会实践活动，并通过学习获得就业所需的“硬件”，如英语和计算机的相关等级考试以及职业资格证书等。

3. 冲刺期

冲刺期的主要任务是落实职业规划。通过具体的职业心理测试，认识自我，并进一步加深对职业的思考。

临近毕业，必须确定自己是继续深造还是就业，如升学的同学要认真复习要考的科目及做其他准备等，如选择就业，就要关注就业信息、提高求职技巧、学习写简历和求职信等。

职场上各类机构的人才标准

职场上一些有代表性的机构在新进人才所应具备的各种能力中更看重哪些能力呢?

1. 企业

必备能力：扎实的专业知识+强健的体魄+团队精神+较强的实际操作能力

理想能力：创新精神+应变能力+管理能力

最看重的素质：创新能力

2. 科研单位

必备能力：扎实的专业知识+较强的外语能力+信息沟通能力

理想能力：创新能力+应用开发能力+独立工作能力

最看重的素质：应用开发能力

3. 设计部门

必备能力：扎实的专业知识+一定的艺术修养+团队精神

理想能力：注重细节+相关专业知识+学习能力+归纳总结能力

最看重的素质：团队精神

4. 国家公务员

必备能力：较高的政治素养+较高的教育程度+较广的专业知识+较深的文字功底

理想能力：沟通能力+管理能力+精通国家法规政策+外语能力

最看重的素质：管理能力

5. 高校教师

必备能力：广博扎实的专业知识+较高的教育程度+沟通能力+优良的品质

理想能力：科研能力+个人魅力+精通一门或几门外语

最看重的素质：个人魅力

6. 报社、出版社

必备能力：较高的政治素养和理论素养+强健的体魄+实事求是+扎实的专业能力

理想能力：广博的知识+外语能力+社交能力+沟通能力+对信息的敏感性

最看重的素质：实事求是+社交能力

7. 会计师事务所

必备能力：扎实的专业知识+熟悉国家有关法规政策+诚信

理想能力：管理咨询能力+分析+深厚的经济学功底

最看重的素质：管理咨询能力+诚信

8. 咨询公关公司

必备能力：良好的品质+社交能力+较强的沟通能力

理想能力：创新能力+应变能力+管理能力+个人魅力

最看重的素质：创新能力

课外拓展

一、拓展训练

1. 生涯拍卖

（1）规则：假定每人拥有 100 万元，5 万元起价，最低加价 1 万元。

（2）成员根据自己的兴趣以及理想对既定物品进行竞拍。

（3）讨论：通过生涯拍卖，你了解了自己多少。什么是我生命中最重要的？我用什么策略获得它？当我失去它时，我的感受如何？我如何表达、处理我的积极情感和消极情感？

（4）拍卖品：

✓ 豪宅

✓ 一张取之不尽、用之不竭的信用卡

✓ 一个英俊博学的丈夫或一个漂亮贤惠的妻子

✓ 一门精湛的技艺

✓ 一个宏大的图书馆

✓ 一个小岛

✓ 一个忠实的仆人

✓ 一张可以漫游全世界的飞机票

✓ 和家人共度周末

✓ 百折不挠的勇气和坚贞不渝的忠诚

2. 红黑游戏

游戏的全过程：将学生分成 A、B 两组，分到两个房间里，两组人之间不允许交流，在经过内部讨论、投票之后向对方出牌，出牌只能是红黑两色。教师是通讯员，用于在两组之间公布对方的出牌，通讯员必须在确认 A 或 B 组的出牌结果有效之后才能公布对方小组的出牌。

游戏规则：

（1）双方各自选择出自己的组长，由组长组织投票，统计出多少红牌、多少黑牌，以少数服从多数的方式向通讯员报告小组的投票结果。

（2）小组中只要有一人弃权，则该次投票无效，投票的有效性由通讯员进行否定或确认。

（3）得分规则如下：

如果双方都出黑牌，各得正 3 分。

如果有一方为红牌，另一方为黑牌，则出黑牌方得−5 分，出红牌方得 5 分。

如果双方都出红牌，各得−3 分。

（4）游戏一定要进行 5 轮投票，其中第二轮得分×2，第四轮得分×3，最后的胜负规则是：累计正分最高者获胜。

二、心理测试

职业生涯规划测评

如果有机会让你到以下六个岛屿旅游，不用考虑费用等问题，你最想去的是哪个？可以按照喜欢程度选出三个。

A 岛

美丽浪漫的岛屿。岛上充满了美术馆、音乐厅，弥漫着浓厚的艺术文化气息。同时，当地的原住民还保留了传统的舞蹈、音乐与绘画，许多文艺界的朋友都喜欢来这里找寻灵感。

I 岛

深思冥想的岛屿。岛上人迹较少，建筑物多僻处一隅，平畴绿野，适合夜观星象。岛上有多处天文馆、科博馆以及科学图书馆等。岛上居民喜好沉思、追求真知，喜欢和来自各地的哲学家、科学家、心理学家等交换心得。

C 岛

现代、井然的岛屿。岛上建筑十分现代化，是进步的都市形态，以完善的户政管理、地政管理、金融管理见长。岛民个性冷静保守，处事有条不紊，善于组织规划。

R 岛

自然原始的岛屿。岛上保留有热带的原始植物，自然生态保持得很好，也有相当规模的动物园、植物园、水族馆。岛上居民以手工见长，自己种植花果蔬菜、修缮房屋、打造器物、制作工具。

S 岛

温暖友善的岛屿。岛上居民个性温和、十分友善、乐于助人，社区均自成一个密切互动的服务网络，人们多互助合作，重视教育，弦歌不辍，充满人文气息。

E 岛

显赫富庶的岛屿。岛上的居民热情豪爽，善于企业经营和贸易。岛上的经济高度发展，处处是高级饭店、俱乐部、高尔夫球场，来往者多是企业家、经理人、政治家、律师等，衣香鬓影，夜夜笙歌。

结果：

六个岛屿代表着六种典型的职业生涯兴趣类型（其中，第一个是主要兴趣，第二、三个是辅助兴趣）。

选择 R 岛

类型：实用型（Realistic）。

喜欢的活动：愿意从事事务性的工作，喜欢户外活动或操作机器，而不喜欢在办公室工作。

喜欢的职业：制造业、渔业、野外生活管理业、技术贸易业、机械业、农业、技术、林业、特种工程师和军事工作。

选择 I 岛

类型：研究型（Investigative）。

喜欢的活动：处理信息（观点、理论），喜欢探索和理解、研究那些需要分析、思考的抽象问题，喜欢独立工作。

喜欢的职业：实验室工作人员、生物学家、化学家、社会学家、工程设计师、物理学家和程序设计员。

选择 A 岛

类型：艺术型（Artistic）。

喜欢的活动：创造，喜欢自我表达，喜欢写作、音乐、艺术和戏剧。

喜欢的职业：作家、艺术家、音乐家、诗人、漫画家、演员、戏剧导演、作曲家、乐队指挥和室内装潢人员。

选择 S 岛

类型：社会型（Social）。

喜欢的活动：帮助别人，喜欢与人合作，热情关心他人的幸福，愿意帮助别人解决困难。

喜欢的职业：教师、社会工作者、牧师、心理咨询员、服务性行业人员。

选择 E 岛

类型：企业型（Enterprising）。

喜欢的活动：喜欢领导和影响别人，或为了达到个人或组织的目的而善于说服别人，希望成就一番事业。

喜欢的职业：商业管理、律师、政治运动领袖、营销人员、市场或销售经理、公关人员、采购员、投资商、电视制片人和保险代理。

选择 C 岛

类型：事务型（Conventional）。

喜欢的活动：组织和处理数据，喜欢固定的、有秩序的工作或活动，希望确切地知道工作的要求和标准。愿意在一个大的机构中处于从属地位。

喜欢的职业：会计师、银行出纳、簿记、行政助理、秘书、档案文书、税务专家和计算机操作员。

三、推荐阅读

1.《阳光总在风雨后——北大 2005 届毕业生求职实录》——时延军、孙洪涛

本书首先详细讲述了北京大学 2005 年应届毕业生的亲身经历和心路历程，通过讲故事、举案例来总结求职经验，讲述大学生毕业时该如何找工作；同时注重总结提炼，形成求职宏观指导，把求职分成五个环节加以详细介绍；最后以就业为导向，为在校大学生提供一些中肯建议，做好大学规划，以备将来求职之需。

2.《少年我心》——岳晓东

《少年我心》是著名心理学家岳晓东博士对自己成长经历的回顾。本书以生动风趣的语言，真实地记述了作者在中小学时期的 30 段往事，展现了一个少年在成长过程中所经历的种种困惑、彷徨、烦恼和快乐。阅读这些故事，读者不仅可以增加对青少年心理成长时期的理解，还可以感受到 20 世纪六七十年代青少年的生活风貌。作者在每篇故事的后面都加入了精辟的心理分析，深入浅出地道出了青少年时期种种心理变化的缘由。

本书对指导青少年健康成长有积极的意义。

四、小故事　大道理

两个饥饿的人

从前，有两个饥饿的人得到了一位长者的恩赐：一根钓竿和一篓鲜活硕大的鱼。其中，一个人要了一篓鱼，另一个人要了一根钓竿，于是他们分道扬镳了。得到鱼的人原地就用干柴搭起篝火煮起了鱼，他狼吞虎咽，还没有品出鲜鱼的肉香，转瞬间，连鱼带汤就被他吃了个精光，不久，他便饿死在空空的鱼篓旁。另一个人则提着钓竿继续忍饥挨饿，一步步艰难地向海边走去，可当他已经看到不远处那片蔚蓝色的海洋时，他浑身的最后一点力气也使完了，他也只能眼巴巴地带着无尽的遗憾撒手人间。

又有两个饥饿的人，他们同样得到了长者恩赐的一根钓竿和一篓鱼。只是他们并没有各奔东西，而是商定共同去找寻大海，他俩每次只煮一条鱼，他们经过遥远的跋涉，来到了海边，从此，两人开始了捕鱼为生的日子，几年后，他们盖起了房子，有了各自的家庭、子女，有了自己建造的渔船，过上了幸福安稳的生活。

一个人只顾眼前的利益，得到的终将是短暂的欢愉；一个人目标高远，但也要面对现实生活。只有把理想和现实有机结合起来，才有可能成为一个成功之人。有时候，一个简单的道理，却足以给人意味深长的生命启示。

参考文献

[1] 姚本先. 大学生心理健康教育 [M]. 合肥：安徽大学出版社，2015.

[2] 张大均，吴明霞. 大学生心理健康教育 [M]. 北京：清华大学出版社，2015.

[3] 胡佩诚. 大学生心理健康 [M]. 杭州：浙江大学出版社，2011.

[4] 樊富珉. 大学生心理健康研究 [M]. 北京：清华大学出版社，2002.

[5] 沙莲香. 社会心理学 [M]. 北京：中国人民大学出版社，2015.

[6] 梅小峰，高美才. 大学生心理指导 [M]. 北京：高等教育出版社，2016.

[7] 沈德立. 大学生心理健康 [M]. 北京：高等教育出版社，2013.

[8] 樊富珉，费俊峰. 大学生心理健康十六讲 [M]. 北京：高等教育出版社，2013.

[9] 杨眉. 健康人格心理学——有效促进心理健康的 14 种模式 [M]. 北京：首都经济贸易大学出版社，2004.

[10] 郭红玉. 人格心理学——人性及其差异的研究 [M]. 北京：中国社会科学出版社，2005.

[11] 孔晓东. 大学生心理健康教程 [M]. 北京：高等教育出版社，2016.

[12] 车文博. 心理学原理 [M]. 哈尔滨：黑龙江人民出版社，1986.

[13] 樊富珉，王建中. 当代大学生心理健康教程 [M]. 2 版. 武汉：武汉大学出版社，2014.

[14] 王高亮，李侠. 大学生心理健康教育 [M]. 北京：北京工业大学出版社，2010.

[15] 王民忠，郭广生. 大学生心理成长进行时 [M]. 北京：中国轻工业出版社，2008.

[16] 贺淑曼. 大学生心理优化辅导 [M]. 北京：高等教育出版社，2005.

[17] 马建青. 高职学生心理健康 [M]. 北京：高等教育出版社，2015.

[18] 吴畏. 大学生心理健康 [M]. 苏州：苏州大学出版社，2009.

[19] 陈玉焕，陈莉. 大学生积极心理素质培养教程 [M]. 郑州：河南科学技术出版社，2014.

[20] 黄希庭. 大学生心理健康 [M]. 2 版. 上海：华东师范大学出版社，2011.

[21] 马建青. 大学生心理健康教程 [M]. 杭州：浙江大学出版社，2012.

[22] 段鑫星，赵玲. 大学生心理健康教育 [M]. 3 版. 北京：科学出版社，2016.

[23] 郑日昌. 大学生心理健康：自主与自助手册 [M]. 北京：高等教育出版社，2013.

[24] 谭全万，郭朝辉. 大学生心理健康教育原理与方法 [M]. 成都：电子科技大学出版社，2010.

[25] 周文生，唐磊. 大学生心理健康教程 [M]. 北京：化学工业出版社，2010.